理论与史学

Theory and Historiography

第2辑

中国社会科学院历史研究所
马克思主义史学理论与史学史研究室
———— 编 ————

中国社会科学出版社

图书在版编目(CIP)数据

理论与史学. 第 2 辑/中国社会科学院历史研究所马克思主义史学理论与史学史研究室编. —北京：中国社会科学出版社，2016.12
ISBN 978 - 7 - 5161 - 9624 - 3

Ⅰ. ①理⋯　Ⅱ. ①中⋯　Ⅲ. ①史学理论—文集②史学史—文集
Ⅳ. ①K0 - 53

中国版本图书馆 CIP 数据核字(2017)第 005169 号

出　版　人	赵剑英
责任编辑	田　文
特约编辑	胡　仁
责任校对	张爱华
责任印制	王　超

出　　版	中国社会科学出版社
社　　址	北京鼓楼西大街甲 158 号
邮　　编	100720
网　　址	http://www.csspw.cn
发 行 部	010 - 84083685
门 市 部	010 - 84029450
经　　销	新华书店及其他书店

印　　刷	北京君升印刷有限公司
装　　订	廊坊市广阳区广增装订厂
版　　次	2016 年 12 月第 1 版
印　　次	2016 年 12 月第 1 次印刷

开　　本	710 × 1000　1/16
印　　张	15. 25
插　　页	2
字　　数	249 千字
定　　价	66. 00 元

凡购买中国社会科学出版社图书,如有质量问题请与本社营销中心联系调换
电话:010 - 84083683

《理论与史学》编委会

目　　录

告别线性历史观

侯旭东*

王汎森指出:

> （线性历史观）认为历史发展是线性的、有意志的、导向某一个目标的，或是向上的、不会重复的、前进而不逆转的。①

西方传统中，线性历史观（linear history）源于犹太—基督教思想，最为集中的描述见于黑格尔的《历史哲学》。放宽视野，线性历史观并非西方的特产，而是中国古已有之的老传统。古老的天命论与正统论，可以说是本土版的线性历史观。只是古人心目中，随时间流逝而来的未必全是进化或前进，还包含了循环乃至退化，但历史书写的终点无疑是在当朝。这一观念的系统表达首推司马迁的《史记》，尤其是其中的本纪与年表。此后，历代正史几无例外，都是如此。升级版的线性历史观与近代引入的西方思想直接相连，特别是西方近代进化论与启蒙思想。晚清以来，这种历史观对中国学界、思想界乃至普通人影响甚为深远。②

遗憾的是，这样一种观念，迄至今日，虽已有学者做过深入剖析，指

---

* 侯旭东，清华大学历史系。

① 王汎森：《近代中国的线性历史观》，2008 年初刊，后收入所著《近代中国的史家与史学》，复旦大学出版社 2010 年版，第 30 页，更具体的说明，见第 39 页。

② 关于线性历史观的影响，见杜赞奇（Prasenjit Durara）《从民族国家拯救历史：民族主义话语与中国现代史研究》，王宪明等译，江苏人民出版社 2009 年版。此观念对清末教科书的影响，见李帆《清季的历史教科书与线性历史观的构建》，《吉林大学社会科学学报》第 55 卷第 2 期（2015 年 3 月），第 106—112 页。

出其弊端，但在具体研究上，可以说，不自觉中依然左右着我们对过去的认识，尤其是很多成果往往包裹着厚实的实证外衣，不仔细剖析，难以辨清深藏其中的线性历史观内核，更需要反思和警觉。

隐性"线性历史观"支配下的实证研究，表面看不到"规律"与"必然"，却并未从根本上与其决裂，以追求"历史线索"及"历史的深度"等提法改头换面，暗中将"规律"与"必然性"招回学术殿堂。这样的研究，仔细分析其标题、史料的选用与剪裁、史料与史料的拼接、引证与叙述安排，不难发现隐身其中的线性史观。

田余庆先生对东晋政治史的研究便是如此。《东晋门阀政治》一书不少章节的标题就有体现，如"门阀政治的终场与太原王氏""刘裕与孙恩——门阀政治的掘墓人"，以及"后论"中的"门阀政治——皇权政治的变态"与"门阀政治的暂时性和过渡性"，这些标题，便是在利用今人的认知优势（换个角度讲，则是脱离了历史现场感的劣势），从结局的角度为门阀政治定性，进而依据这一定性来反观其如何形成、发展与结束，忽略或压制了其间看似与此认识不相关的事实，使其对具体过程的分析成为"线性历史观"的曲折表达。

作者分析"王与马共天下"形成时，过多强调了西晋时期司马越与王衍联合和东晋初年王与马共天下之间的连续性，以及王导的作用，根据后来结局认为"东晋司马氏皇权则是门阀政治的装饰品"，忽略了其中出现过的断裂：司马睿称帝后曾重用刘隗、刁协与戴渊，实行所谓"刻碎之政"，试图重振皇帝权威，不想受制于王氏等大族的努力。只因王敦起兵，司马睿兵败，复兴皇权未果，才终导致"共天下"之局得以维持。至少对司马睿而言，"共天下"并非其所乐见，乃是不得已的产物。作者没有将这部分内容放入讨论门阀政治成立的章节，而是置于其得以延续的章节——"论郗鉴"中来论述，亦暗示作者眼中，这一事实与其成立无关。"论郗鉴"中除分析郗鉴在平定王敦之乱中的作用，以及在讨论郗、王家族关系时略及王敦之乱外①，只是简单地指出：

---

① 很可玩味的是田先生在这里只提到王敦初叛将矛头指向刘隗、刁协、戴渊等，目的是清君侧，这些人是王氏仇人，却没有提及诸人为何成为王氏仇人及他们身后的"君"——元帝，见所著《东晋门阀政治》"论郗鉴——兼论京口重镇的形成"，北京大学出版社2012年第5版，第49—52、54页。相关研究可对照唐长孺《王敦之乱与所谓"刻碎之政"》，收入所著《魏晋南北朝史论拾遗》，中华书局1983年版，第151—167页。

　　东晋士族专兵，始作俑者是琅邪王敦。

　　《晋书》卷六《元帝纪》谓"中宗（元帝）失驭强臣，自亡齐斧"。齐斧，受以征伐，象征权威。实际上，元帝从来就没有驾驭强臣的"齐斧"，强臣也不允许元帝握有这种"齐斧"。王敦之乱，正是元帝欲用刁协、刘隗为"齐斧"以驭强臣而促成的，其结果是"齐斧"未效，强臣先叛。①

后一段是对《晋书》史臣曰的分析。最后两句叙述存在微妙差别乃至矛盾：前句以并列方式陈述了作者的两个全称判断：元帝（司马睿）没有"齐斧"＋强臣不允许元帝握有"齐斧"（"有没有"的问题）；后句应是作者提供的例子，用王敦之乱来证明上述论断：元帝欲用刁、刘为"齐斧"导致王敦之乱（"想没想"的问题及其后续行为与结果）。实际上，后句仅能支持前句中的后一论断，同时却从元帝意图与努力的角度提供了一个反例，挑战了前一论断。不过，作者并没有觉察两句的矛盾与扞格，将它们平滑地衔接并置。作者心目中，结果角度的盖棺论定与时人角度的顺时而观全然无别，想过、做过但没成功＝没有。正是前一种角度对后一角度的压制与取代，导致作者忽略了元帝的意图与作为，漠视他任用刁、刘等的努力，进而不认为马与王之间的冲突与"共天下"，即门阀政治的形成与维系，有直接关联，并将此事置于无足轻重的位置。

　　上述叙述中，作者等于将其所揭示的门阀政治存在的原因：皇权不振与士族专兵，视为像末日审判一样必然降临的事实，门阀政治亦如是，一旦形成，就成为历史必然，无可改变，割断了与时人努力的联系。不期然出现的历史结果摇身一变，化为铁定无疑的必然结局，众人多向力量汇成的"过去"窄化为必定走向某种终点的目的论历史叙述，取消了部分时人（这里具体指元帝及其"齐斧"）的能动性，无形中抬高了另外一部分时人：王导、王敦的作用。这种夸大，代价是将王氏变为必然的隐喻，其结果，同样是个人能动性的丧失。其实，《晋书》所言承认元帝曾经"驭"过强臣，有过"齐斧"，但遭失败，并未否认其意图与作为。虽是唐朝史

---

　　①　田余庆：《东晋门阀政治》"论郗鉴——兼论京口重镇的形成"，第38、39页。1989年第1版中没有前面一句，后一段则见第40页。

官的后见之明，实去史实不远，反倒是作者的解释消解了元帝曾经发挥过的能动性。

寺地遵对南宋初年政治史的研究存在同样的问题。作者将绍兴十二年体制视作历史发展的必然结局与最终目的，认为南宋建立后的历史就是在朝此目标前进。这从章节的标题上便清晰可辨：

> 第一部，南宋政权的确立——绍兴十二年体制的前奏
> 第二部，秦桧专制体制的建立与变迁——维持绍兴十二年体制的政治结构
> 终章，绍兴十二年体制之结束与乾道、淳熙体制之形成①

不必细读正文，标题上的目的论色彩就异常鲜明。

这类追求与论述借助叙述与情节的编排，制造出一种假象，突出历史中事件、人物思想与活动背后深层力量的存在与作用，且这种力量不为时人所知，亦非一般后人所能揭示，要依靠深思明辨的学者的挖掘才能显现。结果是有意无意中抬高了从事相关研究的学者在解释历史上的霸权与独断地位。线索的勾勒与深度的获得实际根植于时人所不知的历史结果——一种后见之明，根据历史后来的走向，立于结果，逆推其因而选择、剪接不同的史实构建出的线索，不过是"以后推前""以今度古"思考方式的再现，即中外学者所概括的"历史的辉格解释""倒放电影"或"结果驱动的现象"②，换个更直观的说法，线性史观犹如看重播的体育比赛，真实历史的演进譬如亲临赛场或看比赛直播。胜负已定，再回看则变得索然无味，缺少了身临其境与观看直播时的惊心动魄和现场感。究其实，此种思路未言的前提或潜台词便是黑格尔所说的"存在即合理"，以历史的结局（根据后人或今人才具有的后见之明）作为确定性与必然的体

---

① 见寺地遵《南宋初期政治史研究》目录，刘静贞、李今芸译，稻乡出版社 1995 年版，第 1—6 页。

② "历史的辉格解释"一说见赫伯特·巴特菲尔德（Herbert Butterfield）《历史的辉格解释》，1931 年初刊，张岳明、刘北成译，商务印书馆 2012 年版；"倒放电影"之说见罗志田《民国史研究的"倒放电影"倾向》，《社会科学研究》1999 年第 4 期，后收入所著《近代中国史学述论》，北京师范大学出版社 2015 年版，第 221—225 页；"结果驱动（results-driven）的视角"，见李怀印《重构近代中国——中国历史写作中的想象与真实》，岁有生、王传奇译，中华书局 2013 年版，第 278 页。

现，将过去倒叙成向既定结果或当下前进的必然性的直线单向展开，没有意识到结果不过是一种成为现实的"可能"，其他被视为无关的细节或史实（从确实出现过看，亦属"事实"，但从结果看，行事者的意图未必实现，亦可称为"可能性"）则从历史叙述中隐没，同时消失的还有时人的能动性，造成封闭的历史。

受此观念支配，历史（实际是"历史叙述"：史家笔下的"过去"）本身获得生命力，并带有朝着某种方向前进的目的性，俨然成了支配一切的全能"上帝"，时人不过是冥冥中受其操控、向既定目标迈进的木偶，上场前胜负结局便已注定。经过如此一番修剪，历史叙述中几乎看不到线索之外的旁逸斜出与曲折反复，个人的选择与其他可能性亦烟消云散，一切人物都被抽空了精神与思想，没有意志，没有选择。其实，所谓的"旁"与"斜"，均是相对于"正"而言的，何为"正"，根据的乃是"成王败寇"的历史结果；"曲折反复"同样是"正常"或"必然""趋势""潮流""规范""规则""规律"等的衬托。这些表述，都洗不掉线性历史观与目的论的胎记。这种史观正应和了马克思的话："哲学家们只是用不同的方式解释世界，而问题在于改变世界"①，解释世界的前提便是承认与接受现存世界，尽管史家与哲人手握的武器并不相同。

这种史学论述进而与后来的结果，推而广之，所有存在过的前后相连的秩序（无论过去还是当下）构成共谋关系，剪除了过去存在的其他可能性，排斥时人的能动性并将现存秩序固定化。阅读如此书写的历史，除了极个别敢于冲破其束缚者（常被斥为"逐鹿之徒"）外，对绝大多数人而言，岂能不生个人渺小的无力感与幻灭感？屈从于趋势、规律与必然的强大以及记述历史的权威，进而不加怀疑地服从存在即合理的说辞，自我规训为既存与现存秩序的接受者，从而保证了秩序的延续。

从实际效果看，此类史学以曲折的方式论证历史结局乃至现存秩序的合理性与合法性，更深层次上使史学成为一种认可、巩固现存秩序的工具。就此而言，当代史学与传统史学异曲同工。

史学能否实现马克思所说的改造世界的作用？答案是肯定的，前提则是史观的重新定位。恩格斯在《致约·布洛赫（1890 年 9 月 21—22 日）》

---

① 卡尔·马克思：《关于费尔巴哈的提纲》（1888 年稿本），收入马克思、恩格斯《费尔巴哈》，人民出版社 1988 年版，第 90 页。

中说：

> 历史是这样创造的：最终的结果总是从许多单个的意志的相互冲突中产生出来的，而其中每一个意志，又是由于许多特殊的生活条件，才成为它所成为的那样。这样就有无数互相交错的力量，有无数个力的平行四边形，而由此就产生出一个总的结果，即历史事变，这个结果又可以看作一个作为整体的、不自觉地和不自主地起着作用的力量的产物。因为任何一个人的愿望都会受到任何另一个人的妨碍，而最后出现的结果就是谁都没有希望过的事物。所以以往的历史总是像一种自然过程一样地进行，而且实质上也是服从于同一运动规律的。但是，各个人的意志——其中的每一个都希望得到他的体质和外部的、终归是经济的情况（或是他个人的，或是一般社会性的）使他向往的东西——虽然都达不到自己的愿望，而是融合为一个总的平均数，一个总的合力，然而从这一事实中决不应作出结论说，这些意志等于零。相反地，每个意志都对合力有所贡献，因而是包括在这个合力里面的。①

恩格斯晚年提出的合力论，是不同视角的融合。一方面，没有放弃规律论，承认整体历史的超越性，这恐怕主要是从结果角度的观察；另一方面，更多地强调了历史结果乃是所有人意志与行动汇集而成，超出了个人的意志，又揭示了历史结果的非目的性与意外。后说乃是立足历史行动者的观察，是一种从当时人角度的顺时而观。只有补充了这一视角且首先如此观察，才能站在时人的角度，捕捉其中的幽微，解释时人是如何想象与行动的，才能体会到结果并非必然与规律，更多的是意外；随后将时人立场的内部观察与今人的后见之明结合起来，才能体会到个人在历史中的作用——尽管各人的作用大小有别，及其与历史结果间的复杂关系，冲破单向线性史学叙述的罗网，与历史目的论与线性历史观划清界限。

　　当然，历史研究中应纳入可能性，史学理论家已反复论证过②，困难

---

① 《马克思恩格斯选集》第 4 卷，人民出版社 1972 年版，第 478—479 页。
② 如何兆武《现实性、可能性与历史构图》，《史学理论》1988 年第 1 期，后收入所著《历史理性批判论集》，清华大学出版社 2001 年版，第 57—70 页，感谢王彬君及彭刚见示知此文。

在于如何在具体的史学研究中呈现，特别是当史料主体来自包含了目的论的正史时，如何打捞出被压抑与边缘化的声音，就更不容易。

放眼全球，中国自秦汉以来连续不断的王朝统治构成世界历史上独一无二的传统①，一些中国学者亦开始突破旧有的思维框架，转而强调政治、权力与国家在中国历史中的关键作用②。的确，直到今天，我们依然为这一悠久、独特传统所笼罩，不论是利是弊，对此能有自觉且加以反省者不多。在寻求"重思中国"的背景下③，搁置大而化之的论断，深入其源头，剖析其运作机制及其表达，以及两者之间的关系，就显得很有必要了。

秦代国祚短促，资料有限，难以详论。汉代乃是首个可以仔细探究的王朝。当然涉及的不少具体问题，如朝廷统治与后宫争斗，读者并不生疏。不同之处就在于把哪些史实和哪些史实勾连起来，以及如何勾连。是按照现代人的逻辑来勾连，还是依从古人固有的逻辑？哪些古人的逻辑？是事后记述的史家，还是身处其中的参与者与旁观者？是哪些参与者？是带有目的论的方式，还是注意到历史无目的性与时人各自的意图与目的？我们希望能在反思线性史观与目的论的前提下，重新解读史料，顺时而观，化熟为生，将原先似乎漫无关联的诸多现象，按照笔者所理解的西汉人的行为与思考逻辑（这里指围绕"宠"形成的言行逻辑），联系起来，在时序中并置更为多线的过程：皇帝个人的生活史、众官吏的成长与奋斗史、与皇帝的交往史、儒生的表述史与斗争史，诸种言行的交织互动，以及与作为背景反复出现的事务处理过程的关系，等等。标题的选用亦避免"演进""发展"之类目的论与进化论色彩明显的词汇，而使用了"展开"。

说到"宠"，学界与世人全不陌生，但一向斥为负面现象，置于历史表层的泡沫或后宫倾轧的肥皂剧中，素为追求深度的史家所不屑。"宠"，或更普遍的意义上，信—任型君臣关系，是皇帝与臣下共同追求与努力达

---

① 对此问题的新近研究，可参见弗朗西斯·福山（Francis Fukuyama）《政治秩序的起源：从前人类时代到法国大革命》（2011 年），毛俊杰译，广西师范大学出版社 2014 年第 2 版。极端相反的状况则见于中国西南与东南亚的山地居民，见詹姆士·斯科特（James C. Scott）《逃避统治的艺术：东南亚高地的无政府主义历史》（2009 年），王晓毅译，生活·读书·新知三联书店 2016 年版。

② 参见《文史哲》2010 年第 4 期"《文史哲》杂志举办'秦至清末：中国社会形态问题'高端学术论坛"报道（封二、封三、封四），及第 5、第 6 期及 2011 年第 1 期、《史学月刊》2011 年第 3 期中张金光、李治安、黄敏兰、李振宏、叶文宪、李若晖等人的论文。

③ "重思中国"的提法，见赵汀阳《天下体系：世界制度哲学导论》"导论"，中国人民大学出版社 2011 年再版，第 1—11 页。

成的一种暂时又持久的状态。皇帝有意无意谋求与少数臣下建立此种关系，更多的臣下，不分男女，更是前仆后继、想方设法，渴望与皇帝确立这种关系，结果是努力者多，成功者寡。说其暂时，因从长远看，成功基本都是暂时的，能维持到嗣君者寥寥；说其持久，乃是不仅在西汉，随后的王朝，均无法摆脱其魔掌。具体到各个皇帝，关系的表现，颇有差异，但关系的存在，实无不同，因此，文中称为"结构性的存在"。这种状态，乃变中不变，不变有变。

作为一种反复存在的现象，"宠"其实是"中性的"。简单的道义谴责不过是无力的呻吟，消灭不了它，只会遮蔽视线，掩盖其长存的内在意义。它与通常所谓的"线索"或"脉络"不同，区别之一是"宠"或"信—任"关系乃过去实存的内容之一，是表层与深度的统一、知与迷的统一，端看如何把握。它为时人追逐与向往，并激发众多活动，其危险性亦非为时人所不觉，热衷者却甘之如饴；旁观者眼中，颇有几分飞蛾扑火的悲情。长程分析，则是王朝中"结构性的存在"，皇帝与诸多臣民身陷其中，难以自拔。一般的"线索""脉络"或历史演进的动因，无论是阶级、集团斗争、权力争夺、生产力发展、文化，抑或关陇集团、关中本位政策等，潜藏历史表象背后，乃后世史家独享的发明专利，均属外在于过去的后见之明。

以往围绕朝廷统治的研究，或采取政治史的取径，或利用制度史的思路，加上近年兴起的政治文化分析，大有三足鼎立之势。这些路径既包含正史叙述方式上的渊源，亦不乏近代以来专史化及当代西方学术影响的近因。其中隐含着事件、人物/制度、言/行的区隔：政治史集中于事件与人物，制度史则是制度研究的承载者，这些偏重于"行"：而"言"或"表达"，则主要留给了政治文化。这样一种划分方式本身就是需要反省的，不应成为不证自明、理所当然的出发点。

具体研究中，借助《史》《汉》之《佞幸传》的指引，在习以为常的实体性思路之外，补充了关系性的视角，力图跳脱事件、人物/制度、言/行的两分，以及权力斗争论、集团论、出身论与性别论等习惯思路，侧重日常活动，关注"关系过程"与"关系的关系"，以求更加贴近时人生活。分析上首先采用"内部立场"与"主位观察"，并将时人行为与意图及两者的关系纳入视野，展示"过去"形成中众人歧出的作用，这些言行如何围绕皇帝、府主展开争夺，并构成相互衔接又散布甚广的关系网络，且反复出现，而非本质化地化约出一条线索或几种简单的因素。对儒生频繁提到的"公""私"及两者与生活处境关系的梳理，亦与流行的说法不尽相同。在此基础上，再参酌后人理解、中外学人的后见之明，加上自己的思考，尝试对这些现象的存在与延续提出些新解释，以期丰富对过去的认识，并有助于对当下、对自我的把握与对未来的创造。

特别需要指出，制度史研究中直接、间接受马克斯·韦伯（Max Weber）一些论著的影响，多侧重于分析官僚制或其中某些机构与侧面，往往将皇帝弃置一边，制造出皇帝缺席的官僚制，古代王朝统治因此会增添不少"理性"色彩。反之亦然。割裂带来的片面或是夸大了王朝时代"理性化"的程度，或是突出了皇帝"专制"的色彩。其实，就是到了今天，这种西方近代性在中国依然没有落地生根，历史上皇帝的"肆意妄为"亦会遭遇种种束缚和限制。我们需要绕过相袭已久的叙述方式设下的迷阵，重返王朝统治的现场，将皇帝与臣下（官民），及两者的关系纳入视野，更全面地揭示王朝统治的实态。这一过程中不难发现中国历史中的种种内在的矛盾性，这些矛盾性构成演进的动力，亦不难体会到韦伯将中国归入"家产官僚制"国家的洞察力。

过去本身就是枝蔓而多向的，线索不过是后人与史家在记忆与叙述中赋予的，带有特定的指向性。今人眼中线性演进的时间，在时人心目中未必如是①，展示"复数的历史"（用杜赞奇的话，是"复线的历史"或"分叉的历史"，bifurcated history②）应是当下史家的职责之一。借助于此，再现众人的合力如何构成了过去，使普通人不再无力地蜷缩在伟人、规律和必然的脚下，俯首称臣，感悟到如自己一般的先人如何在过去发挥作用，在历史面前，进而在现实中意识到自己的主体性、价值与局限。如此，或可恢复"读史使人明智"的古老传统。

基于以上考虑，书中论述以一种今人看来不同寻常的方式来呈现，希望借助阅读带来的异样与疑惑，激活读者对过去与现实微妙之处的感悟与

---

① 参见方慧容《"无事件境"与生活世界中的"真实"——西村农民土地改革时期社会生活的记忆》，收入杨念群主编《空间·记忆·社会转型——"新社会史"研究论文精选集》，上海人民出版社 2001 年版，第 467—586 页。此文分析了 20 世纪末一个村落中普通百姓对事件的记忆，亦提示我们注意过去普通百姓的事件观与时间观的不同。

② 杜赞奇：《从民族国家拯救历史：民族主义话语与中国现代史研究》，王宪明等译，江苏人民出版社 2009 年版，第 2、3、50—81 页。

反省，共同投入对过去生活的重新认识及对未来美好生活的憧憬与建设。换言之，本书并非封闭的自说自话，对古人而言，是与两千年前不同背景与性别的众多古人的对话；对今人而言，则是一封开放的邀请与一份诚意的期待，是以反思的方式打破僵化的认识与观念坚冰、以更为多元的姿态重返古人世界的邀请与期许，更是一封构建古今双向互动，借助过去反省当下并共创未来的邀请。

附记：本文是笔者为《宠：信—任型君臣关系与西汉历史的展开》一书撰写的"代前言"。草成后呈送师友指正，先后承蒙孙正军、郭伟涛、屈涛、王彬、孙梓辛、邱逸凡诸君，彭刚、陈爽、游逸飞兄、胡宝国先生、方诚峰及黄振萍兄的指教，谨此一并致谢。

2016 年 9 月

重释唯物史观

吴 英[*]

科学是揭示事物存在和变化的因果必然性规律、并能够在实践中检验这些规律是否正确的知识体系。历史观是人们对社会历史的系统认识。科学的历史观是揭示了社会历史发展和变化的因果必然性规律的历史观。而马克思、恩格斯创立的唯物史观，正是"关于现实的人及其历史发展的科学"[①]。它从人类社会存在和发展的终极原因出发，动态地、发展地剖析人们的物质生产实践活动和在这种实践活动中形成的物质生产能力，从而揭示出人类社会历史演进的因果必然性规律。在形形色色的历史观中，唯物史观最具科学的品格。

但是，一个时期以来，对唯物史观科学性的质疑声渐起，连带着唯物史观对历史学的指导地位也遭遇挑战，主张史学研究指导理论多元化的呼声甚嚣尘上。究其原因，固然有多方面因素的影响，但其中原有的对唯物史观的解释体系已经在重大历史和现实问题上不能给出令人满意的解释是重要原因之一。因此，需要下大力气去重新解释唯物史观的基本理论和基本原理，与时俱进地深化对该理论真谛的理解与把握，使更多人服膺唯物史观的科学性。

本文将围绕人类社会历史演进的诸客观基础因素及其相互关系、围绕人类社会历史发展过程所呈现的规律问题，对唯物史观做出重新阐释，以证明唯物史观是科学的历史观。

---

* 吴英，中国社会科学院世界历史研究所。

① 《马克思恩格斯选集》第 4 卷，人民出版社 1995 年版，第 241 页。

一　社会历史的客观基础

人要生存，首先必须能够维持生命，因而必须从事维持生存需要的物质生产实践活动。唯物史观从人的这个最现实、最基本的生存活动切入，展开对人类社会历史演进规律的解析与阐释。所以，恩格斯在马克思墓前的讲话中开宗明义地指出："马克思发现了人类历史的发展规律，即历来为繁芜丛杂的意识形态所掩盖着的一个简单事实：人们首先必须吃、喝、住、穿，然后才能从事政治、科学、艺术、宗教等等；所以，直接的物质的生活资料的生产，从而一个民族或一个时代的一定的经济发展阶段，便构成基础，人们的国家设施、法的观点、艺术以至宗教观念，就是从这个基础上发展起来的，因而，也必须由这个基础来解释。"① 恩格斯用最简洁的语言对唯物史观基本原理的概述，揭示了人类社会历史发展的客观基础，以及人们诸多层面的社会活动与这个客观基础的相互关系。我们将分5 个部分依次阐述"生产方式的制约作用""社会存在和社会意识""经济基础和上层建筑""社会经济形态的划分""阶级社会中阶级斗争及其作用"等几个唯物史观论及的人类社会历史演化运动基本问题的观点。

（一）生产方式（生产力、生产关系）的制约作用

唯物史观认为：生产方式是人类生存所必需的物质资料的谋取方式，是人们在生产过程中相互结合、共同活动的方式。生产方式的构成包括生产力和生产关系两个层面：关于生产力，马克思有过明确的阐释，他讲："人们不能自由选择自己的生产力——这是他们的全部历史的基础，因为任何生产力都是一种既得的力量，是以往的活动的产物。可见，生产力是人们应用能力的结果，但是这种能力本身决定于人们所处的条件，决定于先前已经获得的生产力，决定于在他们以前已经存在、不是由他们创立而是由前一代人创立的社会形式。"② 从这段关于生产力的阐释可以使我们确立三点认识：一是，"生产力"是指人们在生产实践中获得的认识、改造自然的能力，它不是天赋的、与生俱来的，而是应用能力的结果或说是劳

① 《马克思恩格斯选集》第 3 卷，人民出版社 1995 年版，第 776 页。
② 《马克思恩格斯选集》第 4 卷，人民出版社 1995 年版，第 532 页。

动生产实践的结果；二是，每一代人拥有的生产力，必然首先是从先人那里继承下来的、即以往活动的产物，尔后才是创新、发展，使生产力有新的进步；三是，人们所处的条件不同，他们拥有的认识与改造自然的能力也就会存在差别。关于生产关系，则是指人们在物质资料的生产过程中形成的社会关系。由于社会生产过程存在着明确的分工，而且这种分工随着生产力的发展日趋进步，于是，有了对生产成果的分配和交换关系，以及对生产资料的所有权关系。马克思明确指出："分配的结构完全决定于生产的结构，分配本身是生产的产物，不仅就对象说是如此，而且就形式说也是如此。就对象说，能分配的只是生产的成果，就形式说，参与生产的一定形式决定分配的特定形式，决定参与分配的形式。"① 而生产的结构或说参与生产的形式就是分工关系，它决定着交换的形式和分配的方式，并由此决定着所有制的不同性质。唯物史观就"分工"问题主要界定了四层意思：一是区分了三种分工，即脑力劳动与体力劳动的分工、不同产品生产的社会分工、同一产品生产的工序分工。第一种分工促使社会产生了阶级差别，第二种分工是各种社会经济形态共有的社会分工，第三种分工则仅是在资本主义社会经济形态中发展起来的。二是分工之所以能够产生和发展，根本原因在于生产力不断提高使剩余产品不断增加，从而导致剩余劳动力的出现，可以开拓新的生产与工作领域。三是"与这种分工同时出现的还有分配，而且是劳动及其产品的不平等的分配（无论在数量上或质量上）；因而产生了所有制"。② "分工发展的各个不同阶段，同时也就是所有制的各种不同形式。这就是说，分工的每一个阶段还决定个人的与劳动材料、劳动工具和劳动产品有关的相互关系。"③ 四是"一个民族的生产力发展的水平，最明显地表现于该民族分工的发展程度。任何新的生产力，只要它不是迄今已知的生产力单纯的量的扩大（例如，开垦土地），都会引起分工的进一步发展"④。

　　生产方式对社会历史演进的制约作用表现在：其一，生产力是人类社会历史演进的终极原因。人类为了生存，就必然要从事物质生产实践活动；而从事物质生产实践活动就必然会不断提高人们认识与改造自然的能

---

① 《马克思恩格斯全集》第46卷（上），人民出版社1979年版，第32—33页。
② 《马克思恩格斯选集》第1卷，人民出版社1995年版，第83页。
③ 同上书，第68页。
④ 同上。

力；物质生产能力的提高必然会推进生产关系和上层建筑的运动与变革，促使社会经济形态持续地从低级向高级发展。因此，引发整个人类社会历史运动的原始动因是人们的物质生产活动，而推动生产关系和上层建筑不断变革、并由此决定社会形态不断演进的是社会生产能力的持续发展。在这两重意义上，唯物史观认为："人们所达到的生产力的总和决定着社会状况"①，即将生产力的不断提高视为人类社会历史发展的终极原因。从远古时代至今，人们从生产能力极其低下、只能从事最原始的物质生产活动、靠群体渔猎来勉强维持生命，经过数千年生产经验的积淀、生产方式的改进，演化至今已经进入信息社会，不仅能够在满足基本物质生活需求的基础上追求更高层次的精神需求，而且能够在驾驭自然力的基础上向外层空间和微观世界探索。其二，生产力对生产关系的决定性。马克思明确指出："人们在自己生活的社会生产中发生一定的、必然的、不以他们的意志为转移的关系，即同他们的物质生产力的一定发展阶段相适合的生产关系"②；"社会关系和生产力密切相联。随着新生产力的获得，人们改变自己的生产方式，随着生产方式即谋生的方式的改变，人们也就会改变自己的一切社会关系"③。所以，恩格斯指出："社会制度中的任何变化，所有制关系中的每一次变革，都是产生了同旧的所有制关系不再相适应的新的生产力的必然结果。"④ 其三，社会生产方式（生产力和生产关系）对人类社会历史演进的制约作用。通过以上的引证可见，生产力的发展必然导致社会生产关系（分工、分配、交换）的演化、生产资料所有权的变革，促使人类社会历史从低级向高一级发展。据此，我们可以明确认识生产方式对人类社会历史演进的制约作用，一是在经济基础层面对社会的性质起制约作用。比如，当人们靠狩猎、捕鱼、畜牧或者靠极低产出的耕作维持生存的时代，只能是实行共同体所有制的远古社会；而在小规模的、粗陋的土地耕种和手工工业的时代，只能是建立以土地所有制或等级所有制为主要形式的封建社会。二是生产方式演进、变革的步伐，制约着社会转型、时代转换进程的快慢。所以说，社会时代的转型从根本上取决于生产方式发生质的演进。

---

① 《马克思恩格斯选集》第 1 卷，人民出版社 1995 年版，第 80 页。
② 《马克思恩格斯选集》第 2 卷，人民出版社 1995 年版，第 32 页。
③ 《马克思恩格斯选集》第 1 卷，人民出版社 1995 年版，第 141—142 页。
④ 同上书，第 238 页。

下面我们举两个历史实例来说明生产方式的演化对社会历史演进的制约作用。

其一，就人类社会从野蛮时代向文明时代的演进（即阶级社会的产生），恩格斯作过系统的论述。他指出："生产力逐渐提高；较密的人口在一些场合形成了各个公社之间的共同利益，在另一些场合又形成了各个公社之间的相抵触的利益，而这些公社集合为更大的整体又引起新的分工，建立保护共同利益和防止相抵触的利益的机构。这些机构，作为整个集体的共同利益的代表，在对每个单个的公社的关系上已经处于特别的、在一定情况下甚至是对立的地位，它们很快就变为更加独立的了……在这里我们没有必要来深入研究：社会职能对社会的这种独立化怎样逐渐上升为对社会的统治；起先的公仆在情况有利时怎样逐步变为主人……最后，各个统治人物怎样结合成一个统治阶级。在这里，问题仅仅在于确定这样的事实：政治统治到处都是以执行某种社会职能为基础，而且政治统治只有在它执行了它的这种社会职能时才能持续下去。"除了这样的阶级形成过程之外，还有另一种阶级形成过程："农业家族内的自发的分工，达到一定的富裕程度时，就有可能吸收一个或几个外面的劳动力到家族里来。在旧的土地公有制已经崩溃或者至少是旧的土地共同耕作已经让位于各个家族分得地块单独耕作的那些地方，上述情形尤为常见。生产已经发展到这样一种程度：现在人的劳动力所能生产的东西超过了单纯维持劳动力所需要的数量；维持更多的劳动力的资料已经具备了；使用这些劳动力的资料也已经具备了；劳动力获得了某种价值。但是公社本身和公社所属的集团还不能提供多余的可供自由支配的劳动力。战争却提供了这种劳动力……奴隶制被发现了。这种制度很快就在一切已经发展得超过古代公社的民族中成了占统治地位的生产形式，但是归根到底也成为他们衰落的主要原因之一。"[①]

恩格斯论述的产生阶级和统治关系的两条道路的主要区别在于：前者是在没有产生私有制和奴隶制的情况下，主要由于生产力的发展导致各小公社结合为大共同体，引起新的分工和建立新的机构"来保护共同利益和反对相抵触的利益"，由此形成了统治阶级。后者则是在私有制产生或者至少是个体耕作已经替代公社共耕制后，伴随奴隶制等剥削制度的产生而

----

① 《马克思恩格斯选集》第3卷，人民出版社1995年版，第522—524页。

出现了阶级。在恩格斯看来，在由第一条道路产生统治阶级的过程中，最初出现的"统治人物"不仅包括"东方的暴君或总督"，还有"希腊的氏族首领""克尔特人的族长"等。不过，希腊人和克尔特人的那些统治人物似乎在还未最后"结合成一个统治阶级"的情况下，随着私有制和奴隶制的产生而转化到他所说的形成阶级的第二条道路上。这样，主要是东方国家沿着第一条道路形成统治阶级和被统治阶级。但是，产生阶级的道路虽然有所不同，其规律却是相同的，那就是："只要社会总劳动所提供的产品除了满足社会全体成员最起码的生活需要以外只有少量剩余，就是说，只要劳动还占去社会大多数成员的全部或几乎全部时间，这个社会就必然划分为阶级。在这被迫专门从事劳动的大多数人之旁，形成了一个脱离直接生产劳动的阶级，它掌管社会的共同事务：劳动管理、国家事务、司法、科学、艺术等等。因此，分工的规律就是阶级划分的基础。"① 简而言之，生产力的发展不仅产生了少量剩余，而且产生了日益复杂的社会公共职能。在既有剩余而又剩余不多的情况下，必然会产生一个人数不多的、脱离直接生产劳动而专事履行公共职能的特殊阶级；他们既是履行社会公共职能的"公仆"，同时又逐渐利用手中的特权演变为"主人"——剥削者和压迫者。这种脱离直接劳动而专事履行公共职能的少数人和完全委身于劳动的大多数人之间的分工，马克思、恩格斯把它称为最初的脑力劳动和体力劳动的分工。孟子把这种分工称为"劳心者"与"劳力者"之间的分工是很确切的。统治者、管理者阶级（奴隶主或封建主）由于在社会分工中履行了组织、管理和监督生产等公共职能，他们也就取得了对最重要生产资料——作为不动产的土地——的所有权，甚至获得了对直接生产者阶级的人身控制权，以此索取剩余产品。在剩余很少的情况下，不可能通过交换手段取得剩余产品，只有通过控制土地所有权、并由此而控制人身的强制手段来实现对剩余产品的占有，从而形成了人身不平等的依附关系。可见，生产力的提高促动着生产关系的变革，使社会实现了转型。

其二，就人类社会从自给自足的小农经济为主的传统社会向社会化大生产、大交换和以非农产业为主的现代社会的转型，马克思作了精辟论证。他指出："社会上的一部分人用在农业上的全部劳动——必要劳动和剩余劳动——必须足以为整个社会，从而也为非农业工人生产必要的食

---

① 《马克思恩格斯选集》第 3 卷，人民出版社 1995 年版，第 632 页。

物；也就是使从事农业的人和从事工业的人有实行这种巨大分工的可能；并且也使生产食物的农民和生产原料的农民有实行分工的可能。"① 他还指出："如果撇开对外贸易……那末很明显，从事加工工业等等而完全脱离农业的工人……的数目，取决于农业劳动者所生产的超过自身消费的农产品的数量。"② 这就是说，在不考虑外贸因素的前提下，从传统社会向现代社会的转型首先要求农业生产要有长足的发展，农业人口生产的农产品除自身消费还可以供应人数众多的非农产业人口的需求以及工业生产所需的农产品原料，这样非农产业才能够建立和发展。尔后，随着工业化的不断推进、社会化大生产的逐步实现，在经济交换的层面才会有普遍的社会物质交换的产生。于是，自给自足的小农自然经济就为商品——市场经济所取代。至此，又一次社会的转型过程就告完成。资产阶级作为统治阶级将主要通过控制动产形式的生产资料（作为资本的货币，以及即使是不动产形式的生产资料也是按货币核算）的所有权来剥削剩余产品或剩余价值，人身依附关系失去存在的合理性。生产力发展导致生产关系变革的规律再次显现。

（二）社会存在和社会意识

社会存在和社会意识的关系问题，是各种历史观所必须首先回答的一个问题。由此，对于社会存在和社会意识关系的不同认识和把握，成为不同历史观的一个根本分歧点；而且造成对历史事件、历史现象的解析往往出现完全相异的认识。唯物史观以社会存在决定社会意识为理论基石，从而为人类认识自身的历史演进确立了科学的起点。

其一，科学地界定社会存在和社会意识的关系问题，为唯物史观认识历史奠定了坚实的基础。马克思和恩格斯对于"社会存在"有明确的界定，他们指出："人们的存在就是他们的现实生活过程。"③ 正是在这个意义上，他们肯定"意识在任何时候都只能是被意识到了的存在"；"不是意识决定生活，而是生活决定意识"④。在他们的话语中，人们的"现实生活过程"是指人们的生活实践过程。因此，他们又把唯物史观称为"不是从

---

① 《马克思恩格斯全集》第 25 卷，人民出版社 1974 年版，第 716 页。
② 《马克思恩格斯全集》第 26 卷（第一册），人民出版社 1972 年版，第 22 页。
③ 《马克思恩格斯选集》第 1 卷，人民出版社 1995 年版，第 72 页。
④ 同上书，第 72、73 页。

观念出发来解释实践，而是从物质实践出发来解释观念的形成"① 的历史观。也由此，使唯物史观建立在了坚实的现实基础之上。恩格斯在《社会主义从空想到科学的发展》一文中明确指出："唯物主义历史观从下述原理出发：生产以及随生产而来的产品交换是一切社会制度的基础；在每个历史地出现的社会中，产品分配以及和它相伴随的社会之划分为阶级或等级，是由生产什么、怎样生产以及怎样交换产品来决定的。所以，一切社会变迁和政治变革的终极原因，不应当到人们的头脑中，到人们对永恒的真理和正义的日益增进的认识中去寻找，而应当到生产方式和交换方式的变更中去寻找；不应当到有关时代的哲学中去寻找，而应当到有关时代的经济中去寻找。"② 这种历史观，非常鲜明地显示着它同唯心主义历史观的不同，后者是从人们的意识、精神、观念中去寻找解释历史变迁的终极原因，因而也就不可能把握人类社会发展的现实基础。马克思和恩格斯对唯心主义历史观提出过尖锐的批评："迄今为止的一切历史观不是完全忽视了历史的这一现实基础，就是把它仅仅看成与历史过程没有任何联系的附带因素。因此，历史总是遵照在它之外的某种尺度来编写的；现实的生活生产被看成是某种非历史的东西，而历史的东西则被看成是某种脱离日常生活的东西，某种处于世界之外和超乎世界之上的东西。"③

　　唯物史观遵循着"社会存在决定社会意识"这一基本原理，将人类社会历史变迁的终极原因追溯到人们的物质生产实践活动和在这种活动中形成的物质生产能力上，由此彻底揭开了人类有史以来错综复杂的时代演进之谜。并且，科学地预见社会主义、共产主义最终将取代资本主义，促使人类社会发展到未来的大同世界。就人类社会向共产主义社会的演进，马克思有过精辟的论述："象野蛮人为了满足自己的需要，为了维持和再生产自己的生命，必须与自然进行斗争一样，文明人也必须这样做；而且在一切社会形态中，在一切可能的生产方式中，他都必须这样做。这个自然必然性的王国会随着人的发展而扩大，因为需要会扩大；但是，满足这种需要的生产力同时也会扩大。这个领域内的自由只能是：社会化的人，联合起来的生产者，将合理地调节他们和自然之间的物质变换，把它置于他

---

① 《马克思恩格斯选集》第 1 卷，人民出版社 1995 年版，第 92 页。
② 《马克思恩格斯选集》第 3 卷，人民出版社 1995 年版，第 740—741 页。
③ 《马克思恩格斯选集》第 1 卷，人民出版社 1995 年版，第 93 页。

们的共同控制之下，而不让它作为盲目的力量来统治自己；靠消耗最小的力量，在最无愧于和最适合于他们的人类本性的条件下来进行这种物质变换。但是不管怎样，这个领域始终是一个必然王国。在这个必然王国的彼岸，作为目的本身的人类能力的发展，真正的自由王国，就开始了。但是这个自由王国只有建立在必然王国的基础上，才能繁荣起来。工作日的缩短是根本条件。"① 这里说得非常明确：当人类的生产能力发展到只需很短的工作日就能生产出满足丰厚的物质生活所必需的产品，因而每个人都有广大的自由王国领域去充分发展自己的能力、爱好和自由个性，勿需再为争取稀缺产品而进行竞争；人们自由个性的多样化程度将空前增大，而人们在物质和精神领域的实践活动的能力水平的差别将空前缩小。到那时，每个人都既能从事物质生产，也能从事精神生产，既是生产者，也是管理者。一旦人们的物质和精神生产能力发展到那种程度，建立自由人的联合体、最终脱离动物界的时刻就到来了；到那时，任何个人意志也阻挡不了自由人联合体的建立。近百年来的历史进程表明，马克思指出的那个趋势正在向前推进。从以下两组数据中可以看到若干轨迹②（见表1和表2）。

表1　　　　　　　**1870—1992 年每个就业人员年均工作时间**　　　　（小时）

年份	英国	德国	美国	日本
1870	2984	2941	2964	2945
1913	2624	2584	2605	2588
1950	1958	2316	1867	2166
1973	1688	1804	1717	2042
1992	1491	1563	1589	1876

表2　　　　　　**1913—1992 年劳动人口受正规教育平均年数**　　　（年）

年份	英国	德国	美国	日本
1913	8.82	8.37	7.56	5.36

① 《马克思恩格斯全集》第 25 卷，人民出版社 1974 年版，第 926—927 页。
② 托马斯·K. 麦格劳：《现代资本主义——三次工业革命的成功者》，江苏人民出版社 2000 年版，第 603、607 页。

续表

年份	英国	德国	美国	日本
1950	10.60	10.40	11.27	9.11
1992	14.09	12.17	18.04	14.87

这种趋势正是马克思所说的那种"必然王国"逐渐缩小、"自由王国"逐渐扩大的趋势。既然近百年来人类劳动生产率的提高、工作日的缩短、自由支配时间增加的进程确实在以日益增大的加速度推进，既然没有任何理由认定这个加速推进过程会在某个时刻戛然停止下来；我们就没有理由不相信马克思预见的那种具有全面发展的自由个性的自由人类一定会成长起来，没有理由不相信地球村的自由人联合体一定会建立起来。由此可见，不是从对美好社会的某种理念或空想出发，而是从社会存在决定意识出发、从劳动或物质生产实践活动这一基本社会存在出发，马克思揭示了人类社会历史发展的一个真理。

其二，要准确把握"社会存在决定社会意识"的内涵还必须同机械唯物主义划清界限。将唯物史观与唯心史观区别开来，比较容易把握。因为后者认为，不是存在决定意识，而是意识决定存在，所以从社会历史人物尤其是精英人物的思想、意识和观念中去寻求历史变化的终极原因。对这种史观并不寻求思想意识产生缘由的错误观点比较容易理解。但对于唯物史观与机械唯物主义之间的区分则往往容易产生混淆，因为两者都主张"存在决定意识"，但对"存在"的理解却有着实质性的差别。机械唯物主义是将"社会存在"理解为人之外的"客观环境"，由此就把"社会存在决定社会意识"误解为"人们所处的客观环境决定人们的意识"。例如机械唯物论者费尔巴哈就这样认为，他讲："皇宫中的人所想的，和茅屋中的人所想的是不同的。"[①] 这一形象的表达，将人的"社会存在"简单地视为人们生存的外部条件，即他们的生活环境，而意识则是不同的外部生存条件或生活环境在人们头脑中的反映。马克思在《关于费尔巴哈的提纲》中批判地指出："从前的一切唯物主义（包括费尔巴哈的唯物主义）

---

① 恩格斯在《路德维希·费尔巴哈与德国古典哲学的终结》中引用了这句话，接着指出"费尔巴哈完全不知道用这些命题去干什么，它们始终仍旧是纯粹的空话"。出处见《马克思恩格斯选集》第 4 卷，人民出版社 1995 年版，第 237 页。

的主要缺点是：对对象、现实、感性，只是从客体的或者直观的形式去理解，而不是把它们当作感性的人的活动，当作实践去理解，不是从主体方面去理解。"① 这样机械地理解人与"对象"世界（或"现实""感性"世界——总之，被视为人之外的"客体"世界）的关系，导致了作为主体的人与作为"客体"的"环境"之间的二元并存，导致"环境决定人的命运"，以致普通人只能期待"教育者"去改变"环境和教育"的错误结论。对于这样一种错误观点，马克思针锋相对地指出："关于环境和教育起改变作用的唯物主义学说忘记了：环境是由人来改变的，而教育者本人一定是受教育的。因此，这种学说一定把社会分成两部分，其中一部分凌驾于社会之上。"②

马克思、恩格斯从来不把"社会存在"视为人之外的"客体"或外部环境。他们所说的"存在决定意识"实际是指"生活决定意识"或"实践决定意识"。如果像机械唯物论那样，把"存在决定意识"等同于"环境决定意识"，那就无法解释为什么同样是在茅屋里生活的人，有的想做忠诚顺民，有的却想自己当皇帝；而同样是在皇宫中生活的人，有的想维护皇帝和皇权制度的特权，有的却同情被压迫者、甚至加入被压迫者的造反行列。可见，当我们具体分析在皇宫里生活的个人、在茅屋里生活的个人，他们不同的生产、生活实践对他们思想产生的深刻影响时，就不难找出他们不同生活追求的根由了。同样，如果我们把"存在决定意识"等同于"环境决定意识"，就根本无法解释为什么古今中外有许多来自非劳动家庭环境的人成了劳动阶级的杰出领袖，而有的来自劳动家庭环境的人却在阶级斗争的关键时刻站到了劳动阶级的对立面。但当我们运用"生活决定意识"或者说"实践决定观念"的原理去解析，就能够从错综复杂的现象中梳理出其中的因果必然性规律。

这里还需要强调，"社会存在"的主体是指"人"的社会存在，而这个"人"绝非是抽象的人，而是有血有肉、从事物质生产实践活动的现实的人。马克思和恩格斯对"人"的这种性质有过多处阐释，他们在《德意志意识形态》中就强调："全部人类历史的第一个前提无疑是有生命的个人的存在。因此，第一个需要确认的事实就是这些个人的肉体组织以及由

---

① 《马克思恩格斯选集》第 1 卷，人民出版社 1995 年版，第 54 页。

② 同上书，第 55 页。

此产生的个人对其他自然的关系。……任何历史记载都应当从这些自然基础以及它们在历史进程中由于人们的活动而发生的变更出发";"以一定的方式进行生产活动的一定的个人,发生一定的社会关系和政治关系。经验的观察在任何情况下都应当根据经验来揭示社会结构和政治结构同生产的联系,而不应当带有任何神秘和思辨的色彩。社会结构和国家总是从一定的个人的生活过程中产生的。但是,这里所说的个人不是他们自己或别人想象中的那种个人,而是现实中的个人,也就是说,这些个人是从事活动的,进行物质生产的,因而是在一定的物质的、不受他们任意支配的界限、前提和条件下活动着的"①。而同现实的人的社会存在相对应的"社会意识",则是指现实的人在他们的物质生活过程中产生的认识,诸如宗教、法、道德、科学、艺术等。

(三) 经济基础和上层建筑

唯物史观在解析人类社会的历史发展时,将全部人类活动划分为两个相对分离却又紧密联系的部分,即经济基础和上层建筑两个部分。经济基础指"人们在自己生活的社会生产中发生的一定的、必然的、不以他们的意志为转移的关系,即同他们的物质生产力的一定发展阶段相适合的生产关系"。它包括生产分工关系、交换和分配关系以及所有权关系,这些生产关系共同构成社会的经济结构。而这种经济结构对于社会的上层建筑起着规定性的作用,所以称之为"经济基础",意指它起着基础性的作用。上层建筑是指社会的政治、法律、宗教等制度和机构,以及社会的意识形态诸如政治、法律、道德、哲学、艺术、宗教等观念。上层建筑建构于经济基础之上,它必须适应经济基础的要求,所以被视为社会的上层建筑。

其一,经济基础与上层建筑的关系。从唯物史观的观点看,经济基础和上层建筑的关系本质上是"社会存在决定社会意识"观点的延伸和拓展,它包括几层含义。一是,"物质生活的生产方式制约着整个社会生活、政治生活和精神生活的过程"。这种"制约"作用,表现为经济基础规定着上层建筑的性质,要求上层建筑必须为其服务,即:社会各种政治的、法律的制度和机构设施以及思想文化范畴的种种观念形态,都必须对经济

---

① 《马克思恩格斯选集》第 1 卷,人民出版社 1995 年版,第 67、71—72 页。

基础起卫护和强化作用，从而对物质生产力的发展起"护航"和推进作用。二是，生产方式的演进是一种自然历史过程。伴随着生产力由低到高的不断提升，生产关系会发生相应的演化。当"社会的物质生产力发展到一定阶段，便同它们一直在其中运动的现存生产关系或财产关系（这只是生产关系的法律用语）发生矛盾。于是这些关系便由生产力的发展形式变成生产力的桎梏。那时社会革命的时代就到来了。随着经济基础的变更，全部庞大的上层建筑也或慢或快地发生变革"①。这就是说，既定的上层建筑应该是要维护现存的分工、交换和分配关系，但当现存的生产关系发生质的演进，原有的上层建筑也必然会发生或慢或快的变革才能适应新的经济结构的要求，服务于变化了的经济基础。不过，从经济基础到上层建筑的这种变革，究竟是以剧烈的革命形式发生还是以渐进的改良形式发生，则将取决于当时、当地社会政治力量的利益取向和力量的对比。

其二，在阶级社会，经济基础和上层建筑的变革无不具有浓重的阶级色彩。自人类社会进入阶级社会以来，经济基础作为生产关系的总和，实质上体现着不同时代阶级地位的状况。上层建筑服务于经济基础，本质是维护当时居于主导或统治地位的统治阶级的利益；而且，统治阶级也会强化上层建筑的服务功能，以更好地巩固有利于他们阶级利益的经济基础。因此说，经济基础和上层建筑这一对矛盾运动，反映着统治阶级与被统治阶级、新生的强势阶级同旧有的统治阶级二者之间的利益争夺。当生产力发生质的飞跃，例如第一次工业革命，代表新生、先进生产力的资产阶级为建构资本主义的经济基础，运用了上层建筑范畴的一切手段（政治的、军事的、思想文化的……），进行资产阶级革命，促使资本主义的生产关系建构起来；并在新的经济基础建构之后，持续地运用上层建筑的服务功能来卫护与强化新的经济基础。而原来的统治阶级封建地主阶级面对利益将被剥夺、丧失的情势，会人为地阻滞上层建筑的变革以卫护旧的经济基础，阻滞经济基础的变革，给新的生产力的发展制造障碍。对此，恩格斯在晚年曾作过经典论述，他指出："它（上层建筑）可以沿着同一方向起作用，在这种情况下就会发展得比较快；它可以沿着相反方向起作用，在这种情况下，像现在每个大民族的情况那样，它经过一定的时期都要崩溃；或者是它可以阻止经济发展沿着既定的方向走，而给它规定另外的方

---

① 《马克思恩格斯选集》第 2 卷，人民出版社 1995 年版，第 32—33 页。

向——这种情况归根到底还是归结为前两种情况中的一种。但是很明显，在第二和第三种情况下，政治权力会给经济发展带来巨大的损害，并造成人力和物力的大量浪费。"①

其三，在经济基础与上层建筑的矛盾运动中，人们可以正确发挥主体的能动作用以推动适应生产力发展水平的经济基础尽快产生。在人类社会历史发展进程中，生产力的演进、生产关系的变革，都是人们物质生产实践活动的产物；而上层建筑的建构，以及它对于经济基础服务功能的发挥，也都是人们在社会生活实践中积累智慧的结果。因此，在经济基础与上层建筑的矛盾运动中，人的主体能动性发挥着重要的作用。但是，人的主体能动性的发挥不能随心所欲，既要避免夸大人的主体能动性的偏颇，认为只需建构先进的社会上层建筑，就能实现实质性的进步；也要避免否定人的主体能动性的偏颇，认为人类社会能够自发、自动地实现历史的发展，从而树立起正确的历史发展观。通过科学地总结历史演进的规律，人们是有可能采取适度的制度变革来减少历史演进付出的代价。而这种适度的制度变革的根本目的，则是要以新的、代价更小的方式去发展生产力。中国实施改革开放的战略，可以说是最好的例证。

历史地看，市场经济从它产生的起源看，是同资本主义经济发展联系在一起的。因此，人们在观念上就把市场经济同资本主义制度联系在一起，片面地认为，搞市场经济就是搞资本主义。而对于以社会主义立国的中国来讲，搞市场经济是决不可行的。邓小平同志为人们解除了思想禁锢，澄清了糊涂观念，领导实施了社会主义市场经济体制的变革。为了全面建构社会主义市场经济体制，不仅从生产关系中的分配关系和所有制层面做出重大调整，改革那些不适合生产力发展需要、不能调动广大劳动者积极性的分配和所有制制度；而且从宪法、法律、政策法规直到社会舆论导向等方面为市场经济体制的建构鸣锣开道，充分发挥上层建筑对经济基础的护航、强化作用。从而促使中国经济的发展在短短三十多年时间里，取得令世人瞩目的成就。这令人信服地揭示出，在充分认识规律的基础上，人们是可以发挥主体的能动作用，推动经济基础和上层建筑的矛盾运动，推进生产力的快速增长的。

---

① 《马克思恩格斯选集》第 4 卷，人民出版社 1995 年版，第 701 页。

（四）社会经济形态的划分

唯物史观将人类社会一定发展阶段上的生产关系的总和称为"社会经济形态"。"（唯物史观）探明了作为一定生产关系总和的社会经济形态这个概念，探明了这种形态的发展是自然历史过程。"① 同时，就社会经济形态在社会结构中的作用做出定位："生产关系总和起来就构成所谓社会关系，构成所谓社会，并且是构成一个处于一定历史发展阶段上的社会，具有独特的特征的社会。古典古代社会、封建社会和资产阶级社会都是这样的生产关系的总和，而其中每一个生产关系的总和同时又标志着人类历史发展中的一个特殊阶段。"② 这就是说，依据唯物史观的基本观点，一是社会的经济形态决定着社会的性质，不同的社会经济形态反映的是不同社会的经济基础；二是社会经济形态的演进是自然历史进程，因此，社会性质的演进不能依人的主观意愿去随意改变。

综观马克思和恩格斯的著述，他们就人类社会历史进程中经济形态的划分，先后有三种不完全相同的概括性表述：

第一种概括性表述即人们所熟知的"五种生产方式"的划分。它出自马克思的《〈政治经济学批判〉序言》，原文是："大体说来，亚细亚的、古代的、封建的和现代资产阶级的生产方式可以看作是经济的社会形态演进的几个时代。"这是以生产方式（生产力和生产关系）作为划分经济形态的尺度来表述的。中国理论界因受苏联理论界的影响，曾将五种生产方式的演进序列视为具有普遍适用性的社会历史发展规律。这种理解，其实是强加于马克思的，是对唯物史观关于人类社会历史发展规律的误读。从原文的文字表述看，马克思用的是"大体说来"这个词汇，既然是"大体说来"，就不是说所有社会都必然会经历这种演进序列。更何况马克思在批判俄国自由主义民粹派思想家米海洛夫斯基对唯物史观的曲解时曾严正指出："他一定要把我关于西欧资本主义起源的历史概述彻底变成一般发展道路的历史哲学理论，一切民族，不管他们所处的历史环境如何，都注定要走这条道路，——以便最后都达到在保证社会劳动生产力极高度发展的同时又保证人类最全面的发展的这样一种经济形态。但是我要请他原

---

① 《列宁选集》第 1 卷，人民出版社 1995 年版，第 10 页。
② 《马克思恩格斯选集》第 1 卷，人民出版社 1995 年版，第 345 页。

谅。他这样做，会给我过多的荣誉，同时也会给我过多的侮辱。"① 在给俄国社会民主主义运动活动家查苏利奇的信中同样申明，他所阐述的资本主义制度出现的"我明确地把这一运动的'历史必然性'限于西欧各国……俄国可以不通过资本主义制度的卡夫丁峡谷"②。可见，"五种生产方式"的划分并不是具有普遍规律性的、依次演进的社会经济形态划分，至多只是对西欧历史发展进程的概括。

第二种概括性表述出自马克思和恩格斯合著的《德意志意识形态》，它是标志唯物史观形成的著作。马克思、恩格斯在书中指出："分工发展的各个不同阶段，同时也就是所有制的各种不同形式。这就是说，分工的每一个阶段还决定个人的与劳动材料、劳动工具和劳动产品有关的相互关系。"③ 他们根据自己当时掌握的历史知识，将资本主义以前的所有制形式归纳为："第一种所有制形式是部落所有制"，"第二种所有制形式是古典古代的公社所有制和国家所有制"，"第三种形式是封建的或等级的所有制"④。这种对社会经济形态的归纳同《〈政治经济学批判〉序言》中的概括性表述存在较大差别。它是从生产关系的总和构成社会经济形态的特定性质为切入点，对不同历史发展阶段的经济形态做出的划分。而在表述中，则以生产资料所有制的不同形式来划分不同的经济时代。

第三种概括性表述是马克思在《1857—1858 年经济学手稿》中提出的，是"三大形态"或"三大阶段"的演进序列："人的依赖关系（起初完全是自然发生的），是最初的社会形态，在这种形态下，人的生产能力只是在狭窄的范围内和孤立的地点上发展着。以物的依赖性为基础的人的独立性，是第二大形态，在这种形态下，才形成普遍的社会物质变换，全面的关系，多方面的需求以及全面的能力的体系。建立在个人全面发展和他们共同的社会生产能力成为他们的社会财富这一基础上的自由个性，是第三个阶段。第二个阶段为第三个阶段创造条件。因此，家长制的，古代的（以及封建的）状态随着商业、奢侈、货币、交换价值的发展而没落下去，现代社会则随着这些东西一道发展起来。"⑤《〈政治经济学批判〉序

① 《马克思恩格斯全集》第 19 卷，人民出版社 1963 年版，第 130 页。

② 《马克思恩格斯选集》第 3 卷，人民出版社 1995 年版，第 761、765 页。

③ 《马克思恩格斯选集》第 1 卷，人民出版社 1995 年版，第 68 页。

④ 同上书，第 68、69、70 页。

⑤ 《马克思恩格斯全集》第 46 卷（上），人民出版社 1979 年版，第 104 页。

言》和《1857—1858 年经济学手稿》是马克思在同一时期按同一思路写作的同一部著作的不同部分。《序言》是为当时即将出版的《政治经济学批判》第一分册写的序，而第一分册则是从《手稿》中抽出一部分加工而成的著作（马克思原计划将该《手稿》的内容分为 6 个分册出版，因出版商出了第一分册后拒绝出版后面 5 个分册，该计划未能实现）。因此，《序言》中未能展开的论述，可以在《手稿》中获得比较充分的理解。

综观马克思对社会经济形态划分做出的多次论述，虽然切入点不完全相同，表述也各具特色，但实质上都是以生产方式构成中的生产关系诸层面的演化为依据，对不同社会形态进行的界定。其中在视角上的不同侧重，是源于特定的历史背景和不同的针对性。例如，《德意志意识形态》中的归纳是针对青年黑格尔派和费尔巴哈从抽象的人和人性出发，无视现实的人的历史发展过程而提出来的。马克思以经济形态的变迁作为历史例证，说明现实的人随着生产力和分工的发展会相应地改变他们的交往形式和所有制形式。而《序言》中的"四形态"归纳，主要是为批判资产阶级政治经济学坚持的资本主义永恒论，以揭示西欧资本主义的历史和逻辑起源来论证西欧资本主义既不是自古有之，也不可能永恒存在。《手稿》中的三大形态划分是马克思批评蒲鲁东不理解人们的交换方式和社会制度随着生产力的发展而演变的客观规律，幻想建立一个"劳动货币银行"来实现人们之间劳动的直接交换，由此实现社会主义。马克思指出这只是空想。为此，马克思做出了"三大形态"或"三大阶段"的归纳及其不同特点的比较，以此证明，只有当人们的生产能力发展到能够从第二阶段进入第三阶段时，才可能实现劳动的自由和直接的交换。这里留下了一个疑点：作为第二大阶段的"现代社会"是指资本主义社会还是泛指一切以货币作为主要交换手段的社会？从上下文看，是指资本主义社会。但他又说过，他所说的资本主义产生的"历史必然性"只限于西欧。可见他在这里归纳的"三大阶段"也并不是在概括全人类历史发展的普遍规律。由此也可以证明马克思、恩格斯对经济形态划分的几次论述绝非是在阐述人类社会历史发展的普遍规律，他们概述的经济形态演进序列仍是他们对西欧历史考察得出的认识。

不过，如果对几个概括性表述进行比较，不难看出，《手稿》中所作的"三大形态"或"三大阶段"的归纳，已经从大轮廓上把生产力的发展水平与社会经济关系的变革之间的联系揭示了出来，表明了两者之间存在的因果必然性关系。第一大阶段，因为人的生产能力只是在狭窄的范围内和孤立的地点上发展着，产品交换和人们间的交往的范围和数量都极其有限，因而必然会有"家长制的关系，古代共同体，封建制度和行会制度"①。当人们的生产能力和生产水平突破狭窄的范围和孤立的地点的局限，出现了普遍的交换时，人们就会脱离"人的依赖关系"或"直接的统治和服从关系"，建立具有"以物的依赖性为基础人的独立性"的社会关系（所谓"物的依赖"主要指对作为普遍交换手段的货币的依赖），即进入第二大阶段。在第二大阶段的历史进程中，人们的生产能力进一步发展到更高的水平，"形成普遍的社会物质变换，全面的关系，多方面的需求以及全面的能力的体系"，人们就会普遍体验和意识到以货币为"一切权力的权力"②的社会的不合理性，从而要求抛弃以"物的依赖关系"为特征的社会形态，展现"建立在个人全面发展和他们的共同的社会生产能力成为他们的社会财富这一基础上的自由个性"③，建立"每个人的自由发展是一切人的自由发展的条件"的"自由人联合体"④，即人类美好的理想社会——共产主义社会。

从上述历史过程来看，生产力决定生产关系只是就同一社会形态的一般共有特征而言的，它不直接决定同一阶段不同形态的生产关系（以及上层建筑）的个体形式和具体特征。像第一大阶段的以"人的依赖关系"或"直接的统治和服从关系"为特征的生产关系，及其相应的社会、政治关系和意识形态，是由自给自足的小农生产力占主导地位这种生产力水平决定的；只要生产力没有达到突破自然经济的水平，这种生产关系以及与之相适应的上层建筑就不可能有质的变化；但同样处于第一大阶段上的不同民族国家，其生产关系以及与之相应的社会、政治关系和意识形态却有着许多不同的具体表现形式——如"家长制的关系，古代共同体（指古希腊、罗马），封建制度和行会制度"。这是由于，"社会结构和国家总是从一定的个人的生活过程中产生的"⑤。它取决于不同民族国家的自然和人文条件、历史的渊源、民族的特性等历史形成的生产生活方式以及社会的结合方式。

---

① 《马克思恩格斯全集》第 46 卷（上），人民出版社 1979 年版，第 104 页。
② 马克思：《资本论》第 1 卷，人民出版社 1975 年版，第 786 页。
③ 《马克思恩格斯全集》第 46 卷（上），人民出版社 1979 年版，第 104 页。
④ 《马克思恩格斯选集》第 1 卷，人民出版社 1995 年版，第 294 页。
⑤ 《马克思恩格斯选集》第 1 卷，人民出版社 1995 年版，第 71 页。

（五）阶级社会中阶级斗争及其作用

马克思、恩格斯在《共产党宣言》中明确指出："至今一切社会的历史都是阶级斗争的历史。"① 就是说，人类从进入文明时代开始，社会就进入了阶级对立的社会。因此，他们在唯物史观中，对于阶级社会的现实存在、对于阶级的对立和斗争，以及它们同社会历史演进的关系，给予了特别的关注。马克思在致约·魏德迈的信中就曾讲道："……至于讲到我，无论是发现现代社会中有阶级存在或发现各阶级间的斗争，都不是我的功劳。在我以前很久，资产阶级历史编纂学家就已经叙述过阶级斗争的历史发展，资产阶级的经济学家也已经对各个阶级作过经济上的分析。我所加上的新内容就是证明了下列几点：（1）阶级的存在仅仅同生产发展的一定历史阶段相联系；（2）阶级斗争必然导致无产阶级专政；（3）这个专政不过是达到消灭一切阶级和进入无阶级社会的过渡……"② 下面，我们将围绕阶级社会的产生、阶级对立和阶级斗争的历史作用问题，概括唯物史观做出的阐释。

其一，先来了解阶级社会产生的根由。在前文，笔者曾经引用马克思、恩格斯的论述说明社会分工的发展导致阶级的最早分化。"只要实际劳动的居民必须占用很多时间来从事自己的必要劳动，因而没有多余的时间来从事社会的公共事务——劳动管理、国家事务、法律事务、艺术、科学等等，总是必然有一个脱离实际劳动的特殊阶级来从事这些事务；而且这个阶级为了它自己的利益，从来不会错过机会来把越来越沉重的劳动负担加到劳动群众的肩上。"③ 但伴随着生产力的进步、社会的发展，当资本主义大工业所能实现的生产力水平有了极大提高，每个人的劳动时间都大大缩短，都能有足够时间来参加社会活动、参与公共事务时，统治阶级和剥削阶级就会成为多余的人。他们"无论拥有多少'直接的暴力'，都将被无情地消灭"④。可见，阶级社会的存在仅仅是一定历史阶段的产物，它在生产力有了初步发展，即从蛮荒时期进入文明时代时产生；而当生产力实现巨大进步，人们都有条件去从事脑力劳动管理工作时，阶级存在的合

---

① 《马克思恩格斯选集》第1卷，人民出版社1995年版，第272页。
② 《马克思恩格斯选集》第4卷，人民出版社1995年版，第547页。
③ 《马克思恩格斯选集》第3卷，人民出版社1995年版，第525页。
④ 同上书，第525—526页。

理性就会消失，阶级也就会随之逐渐消失。正是鉴于阶级社会产生、存在的理由是受生产力的发展、分工的演进所制约；所以，唯物史观明确指出："这些互相斗争的社会阶级在任何时候都是生产关系和交换关系的产物，一句话，都是自己时代的经济关系的产物。"①

其二，对于阶级社会中阶级斗争的作用，唯物史观有着明确的界定。马克思和恩格斯论述道："将近 40 年来，我们一贯强调阶级斗争，认为它是历史的直接动力，特别是一贯强调资产阶级和无产阶级之间的阶级斗争，认为它是现代社会变革的巨大杠杆；所以我们决不能和那些想把这个阶级斗争从运动中勾销的人们一道走。"② 这里反映了两层意思，一是阶级对立、阶级斗争在阶级社会是一个无从回避的永恒命题；二是阶级斗争是推动阶级社会演进的直接动力，在变革社会中起着类似杠杆的作用。所谓"杠杆"，在机械学中是指一种助力工具，就如同怀孕妇女生孩子要借助"助产婆"③的帮助。"助产婆"自然不是产婆。所以，孕育新生儿的是经济运动，是新社会诞生所需要的生产能力的提高和生产方式的变革。

马克思和恩格斯对社会演化的历史现象做过许多个案研究，这些个案剖析体现着他们的理论认识。像恩格斯对西欧封建社会解体过程的剖析："当居于统治地位的封建贵族的疯狂争斗的喧叫充塞着中世纪的时候，被压迫阶级的静悄悄的劳动却在破坏着整个西欧社会的封建制度，创造着使封建主的地位日益削弱的条件。"这种"静悄悄的劳动"实际就是广大劳动群众的"个人自主活动能力"逐渐积累、提高的过程，它促使手工业同农业之间发生新的较大规模的分工有了可能。所以，从 10 世纪以后，西欧许多地区开始出现手工业从农业和农村中分离出来的进程，出现了商品货币经济迅速发展的过程。正是在这种经济运动的推动下，出现了一系列促使西欧封建制度解体的经济关系和阶级关系的变化，诸如：手工业从农业和农村中的分离，商品货币经济的发展，以致城市的兴起，从庄园逃亡

①　《马克思恩格斯选集》第 3 卷，人民出版社 1995 年版，第 365 页。

②　同上书，第 685 页。

③　马克思在论述西欧统治阶级促进资本原始积累的各种方法时指出："所有这些方法都利用国家权力，也就是利用集中的、有组织的社会暴力，来大力促进从封建生产方式向资本主义生产方式的转化过程，缩短过渡时间。暴力是每一个孕育着新社会的旧社会的助产婆。暴力本身就是一种经济力。"（《马克思恩格斯选集》第 2 卷，人民出版社 1995 年版，第 266 页。）

的农奴成了最早的城关市民。于是，"在封建地区中，到处都楔入了有反封建要求的、有自己的法和武装的市民的城市"。"在这些城墙和城壕的后面，发展了中世纪的手工业（十足市民行会的和小的），积累起最初的资本，产生了城市相互之间和城市与外界之间商业来往的需要，而与这种需要同时，也逐渐产生了保护商业往来的手段。"在商品货币经济的冲击下，封建主阶级日益没落。城市"通过货币，已经在一定程度上使封建主在社会方面甚至有的地方在政治方面从属于自己"。但是，体现发展生产、贸易、教育、社会制度和政治制度要求的市民阶级当时还很软弱，只有借助于王权。于是，形成了市民阶级和王权联合进行的反对封建贵族的斗争。这场持久的斗争，终于在 15 世纪下半叶夺取了对封建制度的胜利。不过，当时对封建制度的胜利，还只是表现为王权的胜利，而不是市民阶级（资产阶级）的胜利。此后，"资产阶级反对封建制度的长期斗争，在三次大决战中，达到了顶点"。① 这就是宗教改革——德国农民战争、英国革命和法国革命。经过三次大决战，封建制度终于被推翻。由此不难看出，马克思和恩格斯始终是把生产力的发展及其引起的经济关系的变革视为促使西欧封建制度走向解体的终极原因，而市民阶级（资产阶级）所起到的作用则是促使西欧封建社会发生根本性变革的直接驱动因素。

二　历史发展的辩证运动

在上一部分中，笔者解读了唯物史观有关影响、制约社会历史发展的几个基础性因素。不论是生产方式对社会历史演化的制约作用，还是经济基础和上层建筑之间的相互关系，抑或是阶级斗争对历史变迁的促进或阻滞，都在向我们展示：人类社会的演进、发展是一个自然历史过程。而作为社会历史运动主体的人，在这个自然历史进程中，只能是通过正确把握历史发展的辩证规律来发挥主体能动性，推动历史发展；否则，就会被前进的社会所抛弃。那么，唯物史观对历史发展的辩证运动是如何认识的呢？它在几个制约社会历史演进基础性因素的作用下，呈现出怎么样的必然规律呢？以下将分四个部分对此做出解析。

----

① 《马克思恩格斯全集》第 22 卷，人民出版社 1965 年版，第 348 页。

（一）历史发展的一般规律与特殊规律

人类社会的历史演进是一种极为纷繁复杂的运动。因此，唯物史观在揭示人类社会历史发展规律时，从它存在的整体发展、部分演进与个别演化的实际结构出发，在进行一般规律的概括中也关注到特殊的和个别的不同层面以及它们之间的联系，力求能够全面、准确地反映历史发展的客观运动规律，以使人的主体能动性的发挥能够把握正确的方向和恰当的力度。

其一，解析唯物史观有关人类社会历史发展一般规律的表述。马克思在《〈政治经济学批判〉序言》中有一段精辟的论述，被公认是对历史发展一般规律的集中表述。原文是："人们在自己生活的社会生产中发生一定的、必然的、不以他们的意志为转移的关系，即同他们的物质生产力的一定发展阶段相适合的生产关系。这些生产关系的总和构成社会的经济结构，即有法律的和政治的上层建筑竖立其上并有一定的社会意识形式与之相适应的现实基础。物质生活的生产方式制约着整个社会生活、政治生活和精神生活的过程。不是人们的意识决定人们的存在，相反，是人们的社会存在决定人们的意识。社会的物质生产力发展到一定阶段，便同它们一直在其中运动的现存生产关系或财产关系（这只是生产关系的法律用语）发生矛盾。于是这些关系便由生产力的发展形式变成生产力的桎梏。那时社会革命的时代就到来了。随着经济基础的变更，全部庞大的上层建筑也或慢或快地发生变革。在考察这些变革时，必须时刻把下面两者区别开来：一种是生产的经济条件方面所发生的物质的、可以用自然科学的精确性指明的变革，一种是人们借以意识到这个冲突并力求把它克服的那些法律的、政治的、宗教的、艺术的或哲学的，简言之，意识形态的形式。……我们判断这样一个变革时代也不能以它的意识为根据；相反，这个意识必须从物质生活的矛盾中，从社会生产力和生产关系之间的现存冲突中去解释。无论哪一个社会形态，在它所能容纳的全部生产力发挥出来以前，是决不会灭亡的；而新的更高的生产关系，在它的物质存在条件在旧社会的胎里成熟以前，是决不会出现的。所以人类始终只提出自己能够解决的任务，因为只要仔细考察就可以发现，任务本身，只有在解决它的物质条件已经存在或者至少是在生成过程中的时候，才会产生。"① 这区区数百字，将人类社会历史发展呈现出的一般规律进行了生动而又全面的概括，为后人科学地认识在如此巨大的时间和空间背景下社会的历史演进提供了依据。

上述对人类社会整体发展辩证运动做出的规律性概括，之所以是科学的总结，是因为，第一，它是从人们为求生存就必须从事生产劳动这一最本质的现象切入，从本源上揭示出社会历史发展的终极原因；第二，它所揭示的人类社会历史发展规律是具有因果必然性的一般规律，因为它从人类社会历史发展的终极原因着手，解释了物质生产能力的提高必然导致生产关系和上层建筑的变革这种内在的联系，所以，这种因果必然性规律是具有普遍适用性的一般规律；第三，它充分估量到人类社会基本单元或个体层面演进形式的多样性与复杂性，强调一般规律在个体层面的不同表现，有机地将多样性和统一性结合为一体；第四，它从终极原因着手，剖析了影响并制约社会演化的诸层面因素的作用及其相互关系，揭示出人类社会历史演进的条件限定，为人们主体能动性的发挥提供着科学的指导。

其二，在整体发展（或说一般、普遍）规律层面的下边，存在着特殊的即部分演进的层面。它可以是地域性的，比如西欧社会、北美社会、东亚社会、南亚社会等；也可以是某一类社会历史现象，比如传统社会向现代社会的转型；更可以是地域性的某类社会历史现象的研究，像对西欧封建社会向资本主义社会过渡的原因的研究、对东方社会农村公社的特征和长期存在原因的研究等。

在特殊的、部分演进层面的下边，还有一个基本单元的即个体的演化层面，比如某个国家、某个民族地区，那里的演化表现出某种个性特征。这是在整体结构中的最低层面，也应该是最为具体、最多样化的层面。

一般的、特殊的、个体的三个结构层面之间存在着上下的覆盖关系，即一般规律是具有普遍适用性的规律，是对所有个体现象所具有的共同特征的总括，说普遍包含着特殊是指普遍是对特殊层面所有现象的共性特征的总结。而特殊规律是适用于特定时空范围的规律，是对特定范围内所有个别现象共同特征的抽象和总结；说特殊包含着个别是指对个别层面所有现象的共性特征的总结。当然，这种特殊不是普遍之外的特殊，而是普遍

---

① 《马克思恩格斯选集》第 2 卷，人民出版社 1995 年版，第 32—33 页。

规律在特定时空范围内的具体表现。个别是基本单元的特性，不存在普遍和特殊之外的个别，而是包含在普遍和特殊之下的个别。如果三者之间缺少这种覆盖关系，那么，整体将由于不能包容所有个体的特征、由此出现例外现象，而不成其为整体；特殊也将由于不能包容某些个体的特征、由此出现例外现象而不成其为特殊；相应地，所言的一般规律和特殊规律也就难以成立。而这也正是检验有关规律的概括是否客观、科学的标准。应该说，唯物史观对人类社会历史发展整体规律的概括体现了上述要求。作为整体规律的概括，它包括所有组成部分，以及每个组成部分中的个体所共同具有的特征。举个简单的例子，我们不能说东方社会是特殊的、西方社会是普遍的，或反之，东方社会是普遍的、西方社会是特殊的，两者都是处于特殊层面的；对两者共同特征的抽象和归纳才是普遍的。同样道理，不能说英国道路是普遍的、中国道路是个别的，两者都是个别的；对所有个别社会发展道路共同特征的归纳和抽象才是普遍的，而对特定范围内的所有个别社会发展道路共同特征的归纳和抽象才是特殊的。再比如，各民族国家在现代化进程中毫无例外都有一个实现工业化的任务；它是生产力步入社会化大生产、大交换、产业结构升级的产物，这是对社会历史发展一般规律的概括。实现工业化的一个重要标志是工业人口必须占总人口比例的 50% 以上，也就是说，在不考虑外贸的前提下，农业劳动生产率必须有大的提高，既能提供工业人口所消耗的农产品，又能够向工业输送大批农业原材料。这都是普遍的要求，均属于一般规律范畴。但各个国家或地区通过怎么样的途径来实现农业劳动生产率的提高、提供大量的农产品来满足市场需求，农业人口又如何脱离农业进城务工，由于各国国情不同会有自己的做法，这样就进入了特殊或个别的层面。

其三，从以上解析不难认识到，唯物史观对人类社会历史发展规律的总结可以概括为"一元多因多果的因果必然性规律"。这种规律可以表述为：人们为了生存，必须从事物质生产实践活动；而世代相继的物质生产实践活动必然推动物质生产实践能力的提高，从而推动社会从低级向高级发展；这是其中"一元"的内涵，即在终极原因作用下社会历史发展的普遍的共性的规律。不同民族、国家的人们的物质生产实践面对的是不同的外部条件，这些外部条件构成多重影响与制约发展的因素，所以，必然会出现不同的发展路径；这是其中"多因多果"的内涵，即普遍规律在特殊和个别层面的表现。像英国人的物质生产实践活动是在英国的自然、人文条件下进行的，它产生出英国特有的历史发展道路、社会形态和价值体系；中国人的物质生产实践活动面对的是中国的自然、人文条件，因而产生出中国特有的历史发展道路、社会形态和价值体系。即使有对新的民族、国家的研究揭示出新的个案特征，也不会构成对已有认识的证伪，而是新的发展道路又添加到规律中来，使规律更加丰富。不同的民族、国家可能会呈现许多"又像又不像"的扑朔迷离的历史面貌，但仔细考察就会发现其中存在着一个万变不离其宗的事实：即不同民族、国家人们的生产生活方式和实际生活过程相似到什么程度，他们的发展道路、社会形态和价值体系就相似到什么程度；反之，他们的生产生活方式和实际生活过程相异到什么程度，他们的发展道路、社会形态和价值体系就相异到什么程度。或者简洁地讲：相同的条件必然产生相同的结果；不同的条件必然产生不同的结果。当我们观察人类社会历史变迁时，奴隶制、农奴制和资本主义制度这些经济形态在不同的民族或地区，有的出现、有的没有出现，就是出现了，表现形式也会有所不同；而这一切都不能说其中某一种进程或形态是符合一般规律、是正常的，另一种进程或形态是违背或偏离一般规律、是变异的；它们都是同一普遍规律在不同条件下的必然表现，即人们物质生产能力的提高必然导致人类社会历史的演进，至于这种提高和演进在具体国家、地区的实现条件和表现形式则必然呈现出多样性。

（二）历史发展的连续性与阶段性

综观人类社会历史的发展进程，社会经济形态的演化，具有明显的连续性和阶段性特征。就阶段性而言，每个阶段都拥有其特定的社会经济形态，这一特定的社会经济形态区别于其他社会经济形态，不仅具有独特的特征，以及相应的社会上层建筑，而且在它存在的地方（国家或地区）总是会持续一段时间，甚至可能长达数世纪之久。因此，人们在考察某一个国家或地区的历史演化进程时，往往会以社会经济形态发展的不同阶段来衡量其进化、进步的程度。就其连续性而言，社会经济发展的阶段性演化表现为一个个渐进的过程，不存在可以任意选择的跨越式转化；而且，在阶段性变迁的起始时期，新阶段总是或多或少保留着旧阶段的某些重要特征，显现着新阶段是在旧社会的母体中孕育并发育成熟的种种痕迹。唯物史观在探究人类社会历史发展的普遍规律时，充分认识到社会历史发展存在着这种连续性和阶段性相统一的关系，并剖析了其中的理由。

　　其一，人类社会的历史发展之所以存在连续性，首先主要是由于每一代人都必然依靠前一代人留给他们的物质和精神财富去谋求生存和发展，这种物质和精神财富的基础不是他们按自己的意愿选择的，而是前一代人留给他们的。诚然，人类是自身历史的创造者。但是，这个创造过程不是凭空启动的，它起步的基础、起点恰恰是由他们继承下来的前一代人创造的成果。因此，唯物史观在解析社会历史演进呈现出的连续性特征时指出："历史的每一阶段都遇到一定的物质结果，一定的生产力总和，人对自然以及个人之间历史地形成的关系，都遇到前一代传给后一代的大量生产力、资金和环境，尽管一方面这些生产力、资金和环境为新的一代所改变，但另一方面，它们也预先规定新的一代本身的生活条件，使它得到一定的发展和具有特殊的性质。"① 正因为这样，马克思在描述共产主义社会时讲道："我们这里所说的是这样的共产主义社会，它不是在它自身基础上已经发展了的，恰好相反，是刚刚从资本主义社会中产生出来的，因此它在各方面，在经济、道德和精神方面都还带着它脱胎出来的那个旧社会的痕迹。"② 其次，每一代人自身的物质和精神力量的发展都有一个不能任意跨越的自然进程。就像人们必须先掌握初等数学才能学懂高等数学一样，一个社会的劳动大众不可能从粗陋的小生产技术水平一下子跃进到普遍掌握高新技术的水平；社会管理者的能力和水平的增长，以及与生产力的新发展相适应的各种新的体制、制度的形成和人们对它的适应，都有一个循序渐进的过程。在前面讲述生产方式的制约作用时，笔者曾经引用过一个事例，即以人们的劳动生产率来衡量他们的物质生产能力，在不考虑外贸的条件下，农业劳动生产率未能达到满足至少占总劳动人口半数的非农人口的粮食需求水平时，工业化是不可能实现的。这就是人们物质生产能力的发展具有连续性和不可跨越性的一种表现。再比如，人类社会历史发展的进程不是整齐划一的，后发国家可以借鉴先发展国家的经验以加快自身的发展。但是，后发国家学习、运用他国先进经验的基础却是自身从前一代人那里继承下来的既定的社会经济条件。他们通过学习、借鉴，可以有效提高自身改造客观世界的认识和实践能力。因此，他们有可能缩短社会经济转型的过程、减轻转型过程中付出的代价；但是能够缩短、减轻

---

① 《马克思恩格斯选集》第 1 卷，人民出版社 1995 年版，第 92 页。

② 《马克思恩格斯选集》第 3 卷，人民出版社 1995 年版，第 304 页。

到何种程度，则取决于他们认识和实践能力提高的程度。马克思在《资本论》中指出："问题本身并不在于资本主义生产的自然规律所引起的社会对抗的发展程度的高低。问题在于这些规律本身，在于这些以铁的必然性发生作用并且正在实现的趋势。工业较发达的国家向工业较不发达的国家所显示的，只是后者未来的景象"；"在那里，它将采取较残酷的还是较人道的形式，那要看工人阶级自身的发展程度而定。所以，现在的统治阶级，撇开其较高尚的动机不说，他们的切身利益也迫使他们除掉一切可以由法律控制的、妨害工人阶级发展的障碍。……一个国家应该而且可以向其他国家学习。一个社会即使探索到了本身运动的自然规律，——本书的最终目的就是揭示现代社会的经济运动规律，——它还是既不能跳过也不能用法令取消自然的发展阶段。但是它能缩短和减轻分娩的痛苦。"① 波普尔硬说马克思的这段话无异于"教导人们，要改变行将到来的变化是徒劳的；这可以说是宿命论的特殊形式，可以说是关于历史趋势的宿命论"②。可见，他未能理解马克思所表述的实际是历史发展的连续性或物质生产能力发展的不可跨越性。在已经走上资本主义道路的国家，资本主义生产的自然规律的"铁的必然性"就必然会发生作用，即使人们已经认识到那种自然规律，还是既不能跳过也不能用法令取消那个自然规律的。但即使如此，资本主义将采取较残酷还是较人道的形式，取决于工人阶级自身的发展程度；此外，一个国家应该而且可以从其他国家的经验和教训中学习，从而可以缩短和减轻分娩的痛苦。能够缩短和减轻到什么程度，显然取决于人们认识和改造世界的实践能力的发展程度。而这绝非"历史发展的宿命论"，而是社会经济的历史演进具有"连续性"的特征使然。

其二，人类社会的历史发展既具有连续性特征，同时它又是在阶段性演进中向更高一级进步的。唯物史观告诉人们："一切发展，不管其内容如何，都可以看做一系列不同的发展阶段，它们以一个否定另一个的方式彼此联系着。……任何领域的发展不可能不否定自己从前的存在形式。"③于是，通过这种阶段性的演进，人类社会才得以实现从低级向高级的阶梯式进步。唯物史观揭示了社会历史发展呈阶段性进步的原因："劳动过程

① 《资本论》第1卷，人民出版社1975年版，第8、9、10页。
② 波普尔：《历史决定论的贫困》，杜汝楫、邱仁宗译，华夏出版社1987年版，第39页。
③ 《马克思恩格斯全集》第4卷，人民出版社1958年版，第329页。

的每个一定的历史形式，都会进一步发展这个过程的物质基础和社会形式。这个一定的历史形式达到一定的成熟阶段就会被抛弃，并让位给较高级的形式。当一方面分配关系，因而与之相适应的生产关系的一定的历史形式，和另一方面生产力，生产能力及其要素的发展，这二者之间的矛盾和对立扩大和加深时，就表明这样的危机时刻已经到来。这时，在生产的物质发展和它的社会形式之间就发生冲突。"① 每当这个时刻，社会历史演化就将发生向高级阶段的跃升。可见，阶段性飞跃是人们的物质生产能力在连续增长的积累中实现了质的提高的结果。前文曾经引述马克思有关人类社会历史演进三大阶段划分的论述，其中就明确揭示了前一阶段实现质的提高导致向高一级阶段演进的历史轨迹。在第一大阶段上，因为人的生产能力只是在狭窄的范围内和孤立的地点上发展着，剩余产品的数量和交换范围都极其有限，"交换手段拥有的社会力量越小，交换手段同直接的劳动产品的性质之间以及同交换者的直接需求之间的联系越是密切，把个人相互联结起来的共同体的力量就必定越大"，由此就必然存在着"家长制的关系、古代共同体、封建制度和行会制度"；一旦人们生产能力的水平突破了狭窄的范围和孤立的地点的局限，剩余产品的实质性增加导致普遍交换的出现，这时人们就必然要抛弃"人的依赖关系"或"直接的统治和服从关系"，建立具有"以物的依赖性为基础人的独立性"的社会关系，即进入第二大阶段；在第二大阶段的历史进程中，人们的生产能力发展到更高水平，"形成普遍的社会物质变换，全面的关系，多方面的需求以及全面的能力体系"，那时人们就会普遍体验和意识到以货币为"一切权力的权力"的社会的不合理性，就必然要抛弃"以物的依赖关系"为特征的社会形态，产生"建立在个人全面发展和他们的共同的社会生产能力成为他们的社会财富这一基础上的自由个性"，建立起"每个人的自由发展是一切人的自由发展的条件"的"自由人的联合体"。当然，在这三大阶段中又可以划分出许多小阶段。比如第二大阶段是一个从 16 世纪启动，一直延续到现在还没有终结的历史过程；在这个漫长的过程中，可以划分出它的初级、中级和高级阶段，其中由工业社会向后工业社会的过渡就是明显可见的阶段性转化。

综观历史的发展，既是连续的，又具有阶段性的特征，二者其实并不

---

① 《马克思恩格斯选集》第 2 卷，人民出版社 1995 年版，第 587 页。

矛盾。它们构成一个辩证的统一体，即在持续的积累中实现阶段性飞跃，在新的阶段性飞跃到来之前还需要持续的积累过程；从而促使人类社会实现从低级向高级、从简单向复杂的发展。

（三）历史发展的必然性与偶然性

历史发展的"必然性"，是指任何社会历史现象的产生、演化和消亡都具有其自身内在的原因，存在着因果关系。因而，任何历史现象的存在都是必然的。历史发展的"偶然性"，是指处于同一因果链条的不同层次的历史现象中，低层次的历史现象相对于高层次的历史现象而言，表现为偶然性。恩格斯对必然性和偶然性的关系曾有过系统论述，他在《自然辩证法》中引用黑格尔的命题："偶然的东西是必然的；必然性自我规定为偶然性，而另一方面，这种偶然性又宁可说是绝对的必然性。"他还对自然科学在该命题上的错误认识做出批评："自然科学把这些命题当作悖理的文字游戏、当作自相矛盾的胡说干脆抛在一旁，并且在理论上一方面坚持沃尔弗式的形而上学的空虚思想，认为一个事物不是偶然的，就是必然的，但是不能同时既是偶然的，又是必然的……"① 恩格斯认为，一种事物既由于它有自身存在的原因而是必然的；又由于自身在整体结构中处于较低层次，它就相对地成为偶然的。

历史发展的"必然性"和"偶然性"是一对比较抽象的概念，通过一些具体实例可以比较好地予以把握。本文前面曾提到，社会历史现象存在着整体、部分、基本单元这样的多层次结构和与之相应的普遍、特殊、个别的不同层次的规律。比如，在整体层面上，普遍的规律是：人类社会的历史发展进程取决于劳动者物质生产能力的发展水平，当劳动者生产的剩余产品极少，很少有交换，就会产生以人的依附关系为特征的社会。但在部分即特殊层面，不同的地域、不同的国家，产生的人身依附制度却各有其特征。中古时代的中国，劳动者的剩余产品极少，很少有交换，产生了中国型的封建社会，存在着以皇帝为代表的强大中央集权统治；而在中古时代的西欧，劳动者的剩余产品极少，很少有交换，产生的却是拉丁—日耳曼型的封建社会，存在着势力强大的封建领主，在各自的封地形成一个个相对独立的"王国"，王权则相对弱小。所以说，是共同的原因促使人

---

① 《马克思恩格斯选集》第 4 卷，人民出版社 1995 年版，第 326 页。

类社会历史演进到中古时代。但在这个因果链条上，由于区域、国度的某些具体条件不同，建立的封建制度也各具特征。由此，前者被视为历史发展进程中的必然性，后者相对于前者而言被视为历史发展进程中的偶然性。所以，把握了事物在因果链条上的位置，也就不难把握历史演化现象的必然性和偶然性。再比如，唯物史观揭示的社会历史发展的普遍规律是人类通过生产实践活动，推动生产力和生产关系、经济基础和上层建筑的矛盾运动从低级向高级发展。人类社会基于共性的原因从低级向高级逐步发展，这是一种历史的必然性；但在西欧、东亚等地区，这种逐步发展是怎样的一种表象，就被视为历史发展总体进程中的偶然性。

再进一步剖析，由于社会历史现象具有多层次的结构，因此，处于中间层次的现象相对于上一层次而言是偶然现象，但对于低一层次来讲，就成为必然现象。比如，在中国封建社会的历史上，农民起义的爆发有其因果必然性，其中的根本原因在于代表地主阶级利益的封建统治者残酷压迫、剥削贫苦农民，迫使农民揭竿而起。但每次农民起义又都有着它具体的原因，如秦末农民战争起因于繁重的徭役和残酷的刑罚，隋末农民战争起因于无休止的兵役、徭役和苛政，明末农民战争起因于土地兼并的加剧和政府的残酷剥削……这一次次农民起义的具体原因虽然不尽相同，但都起因于封建王朝的残暴统治。所以，它们都被视为中国封建社会农民起义历史中的一个个偶然现象。如果再加以细究，历朝历代的农民起义都不仅仅发生一次，这一次次起义又都有其更具体的原因。如陈胜、吴广起义如果没有遇到大雨耽误行期有被斩杀的现实危险，也许起义就不一定在那时爆发，并由他们两人领导。那么，陈胜、吴广起义相对于秦朝的历次农民战争而言，属于偶然现象。

鉴于偶然性和必然性处于不同的层次，而人们的认识往往是先从认识较低层次、个别现象入手，由浅入深、由表及里地逐渐把握高一层次的特殊规律，再进而把握更高层次的普遍规律。所以说，没有对偶然性的把握，也就无从把握必然性，更无从递进地把握更高层次的必然性。故而马克思指出："如果'偶然性'不起任何作用的话，那末世界历史就会带有非常神秘的性质。"①

偶然性的另一种用法是从人们的认识运动规律中引申出来的。人们对

---

① 《马克思恩格斯选集》第 33 卷，人民出版社 1973 年版，第 210 页。

某一事物的内在联系的认识有一个过程。当人们尚未获得对事物的内在联系的确定性认识时，就暂时把它归结为偶然性。但在人们认识能力提高或事物的内在联系逐渐显露，以致对这种联系获得确定性的认识后，它就被归结为必然性了。此时，偶然性就转化成为必然性。例如，恩格斯曾以分析豌豆荚中豌豆粒数问题为例，指出：不能因为多数豌豆荚中都有 5 粒豌豆，就断定豌豆荚有 5 粒豌豆是必然的，多于或少于 5 粒的豌豆荚是偶然的。问题在于，"只要我们不能证明豌豆荚中豌豆的粒数是以什么为根据，豌豆的粒数就依旧是偶然的"①。所以关键是要弄清决定豌豆荚中豌豆粒数的"因果关系"。恩格斯还指出："偶然性只是相互依存性的一极，它的另一极叫作必然性。在似乎也是受偶然性支配的自然界中，我们早就证实，在每一个领域内，都有在这种偶然性中去实现自己的内在的必然性和规律性。然而适用于自然界的，也适用于社会。一种社会活动，一系列社会过程，越是超出人们的自觉的控制，越是超出他们支配的范围，越是显得受纯粹的偶然性的摆布，它所固有的内在规律就越是以自然的必然性在这种偶然性中去实现自己。"② 就拿商品生产和商品交换来看，当它们作为未被认识的、其本性尚待努力探索和揭示的力量时，商品的生产者就盲目地被它支配着，甚至每每通过周期性危机来显示其破坏力。此时，商品生产和交换的必然规律似乎是通过种种偶然现象在发挥作用。对于商品的生产者和交换者而言，他们未曾识破其中的奥秘，对他们来讲，一切似乎都是偶然的。而当他们一旦掌握了规律，认识到它的必然性，就可以主动地减轻或延缓这种周期性危机的发生。所以，从认识运动的视角看，偶然性和必然性是可以相互转化的。

最后还需要澄清一点，即必然性和偶然性的关系绝非是多数和少数的关系。如果把必然和偶然视为多数和少数的关系，那就会把"多数"视为"必然"或"普遍规律"，把"少数"视为"偶然"或偏离规律的"变异形态"。而我们知道，具有普遍适用性的规律是没有例外的；一旦出现例外，具有普遍适用性的规律也就失去了其"普遍适用"的特性，而降格为特殊甚至是个别的认识。

---

① 《马克思恩格斯选集》第 4 卷，人民出版社 1995 年版，第 325 页。
② 同上书，第 175 页。

（四）人民群众和个人在历史发展中的作用

对于人民群众以及其中的杰出人物在社会历史发展进程中的作用问题，唯物史观不仅肯定人民群众对推动社会历史发展的决定性作用，而且也积极评价个人的历史作用。由此使唯物史观真正成为全面、深刻地认识历史，并以史为鉴正确指导实践的科学理论体系。

首先解析唯物史观对人民群众历史作用问题的论述。

马克思和恩格斯在他们合著的《神圣家族》中有一段非常经典的论述："历史什么事情也没有做，它'并不拥有任何无穷尽的丰富性'，它并'没有在任何战斗中作战'！创造这一切、拥有这一切并为这一切而斗争的，不是'历史'，而正是人，现实的、活生生的人。'历史'并不是把人当作达到自己目的的工具来利用的某种特殊的人格。历史不过是追求着自己目的的人的活动而已。"① 这段话清晰地揭示了一个最通俗、最简单的客观事实：所谓"历史"，就是人们从事的物质和精神生产实践活动的总和。如果没有人的存在，以及他们为求生存而进行的活动，就不会有历史。所以说，不是历史创造了人，恰恰相反，历史是由人创造的。这是人民群众对社会历史发展具有决定性作用的前提性认识。在这个基础上，笔者将进一步考察人民群众在社会历史演进中是怎样发挥决定性作用的。

一是人民群众是人类自身赖以生存的社会物质财富的创造者。马克思、恩格斯在《德意志意识形态》中就唯物史观所认定的历史发展的前提做了很好的说明："我们首先应当确定一切人类生存的第一个前提，也就是一切历史的第一个前提，这个前提是：人们为了能够'创造历史'，必须能够生活。但是为了生活，首先就需要吃喝住穿以及其他一些东西。因此第一个历史活动就是生产满足这些需要的资料，即生产物质生活本身，而且这是这样的历史活动，一切历史的一种基本条件，人们单是为了能够生活就必须每日每时去完成它，现在和几千年前都是这样。……因此任何历史观的第一件事情就是必须注意上述基本事实的全部意义和全部范围，并给予应有的重视。"② 不言而喻，生产物质生活本身是人类的第一个历史活动，是一切历史存在的必需条件。而生产赖以生存的社会物质财富的是

---

① 《马克思恩格斯全集》第 2 卷，人民出版社 1957 年版，第 118—119 页。
② 《马克思恩格斯选集》第 1 卷，人民出版社 1995 年版，第 78—79 页。

人民群众。人民群众而非单个人，是物质生产活动的主体和实施者。至于说社会生活的其他方面，诸如政治生活、精神文化生活等，都是在物质生活的生产方式制约下发展起来的。所以说，忽视人民群众对社会物质财富创造的事实，忽视物质生产方式的演化历史，也就无法对其他领域乃至全部历史做出正确的解析。

二是人民群众是社会变革的决定力量。在社会变革中，是个别领袖人物还是人民群众发挥着决定胜负的历史作用？唯物史观将这种荣誉赋予了最广大的人民群众。恩格斯在《社会主义从空想到科学的发展》中论及了资产阶级反对封建制度的三次大决战，他指出："在资产阶级的这三次大起义中，农民提供了战斗大军……如果没有这些自耕农和城市平民，资产阶级决不会单独地把斗争进行到底，决不会把查理一世送上断头台。"① 在《普鲁士"危机"》一文中，恩格斯指出："在十七世纪的英国和十八世纪的法国，甚至资产阶级的最光辉灿烂的成就都不是它自己争得的，而是平民大众，即工人和农民为它争得的。"② 历次社会历史变革的事实都昭示着人民群众在起着决定性的作用。究其根由在于，领袖、精英人物之所以具有某种特质，其实是在和群众共同斗争的实践中孕育和培育的。"环境是由人来改变的，而教育者本人一定是受教育的。"③ 也就是说，任何杰出人物都不是天生就具有要在人世间拯救众生的能力，而是在人民群众的苗圃中逐渐孕育形成的。再者，领袖人物能否发挥领袖作用，还要看是否有人民群众的拥戴。只有当领袖人物反映了人民群众的意志、代表了人民群众的利益时，他们才能在人民群众的积极支持和参与下完成英雄的事业；否则，不管他有着怎么样的"奇智大勇"，也都只能是孤家寡人，既无从唤起人民群众的变革热情，更不可能吸引人民群众的积极参与。因此说，统治阶级乃至领袖人物，他们存在的合理程度取决于人民群众的拥戴程度。民心向背的重要性早已为中国古代统治集团中的明智之士所认识。《荀子·王制》引"传曰'君者，舟也，庶民者，水也'。水则载舟，水则覆舟"。这一警示是很严厉的，谁若擅自违逆，他将无法逃脱被人民群众抛弃的噩运。

---

① 《马克思恩格斯选集》第 3 卷，人民出版社 1995 年版，第 707 页。
② 《马克思恩格斯全集》第 18 卷，人民出版社 1964 年版，第 325 页。
③ 《马克思恩格斯选集》第 1 卷，人民出版社 1995 年版，第 55 页。

三是归根结底，人民群众物质生产能力的提高是推动社会历史发展的终极原因。在阐释社会历史演进的基础性因素时，我们提到，生产力的演进是社会历史发展的终极原因，而这种生产力就是指人民群众在劳动过程中形成并不断提高的物质生产能力。所以，恩格斯把唯物史观和基于唯物史观的科学社会主义学说称之为"在劳动发展史中找到了理解全部社会史的锁钥的新派别"①。马克思则指出，"在再生产的行为本身中，不但客观条件改变着，例如乡村变为城市，荒野变为清除了林木的耕地等等，而且生产者也改变着，炼出新的品质，通过生产而发展和改造着自身，造成新的力量和新的观念，造成新的交往方式，新的需要和新的语言"②。人类社会历史的重大变迁是能够而且必须从劳动的发展史、特别是从人民群众劳动能力的发展史中探寻到终极原因的。

综上所述，唯物史观将人民群众在历史运动中的作用视为决定性的力量，其科学、客观的根据在于：他们既是社会物质财富的创造者，又是社会变革的决定力量，社会历史的发展最终取决于人民群众物质生产能力的不断提高。可见，没有人民群众这个社会历史的主体，社会的演进和发展就只能是"先知者"编造的某种神话罢了。

其次，唯物史观对个人在历史发展中的作用又是如何界定的呢？

一是任何精英人物都无法超越历史时代加予他们的限制。马克思和恩格斯在论及这方面内容时说："一个人的发展取决于和他直接或间接进行交往的其他一切人的发展。"③ 恩格斯在《反杜林论》中的论述也有力地支持了这种观点："空想主义者之所以是空想主义者，正是因为在资本主义生产还很不发达的时代，他们只能是这样。他们不得不从头脑中构想出新社会的要素，因为这些要素在旧社会本身中还没有普遍地明显地表现出来；他们只能求助于理性来构想自己的新建筑的基本特征，因为他们还不能求助于同时代的历史。但是，如果说在他们出现以后差不多 80 年的今天，……大工业已经把潜伏在资本主义生产方式中的矛盾发展为明显的对立，以致这种生产方式的日益迫近的崩溃可说是用手就可以触摸到了；……如果说杜林先生现在不是根据现有的经济材料，而是从自己至上

---

① 《马克思恩格斯选集》第 4 卷，人民出版社 1995 年版，第 258 页。
② 《马克思恩格斯全集》第 46 卷（上），人民出版社 1979 年版，第 494 页。
③ 《马克思恩格斯全集》第 3 卷，人民出版社 1956 年版，第 515 页。

的脑袋中硬造出一种新的空想的社会制度，那么，他就不仅仅是在从事简单的'社会炼金术'了。"① 恩格斯的这段文字，运用唯物史观说明了圣西门、傅立叶和欧文的空想社会主义建构是受历史时代局限的；并进一步批判了杜林在资本主义内在矛盾已经显现，实行社会主义变革的条件日臻成熟后，却无视历史演化的现实，仍然从自己封闭的头脑中"硬造出一种新的空想的社会制度"，就是不可原谅的。所以，应该得出的结论是，个人是在他所处历史时代的群体中成长的，因而必然会受到当时客观历史条件的局限。

历史的局限性同时还表现为个人历史作用的发挥只能以满足当时社会的需要为前提。也就是说，当个人立足于他所生活的时代，了解当时社会发展的条件，能为这种发展指出道路，并善于解决前进中可能遇到的一切困难和问题时，他个人才能发挥历史作用。同时还应该注意到，阶级社会中的精英人物，其社会地位大都在统治阶级行列。这是由于阶级的分化本身就是现实的人群由于"物质劳动和精神劳动分离"造成的结果②。统治阶级在对被统治阶级进行统治和压迫的同时，他们也是履行社会公共职能和经济文化职能的"精神劳动"的承担者，尽管这种种社会职能和经济文化职能是为了维护现存社会的需要，体现着当权者的利益。所以，恩格斯在论述阶级产生的两条不同道路时指出："政治统治到处都是以执行某种社会职能为基础，而且政治统治只有在它执行了它的这种社会职能时才能持续下去。不管在波斯和印度兴起和衰落的专制政府有多少，每一个专制政府都十分清楚地知道它们首先是河谷灌溉的总管，在那里，没有灌溉就不可能有农业。"③ 在历史发展过程中，总是会造就出一些特殊的个人，他们是社会需要和社会职能的产物。而他们存在的合理程度以及发挥历史作用的大小，将主要取决于他们满足社会需要和社会职能的程度。

二是个人在历史发展中可以起到推动并加速历史发展的重大作用。杰出人物是满足社会需要和履行社会职能的产物，所以，杰出人物的产生有其历史必然性。杰出人物之所以杰出，就在于是他而不是别人具备了承担

---

① 《马克思恩格斯选集》第 3 卷，人民出版社 1995 年版，第 616—617 页。

② 《马克思恩格斯选集》第 1 卷，人民出版社 1995 年版，第 82 页；并参见同书第 3 卷，第 632 页；同书第 4 卷，第 700—701 页。

③ 《马克思恩格斯选集》第 3 卷，人民出版社 1995 年版，第 523 页。

历史使命的特殊才能。他的才能能够使他借助于人民群众的力量，并通过自己的努力，去满足社会的需要，推动历史的发展。正如前文所阐释的，只有当资本主义社会的内部矛盾达到相当尖锐的程度，无产阶级同资产阶级的斗争已经成为欧洲历史上一种新的发展动力时，科学社会主义才能产生。而马克思正是凭借自己超凡的才华将社会主义从空想变为科学，成为科学社会主义的创始人。对此，恩格斯做出过高度的评价："我不能否认，我和马克思共同工作 40 年，在这以前和这个期间，我在一定程度上独立地参加了这一理论的创立，特别是对这一理论的阐发。但是，绝大部分基本指导思想（特别是在经济和历史领域内），尤其是对这些指导思想的最后的明确的表述，都是属于马克思的。我所提供的，马克思没有我也能够做到，至多有几个专门的领域除外。至于马克思所做到的，我却做不到。马克思比我们大家都站得高些，看得远些，观察得多些和快些。马克思是天才，我们至多是能手。没有马克思，我们的理论远不会是现在这个样子。所以，这个理论用他的名字命名是理所当然的。"① 再比如，中国共产党十一届六中全会《决议》对毛泽东同志历史功绩的肯定：毛泽东是中国革命中产生的伟大的无产阶级革命家、理论家和战略家，是中华民族历史上最伟大的民族英雄。其所以伟大，决不是说他是什么天才的圣哲和神灵，是因为他所具备的一切天才素质，使他善于集中全党的智慧，发挥了创造性运用马克思主义于中国革命实践的杰出才能，领导中国人民取得了新民主主义革命的伟大胜利，满足了半殖民地半封建的中国走上社会主义道路的历史趋势所提出的客观需要。正是由于毛泽东同志领导的英明、正确，中国人民才能在短短二十几年时间里取得了民族民主革命的伟大胜利，建立起社会主义新中国。这些为我们所熟知的实例都在揭示一个道理，即杰出人物的才能只有在顺应历史发展的趋势，并在客观条件成熟的情况下，才可能获得充分的发挥，取得事业的成功。果真如此，他个人作用的发挥就推动了历史的发展。而一些违背历史发展趋势和人民群众要求的历史人物，所能起到的作用就只能是阻碍历史的前进。他们也可能嚣张一时，用他们的权力和地位释放出阻滞进步的"能量"，但他们终究无法改变历史发展的趋势，最终要被历史所遗弃。

通过上述对人民群众和个人在历史发展中的作用的解析，能够使我们

① 《马克思恩格斯选集》第 4 卷，人民出版社 1995 年版，第 242 页注 1。

理解唯物史观在这个问题上所持的辩证观点。任何杰出人物都是在他生存时代的群体中产生的，在汲取群众智慧的营养中成长的，在承担历史赋予的任务中崛起的。杰出人物是在群众的拥戴与支持下去建功立业，领导群众去推动历史前进的。

论郭沫若的史学方法

李　勇[*]

史学方法，就其概念内涵和史学家个性而言，都是复杂的学术体系。郭沫若的史学方法也不例外，它涉及思想路径、技术手段、独特视角等方面。本文拟就郭沫若的史学方法展开讨论，不妥之处敬请方家宽宥。

一　治史的思想路径

历史学存在着思想路径问题，对此，郭沫若非常清醒，他说："研究历史，和研究任何学问一样，是不允许轻率从事的。掌握正确的科学的历史观点非常必要，这是先决问题。但有了正确的历史观点，假使没有丰富的正确的材料，材料的时代性不明确，那也得不出正确的结论。"[①] 他在《中国古代社会研究》的"解题"中说："大概的路径自信是没有错误。"[②] 他所说的"路径"，简言之则是"援哲学御史实""由小学入史学"。

（一）援哲学御史实

以恩格斯《家庭、私有制和国家的起源》论中国原始社会史。郭沫若明言《中国古代社会研究》："可以说就是恩格斯的《家庭、私有制和国家的起源》的续篇。研究的方法便是以他为向导，而于他所知道了的美洲

---

　　* 李勇，淮北师范大学人文社科处。

　　① 郭沫若：《中国古代社会研究·一九五四年新版引言》，《郭沫若全集》历史编第 1 卷，人民出版社 1982 年版，第 4 页。

　　② 郭沫若：《中国古代社会研究·解题》，《郭沫若全集》历史编第 1 卷，第 12 页。

的印第安人、欧洲的希腊、罗马之外，提供出来了他未曾提及一字的中国的古代。恩格斯的著作中国近来已有翻译，这于本书的了解上，乃至在'国故'的了解上，都是莫大的帮助。"①

的确，郭沫若关于中国原始社会的论述，其思路援自摩尔根《古代社会》和恩格斯《家庭、私有制和国家的起源》；不过，却使用中国文献和民族材料。其中论中国古代社会发展阶段，就很典型。原始人只知有母而不知有父，这是摩尔根、恩格斯提出的，可是郭沫若使用的材料则是《吕氏春秋·恃君览》上的："昔太古尝无君矣，其民聚生群处，知母不知父，无亲戚兄弟夫妻男女之别。""彭那鲁亚"婚姻，这是摩尔根和恩格斯总结出来的，郭沫若依据《尔雅》上"两婿相谓为亚"，又称"亚血族群婚"。恩格斯关于原始社会向奴隶制过渡的观点，被郭沫若继承，不过材料是中国文献关于殷代的记载，王位继承上"兄终弟及"，殷墟书契记载的尊崇先妣、多父多母，其结论是："商代尚未十分脱离母系中心社会，'彭那鲁亚家族'还有孑遗。"②

据马克思的生产力决定社会发展的理论，划分中国社会史阶段，分析古代社会结构。在《中国古代社会研究》的《导论》中，郭沫若论述春秋以后中国发展大势，使用的就是马克思的生产力决定社会发展的理论③。到了1972年，他写《中国古代史的分期问题》，作为《奴隶制时代》的《代序》，开篇道："中国社会的发展，曾经经历了原始公社、奴隶制和封建制，和马克思主义所划分的社会发展阶段完全符合。"④《中国古代社会研究》第一章《〈周易〉时代的社会生活》，先述"生活的基础"，包括渔猎、畜牧、商旅、耕种；次述"社会结构"，包括家族关系、政治组织、行政事项、阶级；再述"精神的生产"，包括宗教、艺

①　郭沫若：《中国古代社会研究·自序》，《郭沫若全集》历史编第1卷，第9页。

②　同上书，第20页。

③　郭沫若在1924年翻译日本马克思主义者河上肇的《社会组织与社会革命》后，在他撰写《中国社会之历史的发展阶段》之前，系统阅读过马克思主义经典著作，特别是他阅读《资本论》和《政治经济学批判导言》，甚至要把《资本论》翻译成汉文。详见朱受群《郭沫若与河上肇及其〈社会组织与社会革命〉》（《江西师院学报》1980年第2期）、刘奎《郭沫若的翻译及对马克思主义的接受（1924—1926）》（《现代中文学刊》2012年第5期）、彭冠龙《〈社会组织与社会革命〉的翻译与郭沫若思想转变》（"走向世界的郭沫若与郭沫若研究"学术会议论文集，2014年）。

④　郭沫若：《奴隶制时代·中国古代史的分期问题——代序》，《郭沫若全集》历史编第3卷，人民出版社1984年版，第3页。

术、思想。这显然是按照经济基础、上层建筑和意识形态这样的社会结构而展开的，只是其依据《易经》和《易传》中的材料，参以《诗》《书》得出结论：原始公社制变为奴隶制在殷周之际，而奴隶制变成封建制在东周以后。

（二） 由小学入史学

郭沫若认为，"所有中国的社会史料，特别是关于封建制度以前的古代，大抵为历来御用学者所湮没，改造，曲解"，主张"应该用近代的科学方法来及早疗治"①。这个近代的科学方法，在他看来就是王国维的方法，他说："王国维，研究学问的方法是近代式的"，"大抵在目前欲论中国的古学，欲清算中国的古代社会，我们是不能不以罗、王二家之业绩为其出发点了"②。

类似的断语，又见于《十批判书》中的《古代研究的自我批判》，"卜辞的研究要感谢王国维，是他首先由卜辞中把殷代的先公先王剔发了出来，使《史记·殷本纪》和《帝王世纪》等书所传的殷代王统得到了物证，并且改正了它们的讹传。……我们要说殷墟的发现是新史学的开端，王国维的业绩是新史学的开山，那样评价是不算过分的。"③

问题是，郭沫若与罗王二家当有区别。他自述道："我们现在也一样地来研究甲骨，一样地来研究卜辞，但我们的目标却稍稍有点区别。我们是要从古物中去观察古代的真实的情形，以破除后人的虚伪的粉饰——阶级的粉饰。……得见甲骨文字以后，古代社会之真情实况灿然如在目前。得见甲骨文字以后，《诗》《书》《易》中的各种社会机构和意识才得到了它们的泉源，其为后人所粉饰或伪托者，都如拨云雾而见青天。我认定古物学的研究在我们也是必要的一种课程，所以我现在即就诸家所已拓印之卜辞，以新兴科学的观点来研究中国的古代。"④

无论如何，就研究古代社会的史料而言，郭沫若除了使用传世的先秦

---

① 郭沫若：《中国古代社会研究·自序》，《郭沫若全集》历史编第 1 卷，第 6 页。

② 同上书，第 8 页。

③ 郭沫若：《十批判书·古代研究的自我批判》，《郭沫若全集》历史编第 2 卷，人民出版社 1982 年版，第 6 页。

④ 郭沫若：《中国古代社会研究·卜辞中的古代社会》，《郭沫若全集》历史编第 1 卷，第 195—196 页。

文献外，其他则主要就是使用甲骨文和金文了。例如，他通过释"臣"
"宰""众"等甲骨文的小学功夫，从而确定殷代生产者的奴隶身份，再
通过商王墓大规模人殉的考古资料，最后得出殷代是奴隶社会的结论。他
对于殷代社会的判断主要是建立在甲骨文所包含的史实基础上的。他研究
周代历史则使用周代铭文，具体下文将予揭示。

二　治史的技术手段

1954 年，郭沫若反思其《中国古代社会研究》说："地下发掘出的材
料每每是决定问题的关键。"①其实早在 1942 年 8 月，郭沫若作《论古代社
会》，其中明言："我们根据真实的史料，——甲骨文，金文，再参加旧有
的文献，斟酌损益，然后研究中国古代社会，才有基础，才能迈步前进。"②
这里所谓以甲骨文、金文，参照旧有文献，其实就是王国维在《古史新证》
所提的"两重证据法"的另一种表述。可是，他还使用彝族的民族学材料，
论述古代问题，如果把这一重计入，这其实就是三重证据法了。

（一）以甲骨文印证文献研究殷代史

1952 年 2 月 17 日，郭沫若写《奴隶制时代》，"在卜辞的研究上，王
国维是有很大的贡献的，经过他的细心的阐发，不仅许多文字得到考释，
并使《史记·殷本纪》中所载殷代王室的世系也几乎全部得到了证明"③。

其实，关于殷代历史研究，他自己也是走的这个路子。他《卜辞中的
古代社会》，就是这一路数的成果，"得见甲骨文字以后，古代社会之真情
实况灿然如在目前。得见甲骨文字以后，《诗》《书》《易》中的各种社会
机构和意识才得到了它们的泉源，其为后人所粉饰或伪托者，都如拨云雾
见青天"④。例如，他依据《史记·殷本纪》《商书·盘庚》，判断商民族
在盘庚之前是游牧民族；他根据《殷虚书契前编》《殷虚书契后编》《铁

---

① 郭沫若：《中国古代社会研究·一九五四年新版引言》，《郭沫若全集》历史编第 1 卷，第
4 页。

② 郭沫若：《奴隶制时代　史学论集·论古代社会》，《郭沫若全集》历史编第 3 卷，第
404 页。

③ 郭沫若：《奴隶制时代》，《郭沫若全集》历史编第 3 卷，第 17—18 页。

④ 郭沫若：《中国古代社会研究·卜辞中的古代社会》，《郭沫若全集》历史编第 1 卷，第
195—196 页。

云藏龟之余》《殷虚书契菁华》等收录的甲骨文，认为甲骨文记载商民族
在盘庚之前的渔猎活动 197 条，其中田猎 186 条，被狩猎的兽类主要有
鹿、狐、羊、马、豕、兔、雉等，偶尔也有虎、象；狩猎的工具有弓、
矢、犬、马、网、罗、陷阱等。特别是甲骨文"御"字有服象痕迹，
"狩"字有犬形，他的结论是"这些都是牧畜发明以后的文字"①。郭沫若
还从甲骨文中发现 9 条牧畜材料，加上罗振玉所释 4 条"刍牧"材料，认
为"当时畜牧发达的程度真真可以令人惊愕"②。他又从甲骨文中发现祭祀
用牲种类、数目和方法，并且可能存在牧奴，最后说："殷代毫无疑问是
畜牧最蕃盛的时期。"③

（二）以金文印证文献研究周代史

1929 年 11 月，郭沫若作《周代彝铭中的社会史观》，其中道："自汉
以来历代所出土的殷、周彝器……历来只委之于骨董家的抚摩嗜玩，其杰
出者亦仅仅拘于文字结构之考释汇集而已。然而这些古物正是目前研究中
国古代史的绝好资料，特别是那铭文，那所记录的是当时社会的史实。这
儿没有经过后人的窜改，也还没有甚么牵强附会的疏注的麻烦。我们可以
短刀直入地便看完一个社会的真实相，而且还可借以判明以前的旧史料一
多半都是虚伪。"④

郭沫若引《诗·大雅·既醉》之文"君子万年，景命有仆；其仆维
何，釐尔士女，釐尔士女，从以孙子"，他根据《齐侯镈》有"釐仆三百
又五十家"，《克尊》有"锡白克仆卅夫"，断定"'仆'字正是奴隶的本
字"⑤。他根据《大盂鼎》赐"庶人"，《大克鼎》《令鼎》《矢令簋》《不
娶簋》《阳亥彝》《周公簋》赐"臣"，《子仲姜镈》此"民人"的记载，
认为"'庶人'或'民人'与臣仆器物了无分别。'庶人'就是奴隶"⑥。

---

① 郭沫若：《中国古代社会研究·卜辞中的古代社会》，《郭沫若全集》历史编第 1 卷，第
198—201 页。

② 同上书，第 203—204 页。

③ 同上书，第 203—209 页。

④ 郭沫若：《中国古代社会研究·周代彝铭中的社会史观》，《郭沫若全集》历史编第 1 卷，
第 251 页。

⑤ 同上书，第 253 页。

⑥ 同上书，第 252—253 页。

（三）　以民族学材料佐证关于周代的历史

1953 年 10 月 20 日，写《奴隶制时代》的《改版书后》，郭沫若论民族学材料对于研究古代社会的重要性说："我们国内的兄弟民族的情况能够为我们提供很丰富的资料。"①

1935 年 4 月，中国西部科学院《特刊》第一号刊登《四川省雷马峨屏调查记》，扼要叙述了彝族社会的阶级组织与生产方式。1944 年 2 月 17 日郭沫若写《由周代农事诗论到周代社会》，引用这一民族学材料。材料表明，彝人地区土地有余时可以买卖。黑彝为彝人领袖，白彝则出力奉养白彝。汉人入凉山后则被视为牛马，世代做最辛苦之事，还可为彝人所买卖。郭沫若使用这一材料是要印证奴隶制社会出现土地分割，并不等于是封建制，他说："这样的社会是奴隶制，自然毫无问题，然而已经有土田的分割了！假使有土田的分割即当认为是封建制，那么彝族社会也可以说是封建制吗？这是怎么也说不通的事。"②

新中国对于彝族社会历史的调查，获得更为深入和细致的材料。1953 年 10 月 20 日，郭沫若写《奴隶制时代》的《改版书后》，引用胡庆钧未发表的调查报告。根据胡庆钧的调查，凉山彝族中黑彝占百分之五十，不事生产，为父系氏族集团；其他为白彝，又分为"锅庄娃子""安家""曲诺"不同类别。"锅庄娃子"一般为单身奴隶，大都是新被俘虏去的汉人，可以屠杀，可以买卖；"锅庄娃子"成家后为"安家"，一样可以屠杀，可以买卖；"曲诺"相对比较自由，可以有土地，与主人的关系类似农奴。郭沫若用这一材料为了说明"西周的社会制度，比起彝族社会的情形来自然进步得多，但在基本上似乎并没有两样"③。从而印证其西周奴隶社会说。

三　治史的独特视角

"援哲学御史实""由小学入史学"，在郭沫若时代，他并不是孤独者；

---

①　郭沫若：《奴隶制时代·改版书后》，《郭沫若全集》历史编第 3 卷，第 247—248 页。

②　郭沫若：《青铜时代·由周代农事诗论到周代社会》，《郭沫若全集》历史编第 1 卷，第 432 页。

③　郭沫若：《奴隶制时代·改版书后》，《郭沫若全集》历史编第 3 卷，第 252 页。

以三重证据法研究历史，他更不是唯一实施者。可以说，这种治史路径和技术，是新史学家的共同特征，当然在不同学者那里，具体内容和程度不尽相同。郭沫若之所以取得辉煌史学成就，除了具有新史学家的上述共同特征外，还与其独特的视角有密切关系。

（一）从镜子中寻真影

从镜子中寻真影，这是郭沫若在《孔墨的批判》中提出来的方法。孔子和墨子都是大师，在各自门户内被圣人化，所有关于他们的传说和论著都不能轻易相信。好在孔墨的思想倾向是相反的，郭沫若提出："我们最好从反对派所传的故事与批评中去看出他们相互间的关系。反对派所传的材料，毫无疑问不会有溢美之词，即使有污蔑溢恶的地方，而在明显相互间的关系上是断然正确的。因此我采取了这一条路，从反对派的镜子里去找寻被反对者的真影。"①

具体说来，要认识儒家思想倾向和性质，就要从反对儒家学说的那些论说中找材料。

第一个反对派的材料是《墨子·非儒篇》。这篇文献包含三个故事，都是攻击儒家的。第一个故事是，晏子向秦景公述说孔子以石乞助白胜乱楚。第二个故事晏子劝齐景公敬见而不问其道，孔子遣子贡劝田常伐吴，劝越伐吴，三年之内齐、吴国破。第三个故事，孔子做鲁司寇，却帮助季孙逃离鲁国。第二个反对派的材料是《庄子·盗跖篇》，其中说"田成子常杀君窃国而孔子受币"，透露出孔子与谋乱者之间的密切关系。郭沫若以为《非儒篇》《盗跖篇》所述，尽管不少细节与史不合，然而表明孔子及其后学是支持和祖护乱党的②。

郭沫若《儒家八派的批判》对于"子张之儒"的批判，使用的也是这一方法，虽然他没有明确重申这一提法。第一个反对派的材料来自《荀子》。其中《非十二子篇》骂"子张之儒"为"贱儒"；《儒效篇》骂"子张之儒"衣冠行为已同于俗人。第二个反对派的材料是《庄子·盗跖篇》，其中借子张之口把孔子、墨翟对举，寓言子张和墨翟的接近。郭沫若以为，子张之儒与墨子"尽管有些相似，在精神上必然有绝对不能混同

---

① 郭沫若：《十批判书·孔墨的批判》，《郭沫若全集》历史编第 2 卷，第 74 页。
② 同上书，第 74—87 页。

的地方，不然他们应该早就合流了"①。

（二）替受委屈的历史人物翻案

郭沫若重视历史人物的研究，专门文集有《历史人物》《李白与杜甫》；其他文集中也涉及历史人物，例如《史学论集》中有《惠施的性格与思想》《王阳明礼赞》《替曹操翻案》《关于秦良玉的问题》等。他研究历史人物，其独特视角就是替受委屈的历史人物翻案。

就历史人物翻案问题，郭沫若说："王安石是同样受到极大歪曲的历史人物，他的案是翻过来了。"②"我们今天要从新的观点来追求历史的真实性，替曹操；而且还须得替一切受了委屈的历史人物，如殷纣王，如秦始皇，翻案。"③ 其翻案着眼点有二：以人民为本位评价历史人物，从国家统一角度看待历史人物。

以人民为本位评价历史人物。1944 年 9 月 19 日，作《稷下黄老学派的批判》，评论《道德经》所表述的愚民思想，提出"人民本位"问题。郭沫若说："这种为政的态度，简直把人民当成玩具。这如是老聃的遗说，可以说是旧时代的遗孽未除；如是关尹的发展，那又是对于新时代的统治者效忠了。不以人民本位的个人主义，必然要发展成为这样的。"④ 1945 年 5 月 5 日，写《十批判书》的《后记——我怎样写〈青铜时代〉和〈十批判书〉》，明确批评古人的原则"人民本位"，他说："批评古人，我想一定要同法官断狱一样，须得十分周详，然后才不致有所冤屈。法官是依据法律来判断是非曲直的，我呢是依据道理。道理是什么呢？便是以人民为本的这种思想。合乎这种道理的便是善，反之便是恶。我之所以比较推崇孔子和孟轲，是因为他们的思想在各家中是比较富于人民本位的色彩。荀子已经渐从这种中心思想脱离，但还没有达到后代儒者那样下流无耻的地步。"⑤

从国家统一角度看待历史人物。1959 年 3 月 21 日，《关于目前历史研究中的几个问题——答〈新建设〉编辑部问》，明确提出从国家发展上看待历

---

① 郭沫若：《十批判书·儒家八派的批判》，《郭沫若全集》历史编第 2 卷，第 126—131 页。

② 郭沫若：《奴隶制时代　史学论集·替曹操翻案》，《郭沫若全集》历史编第 3 卷，第 474 页。

③ 同上书，第 476 页。

④ 郭沫若：《十批判书·稷下黄老学派的批判》，《郭沫若全集》历史编第 2 卷，第 185 页。

⑤ 郭沫若：《十批判书·后记——我怎样写〈青铜时代〉和〈十批判书〉》，《郭沫若全集》历史编第 2 卷，第 482 页。

史人物。他说："历史是发展的，我们评定一个历史人物，应该以他所处的历史时代为背景，以他对历史发展所起的作用为标准，来加以全面的分析。……根据这样的原则，我认为历史上有不少人物是应该肯定的。但其中有些人还是受到歪曲，应该替他们翻案。殷纣王、秦始皇和最近正在讨论的曹操，都是。"特别是殷纣王，"对古代中国的统一，有不小的功劳。提到古代中国的统一，人们很容易想到秦始皇。秦始皇是中国历史上有数的杰出人物，古代中国归于统一是由秦始皇收其果，而却由殷纣王开其端"①。

把人民为本位和国家统一结合起来看待历史人物，最典型者莫过于他1959 年 3 月 14 日作的《替曹操翻案》，文中说："我们评价一位历史人物，应该从全面来看问题，应该从他的大节上来权其轻重，特别要看他对于当时的人民有无贡献，对于我们整个民族的发展、文化的发展有无贡献。公平地说来，曹操对于当时的人民是有贡献的，不仅有而且大；对于民族的发展和文化的发展是有贡献的，不仅有而且大。在我看来，曹操在这些方面的贡献，比起他同时代的人物来是最大的。"②"他能够恢复封建制度下的生产秩序，把人民从流离失所的情况扭回过来，从历史发展过程上来说，在当时倒是进步的事业。"③"曹操生前虽然没有完成统一中国的大业，但在他死后不足五十年终于由他所组织起来的力量把中国统一了，这却是无可动摇的历史事实！"④

（三）勤与学界相商榷

郭沫若是颇有个性的学者，许多前辈学者受到其批判。例如，他驳廖平《楚辞新解》中的学说⑤，批评梁启超在韩非子思想上的误判⑥，讥章太炎的为《道德经》愚民思想的辩护⑦，不同意罗振玉《令彝考释》中的

① 郭沫若：《史学论集·关于目前历史研究中的几个问题——答〈新建设〉编辑部问》，《郭沫若全集》历史编第 3 卷，第 486—487 页。

② 郭沫若：《奴隶制时代 史学论集·替曹操翻案》，《郭沫若全集》历史编第 3 卷，第470 页。

③ 同上书，第 462 页。

④ 同上书，第 474 页。

⑤ 郭沫若：《历史人物 李白与杜甫·屈原研究》，《郭沫若全集》历史编第 4 卷，人民出版社 1982 年版，第 10—13 页。

⑥ 郭沫若：《十批判书·韩非子的批判》，《郭沫若全集》历史编第 2 卷，第 355—357 页。

⑦ 郭沫若：《十批判书·稷下黄老学派的批判》，《郭沫若全集》历史编第 2 卷，第 186 页。

观点①，质疑王国维《太史公行年考》②，驳陈独秀《实庵字说》③，等等。

　　他还与同年龄段学者展开商榷。例如，与陈寅恪就李白的家世相商榷④，攻钱穆关于公孙尼子的观点⑤，驳胡适《读楚辞》对屈原存在的怀疑⑥，批评董作宾《新获卜辞写本》的不细致⑦，批评冯友兰关于《大学》《学记》和《中庸》的判断⑧，不同意翦伯赞对墨子的赞扬⑨，不完全赞同侯外庐关于屈原的看法⑩，与范文澜商讨周代社会性质⑪，与郭宝钧商榷殷周殉人史实⑫，与嵇文甫讨论中国古代社会早熟性⑬，等等。

　　他又跟年轻点的学者进行讨论。例如，反对王昆仑关于曹操的观点⑭，与日知论汉代政权的本质⑮，与王毓铨辩"奴隶"与"农奴"⑯，等等。

　　他的这些活动，促进其中国古史研究的进步。例如，关于周代社会性

――――――――――

　　①　郭沫若：《中国古代社会研究·追论及补遗》，《郭沫若全集》历史编第1卷，第272—273页。

　　②　郭沫若：《奴隶制时代　史学论集·〈太史公行年考〉有问题》，《郭沫若全集》历史编第3卷，第445—450页。

　　③　郭沫若：《奴隶制时代·驳〈实庵字说〉》，《郭沫若全集》历史编第3卷，第233—243页。

　　④　郭沫若：《历史人物　李白与杜甫·关于李白》，《郭沫若全集》历史编第4卷，第213—218页。

　　⑤　郭沫若：《十批判书·后记》，《郭沫若全集》历史编第2卷，第503—505页。

　　⑥　郭沫若：《历史人物　李白与杜甫·屈原研究》，《郭沫若全集》历史编第4卷，第503—505页。

　　⑦　郭沫若：《中国古代社会研究·追论及补遗》，《郭沫若全集》历史编第1卷，第12—14页。

　　⑧　郭沫若：《十批判书·荀子的批判》，《郭沫若全集》历史编第2卷，第141—143页。

　　⑨　郭沫若：《十批判书·孔墨的批判》，《郭沫若全集》历史编第2卷，第109—111页。

　　⑩　郭沫若：《历史人物　李白与杜甫·屈原研究》，《郭沫若全集》历史编第4卷，第76—100页。

　　⑪　郭沫若：《奴隶制时代·关于周代社会的商讨》，《郭沫若全集》历史编第3卷，第102—107页。

　　⑫　郭沫若：《奴隶制时代·读了〈记殷周殉人之史实〉》，《郭沫若全集》历史编第3卷，第80—83页。

　　⑬　郭沫若：《奴隶制时代·关于周代社会的商讨》，《郭沫若全集》历史编第3卷，第108—112页。

　　⑭　郭沫若：《奴隶制时代　史学论集·替曹操翻案》，《郭沫若全集》历史编第3卷，第471—472页。

　　⑮　郭沫若：《奴隶制时代·略论汉代政权的本质——答复日知先生》，《郭沫若全集》历史编第3卷，第208—220页。

　　⑯　郭沫若：《奴隶制时代　史学论集·关于奴隶与农奴的纠葛》，《郭沫若全集》历史编第3卷，第115—131页。

质，王毓铨在 1951 年《新建设》4 卷 5 期上发表《周代不是奴隶社会》，介绍了古代斯巴达的"黑劳士"，并认为是农奴，类似周代的农民，以驳斥郭沫若周代是奴隶制的说法。1951 年 7 月 8 日，郭沫若写《关于奴隶与农奴的纠葛》，与王毓铨展开辩论。郭沫若承认，"王先生这篇文章对我是有好处的，多谢他把斯巴达的农业奴隶'黑劳士'的性质比较详细地介绍了些出来。因为它和周代的农民的相似，这正是我想更多地知道一点的东西"①。之前，范文澜于 1951 年《新建设》4 卷 2 期发表《关于中国通史简编》，依据《联共党史》以能自由屠杀与否来判定奴隶与农奴。他以为周代不能屠杀农业生产者，来拱卫其西周封建说。1951 年 6 月 17 日，郭沫若写《关于周代社会的商讨》，提供周代大规模杀人的文献依据，加以辩驳。他除了坚持周代农民可以被大规模屠杀外，进一步依据斯大林在《列宁主义》中的观点，把任意屠杀和自由买卖作为判断农业劳动者是否为奴隶的标准。郭沫若引证材料表明，周代农业生产者是可以杀戮和买卖的，为其西周和春秋奴隶说再行坐实。可见，这个例子说明，郭沫若了解更多关于"黑劳士"的知识，为与周代奴隶相比较提供了参照，发现周代奴隶特征不仅可以屠杀并且可以买卖，无疑得益于他跟学界的商榷。

（四）逐步清算自己的错误

1944 年 7 月 18 日写《古代研究的自我批判》，对自己以往的古史研究进行系统反思。他说："我首先要谴责自己。我在一九三〇年发表了《中国古代社会研究》那一本书，虽然博得了很多的读者，实在是太草率，太性急了。其中有好些未成熟的或甚至错误的判断，一直到现在还留下相当深刻的影响。有的朋友还沿用着我的错误，有的则沿用着我错误的征引而又引到另一错误的判断，因此关于古代的面貌引起了许多新的混乱。这个责任，现在由我自己来清算，我想是应该的，也是颇合时宜的。"② 其自我批判，包括批判古代研究上的资料使用和具体认识问题，具体不详述。

1947 年 4 月 10 日，他为《中国古代社会研究》写《后记》，其中道："我用的方法是正确的，但是在史料的鉴别上每每沿用旧说，没有把时代

---

① 郭沫若：《奴隶制时代　史学论集·关于奴隶与农奴的纠葛》，《郭沫若全集》历史编第 3 卷，第 114 页。

② 郭沫若：《十批判书·古代研究的自我批判》，《郭沫若全集》历史编第 2 卷，第 3 页。

性划清楚，因而便夹杂了许多错误而且混沌。隔了十几年，我自己的研究更深入了一些，见解也更纯熟了一些，好些错误已由我自己纠正。那些纠正散见于《卜辞通纂》《两周金文辞大系》《青铜时代》《十批判书》等书里面，尤其是《十批判书》中的《古代研究的自我批判》那一篇。"①

他在《中国古代社会研究》的1954年新版引言中说："本书的再度改排是着重在它的历史意义上。这是'用科学的历史观点研究和解释历史'的草创时期的东西，它在中国古代的社会机构和意识形态的分析和批判上虽然贡献了一些新的见解，但主要由于材料的时代性未能划分清楚，却草率地提出了好些错误的结论。这些本质上的错误，二十几年来我在逐步地加以清算。"② 他还说："二十多年来我自己的看法已经改变了好几次，差不多常常是今日之我在和昨日之我作斗争。"③ "期待着我自己的错误会有彻底清算干净的一天。"④

不断自我反思促使其古史研究走向成熟。1930年《中国古代社会研究》，他把殷代定为原始社会，西周为奴隶制，春秋开始封建制。1947年3月27日，他给《中国社会之历史的发展阶段》作"后案"，关于奴隶制分期的观点变为"殷代与西周在生产方式与文化水准上并无多大区别。殷代确已使用'众人'作大规模之农耕。原始社会的破坏当在殷代之前。"⑤1952年出版的《奴隶制时代》把奴隶制下限定在春秋战国之交。

总之，郭沫若继承罗振玉、王国维的小学和史学相结合的治学路数，加以唯物史观的统御，把历史学做成科学。他成功使用传世文献、考古材料和民族学材料三重证据法研究中国古代史，并依据独特视角提出一系列独断之言。他创立这种新的史学范式，经过其后学不断努力，一直在中国大陆居于主导地位，在中国史学史上将彪炳千秋。

① 郭沫若：《中国古代社会研究·后记》，《郭沫若全集》历史编第1卷，第311页。
② 郭沫若：《中国古代社会研究·一九五四年新版引言》，《郭沫若全集》历史编第1卷，第3页。
③ 同上书，第4页。
④ 同上书，第5页。
⑤ 郭沫若：《中国古代社会研究·导论》，《郭沫若全集》历史编第1卷，第31页。

先秦诸子的"春秋"观
——观念史与史学史的考察

戴晋新[*]

一　前言

　　孔子之前已有"春秋"，刘知幾《史通·六家》考之甚详；孔子之后"春秋"乃有特义，《孟子》与《左传》《公羊》《穀梁》三传言之凿凿。汉儒视《春秋》为六经之一，以为其中有圣人之笔，既富经义，复为私家修史之滥觞。此说由来久矣，在中国传统学术史上根深蒂固，而质疑与调停者亦代有其人，学者聚讼千古，终不免信者恒信其所信，而疑者恒疑其所疑。秦火之后，先秦典籍亡佚甚多，尤以史籍为然[①]，欲取孟子所称《晋乘》《楚梼杌》《鲁春秋》之类以证与孔子《春秋》事、文、义之异同，恐怕只有寄望相关简牍埋藏地下且终能重见天日之时[②]。

　　书阙有间，想了解汉儒经说确立之前的"春秋"观念，可经由考察先秦诸子对《春秋》的称引与认识，说明"春秋"一词在孔子之后的二三百年间被诸子认知的情形。由于历来说《春秋》者多到不可胜计，诸子言及《春秋》

　　* 戴晋新，台湾辅仁大学历史系。
　　① 《史记·秦始皇本纪》："臣请史官非秦记皆烧之。"《史记·六国年表》："秦既得意，烧天下诗书，诸侯史记尤甚，为其有所刺讥也。诗书所以复见者，多藏人家；而史记独藏周室，以故灭。"
　　② 《孟子·离娄下》："晋之《乘》，楚之《梼杌》，鲁之《春秋》，一也。其事则齐桓、晋文，其文则史。孔子曰：'其义则丘窃取之矣。'"姑借《韩非子·显学》批评儒墨俱道尧舜而取法不同的话说，若晋《乘》、楚《梼杌》、鲁《春秋》不复出，将谁使定孟言之诚乎？《春秋经》能保持它的神秘性，很重要的一个原因就是没法拿诸侯史记与它作事、文、义的充分比对。

的材料自然多少都有人引用过，像墨子号称见过百国春秋、孟子言《春秋》的作者与宗旨、韩非大量引述《左传》故事等都是学者所习知的；唯问题意识不同，材料的证据作用也就随之而异，即使引用相同的材料，思考的问题却可能因人而异。对于"诸子如何看待春秋"这个命题，以往有关春秋学史的论述往往站在经学史的立场，或未予应有的重视，或仅选择性地看重个别诸子，例如孟子；本文的旨趣与此稍异，较为着重普遍观察与逆向思考，从诸子称引"春秋"的情形，说明诸子的"春秋"观念及其相关的史学史含义。

二　《论语》与《春秋》

《论语》是记载孔子言行最重要的史料，其中多次谈到了《诗》《书》《礼》《乐》《易》，却独独不言《春秋》，这事颇耐人寻味。有人以此质疑孔子与《春秋》的关系①；有人则以为"不言"并不意味"没有"，否则就是默证，而默证的逻辑是十分薄弱的，何况今本《论语》经辗转传抄，已非原本，其间有所讹漏亦未可知②。《论语》言五经而独漏《春秋》的现象是否传抄讹漏所致，已无法考证；但这个现象似乎反映了《论语》纂辑者对孔子与六经关系的认知，而且在《论语》流传的过程中也没人意识到应将孔子与《春秋》的关系补上，这是值得注意的。如果孔子与《春秋》的关系真如孟子与经学家所言是那么密切而重要，《论语》在纂辑流传的过程中却一直存在言五经而独漏《春秋》的现象自然是个疑点，问题的重点不仅在于独漏，更在于纂辑流传的过程中无人意识到这个阙漏。纂辑者的疏忽也许是个解释，但不是唯一的解释；不是疏忽也有可能。如果不是疏忽，那就意味另一事实，即打从《论语》纂辑流传伊始就有人对孔子与《春秋》的关系有不同于后来《孟子》与《公》《穀》学派的认知。为什么会这样？较可能的解释就是当初根本没有孔子与弟子谈论《春秋》的记录，所以无从采录。司马迁注意到这个问题，提出他的解释，《史记·十二诸侯年表序》：

---

① 顾颉刚：《与钱玄同论春秋性质书》（《古史辨》第一册，上海古籍出版社1982年版，第276—278页）、杨伯峻：《春秋左传注·前言》（源流出版社1982年版，第10—11页），皆为其例。

② 张以仁：《孔子与春秋的关系》，见氏著《春秋史论集》，联经出版公司1990年版，第40—41页。

是以孔子明王道，干七十余君，莫能用，故西观周室，论史记旧
闻，兴于鲁而次春秋，上记隐，下至哀之获麟，约其辞文，去其繁
重，以制义法，王道备，人事浃。七十子之徒口受其传指，为有所刺
讥褒讳挹损之文辞不可以书见也。

"不可书见"，似乎为《论语》缺少《春秋》记录提出了解释，但其实不
能解释，因为既有口授，自有流传，否则《春秋》经文与经义从何而来？
而且既已口授传指，却又不可书见，如何使"乱臣贼子惧"？这与孟子所
称孔子作《春秋》之旨也是矛盾的。孔子既授弟子《春秋》，何以纂辑
《论语》者一无所录？孔子的语录除了《论语》，散见于先秦文献中的还
有很多，其中有些可能是附会、假托，出于造说，而非实录；有些则难以
考论。在《论语》纂辑流传的过程中并未将这类语录收入，包括著名的
《孟子·滕文公下》中的"孔子曰：知我者其惟《春秋》乎？罪我者其惟
《春秋》乎？"孟子引述的孔子之言若为实录，《论语》似无不录之理。
"《论语》不言《春秋》"，当记而未记，也有可能是反映《论语》纂辑者
"多闻阙疑"的另一观点，学者单凭对默证法的质疑来辩解尚不足以
释疑①。

三 《墨子》与《春秋》

《墨子·明鬼下》有："著在周之《春秋》""著在燕之《春秋》""著
在宋之《春秋》""著在齐之《春秋》"等语，墨子引此四国春秋，虽然意
在明鬼，但从其论证的方式看，乃是广征历史记载为证，其所谓"春秋"
实系通名而非专指某一部书，因此周有周的《春秋》，燕有燕的《春秋》，
宋有宋的《春秋》，齐有齐的《春秋》，"春秋"只是各国史记的通名；这

---

① 朱维铮谓："《论语》主要是孔子晚年部分语录的汇编，他生平的很多重要事迹均未录入，
因而不能据以推断孔子没有编著过《春秋》。"见氏著《中国史学史讲义稿》，复旦大学出版社
2015 年版，第 31 页。论证方法还是对默证法的质疑，而未考虑传说孔子编著《春秋》正在其晚
年，《论语》既然主要是孔子晚年部分语录的汇编，何以不记其晚年最重要的工作？何以言五经而
独漏《春秋》？朱氏又举《庄子》曾说孔子治《春秋》，《韩非子》记有孔子与鲁哀公讨论《春
秋》的对话，以证"从战国到两汉，说及孔子与《春秋》关系的，也不只是孟轲"；说恐未的，
参本文第 5 节与第 7 节相关讨论。

与其后的孟子能分别晋史为《乘》、楚史为《梼杌》、鲁史为《春秋》，显然大异其趣。墨子每引完一国春秋，必曰："诸侯传而语之曰"如何如何，这也与春秋时代各国史官间的"赴告"制度相合①。墨子为战国初期人，对"春秋"一词的性质及其相关制度的了解似较合于古义。

《隋书·李德林传》答魏收书："墨子又云：'吾见百国春秋。'"刘知幾《史通·六家》亦云："故墨子曰：'吾见百国春秋。'"今本《墨子》未见此语，《墨子·非命下》："尚考之乎商、周、虞、夏之记"，则墨子所见固不止周、燕、宋、齐四国春秋而已，李、刘所引不知是别有所据？还是刘据李书，而李书只是行文时对墨子所见春秋一种印象式的概括？②墨子既号称见过百国春秋，能考商、周、虞、夏之记，又引述周、燕、宋、齐春秋所载故事，自是"习于春秋"之人③，其书完全未称引《鲁春秋》与《春秋经》，对孔子《春秋》似亦一无所闻，他的"春秋"观念与意识反映了一些历史情况，在"春秋"观念史上有一定的意义。

四　《孟子》与《春秋》

孟子私淑孔子，两言孔子作《春秋》。《孟子·滕文公下》：

> 世衰道微，邪说暴行有作，臣弑其君者有之，子弑其父者有之，孔子惧，作《春秋》。《春秋》，天子之事也。是故孔子曰："知我者其惟《春秋》乎？罪我者其惟《春秋》乎？"……孔子成《春秋》而乱臣贼子惧。

《孟子·离娄下》：

---

①　先秦史官有互书各国大事的制度与传统，《左传·文十五年》"名在诸侯之策"、《左传·宣二年》"赵盾弑其君"、《左传·襄二十年》"名藏在诸侯之策"、《左传·襄二十五年》"崔杼弑其君"、《国语·晋语二》"惧为诸侯载"等皆可为证。

②　《公羊传·疏》引闵因〈序〉谓孔子"使子夏求周史记，得百二十国宝书"，显然更是夸诞，连一本"宝书"的书名也没有，目的似乎只是要在数量上胜过"百国"，不让墨子专美。

③　《国语·晋语七》，司马侯对晋悼公说："羊舌肸习于《春秋》"，《国语·楚语上》，申叔时论教太子时曰："教之以《春秋》"，事皆在孔子之前，孔子之前既有习于《春秋》之人，墨子习于"春秋"亦不足为奇。

> 王者之迹熄而《诗》亡，《诗》亡然后《春秋》作，晋之《乘》，
> 楚之《梼杌》，鲁之《春秋》，一也。其事则齐桓、晋文，其文则史。
> 孔子曰："其义则丘窃取之矣。"

孟子直言孔子作《春秋》，并且也引述了孔子"知我、罪我"的话，很像
是第一手材料，广被征引，影响深远。只是孟子崇拜孔子，盛赞《春秋》，
而《孟子》通篇竟未引述《春秋经》内容片言只字，不免启人疑窦。孟子
述史常掺杂己意，像他说的周室爵禄班秩与井地之法征诸史实皆未可尽
信①，《荀子·非十二子》曾批评他：

> 略法先王而不知其统，然而犹材剧志大，闻见杂博。案往旧造
> 说，谓之五行，甚僻违而无类，幽隐而无说，闭约而无解。案饰其辞
> 而祇敬之曰："此真先君子之言也。"

荀子的批评如何？当然也是见仁见智。不过孟子引述孔子的话并未见于先
秦其他文献，严格说来是个孤证，究竟是否属于荀子说的"此真先君子之
言也"之类，虽未可确知，然实颇可疑。

孟子认为孔子《春秋》与其他"春秋"一类的诸侯史记，其"事"
与其"文"固然相类，但孔子《春秋》多了特殊的"义"，性质便大不相
同。其义为何？孟子没有明说，只说"王者之迹熄而《诗》亡，《诗》亡
然后《春秋》作"，然则孔子窃取的义应与《诗》教有关，《诗》教与
"王者"有关，"《诗》亡然后《春秋》作"，《春秋》当然也与王者有关，
孟子自己也说"《春秋》，天子之事也"。孟子说诗，"以意逆志"②，连公
刘好货、太王好色的话也说得出来③，"《诗》亡然后《春秋》作"恐怕也
只是他的一家之言。总之，孟子认为世衰道微乃有孔子《春秋》之作，乱
臣贼子因而有所惧，那么他对《春秋》经文应有所了解与引述才是。《史

---

① 关于孟子述史未可尽信，请参拙作《论孟子述史的不可尽信》，《辅仁历史学报》第 1 期，
第 21—52 页，1989 年；关于孟子述史未可尽信的原因，请参拙作《孟子历史观念试释》，《文献
与史学——恭贺陈捷先教授七十嵩寿论文集》，远流出版事业有限公司 2002 年版，第 370—
388 页。

② 《孟子·万章上》。

③ 《孟子·梁惠王下》。

记·十二诸侯年表序》云：

> 及如荀卿、孟子、公孙固、韩非之徒，各往往捃摭《春秋》之文
> 以著书，不可胜纪。

似乎孟子曾征引《春秋》文字。事实上太史公所说"捃摭《春秋》之文"
的《春秋》并非专指《春秋经》，还包括了《左氏春秋》；而孟子书中也
并未征引《春秋》经文，引述史事有些倒与《左氏春秋》有关，最明显的
例子为《告子下》述葵丘之会，所引誓辞"凡我同盟之人，既盟之后，言
归于好"，与《左传·僖九年》所载完全相同。近人研究孟子与《春秋》
的关系，指出："孟子全书引用《左传》达二十次以上，却只字未提左氏；
对孔子作《春秋》推崇甚高，而对《春秋经》则未见一引。"① 这个现象
当然有些矛盾，似乎孟子没见过《春秋经》，只见过《左传》。《左传》成
书年代若依其预言验否为断，约为公元前四世纪前半叶②，与孟子大致同
时，孟子或曾得见。孟子得见《左传》与否并非问题重点，即使未曾得
见，孟子熟知春秋史事因而引用与《左传》同源史料亦不足为奇。问题的
关键在孟子如果见过《春秋经》，以他对孔子《春秋》的了解与推崇，征
引《春秋》时不可能引《左传》而不引孔子《春秋》；如果孟子没见过孔
子《春秋》，他说的《晋乘》《楚梼杌》《鲁春秋》与孔子《春秋》之事、
文、义之异同，又何所据而云呢？

五　《庄子》与《春秋》

《庄子》言春秋有三处，《齐物论》云：

> 六合之外，圣人存而不论；六合之内，圣人论而不议；春秋经世
> 先王之志，圣人议而不辩。

---

① 姚曼波：《春秋考论》，江苏古籍出版社 2002 年版，第 47 页。笔者对于孟子引用与《左
传》相同故事是否直接出于《左传》仍持保留态度，对于姚氏因孟子"称《春秋》之名而引《左
传》之实"的现象遂怀疑孔子《春秋》即《左传》这类的说法，也不能认同。

② 《左传》成书年代考之者众，难有定论，然其书流行于战国时代则为事实。

《齐物论》通篇论"道",按上下文意与旧注,其所谓圣人并非指孔子,
"春秋"也不是指《春秋经》。

《庄子·天运》:

> 孔子谓老聃曰:"丘治《诗》、《书》、《礼》、《乐》、《易》、《春
> 秋》六经,自以为久矣,孰知其故矣;以奸者七十二君,论先王之道
> 而明周召之迹,一君无所钩用。甚矣夫!人之难说也,道之难明邪?"
> 老子曰:"幸矣子之不遇治世之君也!夫六经,先王之陈迹也,……"

《天运》篇中多寓言,记孔子、子贡问道于老子,一般认为是庄子后学所
作,非庄子亲笔,"六经"之名就是明显的破绽,前人早就说过:"庄子生
于战国,六经之名始于汉,而庄子之书称六经,意庄子之书亦未必尽出于
庄子。"① 既称《春秋》为六经之一,即不可能指《鲁春秋》,然孔子又焉
有称自己的《春秋》为六经之理?孔子若修、作《春秋》,又岂可言
"治"?老子又怎么可能视孔子作的《春秋》为"六经"之一,为"先王
之陈迹"?《天运》篇此言问题很大,虽说是寓言,但破绽甚明,也是够荒
唐的了。按本篇作者之意当然以为《春秋》就是《春秋经》,但由于以上
的原因,并不能代表庄子其人的"春秋"观念。

《庄子·天下》:

> 《诗》以道志,《书》以道事,《礼》以道行,《乐》以道和,
> 《易》以道阴阳,《春秋》以道名分。

本篇论天下学术,包括评论庄周以及庄周之后公孙龙的学说,当非庄子亲
笔。本段所说六经宗旨完全是儒家的观点,既云"《春秋》以道名分",
自然指的是《春秋经》,但同样不能代表庄周本人的"春秋"观念。

以上三则,有两则所谓《春秋》乃指《春秋经》,显系后出;至于
《齐物论》中的"春秋"二字,未必指文献名,即使指文献,也是泛指先
王典志,而不是指孔子《春秋》。《庄子》其书虽言及"春秋"一词,实

---

① 黄震:《黄氏日钞》卷五五,《景印文渊阁四库全书》,台湾商务印书馆 1983 年版,第
708 册第 401 页。

际只有《齐物论》一则可视为庄子本人的"春秋"观念，这是引《庄子》以言《春秋》必须注意的。

六　《荀子》与《春秋》

《荀子》数言《春秋》。《劝学》篇云：

> 故《书》者，政事之纪也；《诗》者，中声之所止也；《礼》者，法之大分、类之纲纪也，故学至乎《礼》而止矣。夫是之谓道德之极。《礼》之敬文也，《乐》之中和也，《诗》、《书》之博也，《春秋》之微也，在天地之间者毕矣。
>
> 《春秋》约而不速。

《儒效》篇云：

> 《春秋》言是其微也。

《大略》篇云：

> 《春秋》贤穆公，以为能变也。
> 故《春秋》善胥命，而《诗》非屡盟，其心一也。

《劝学》与《儒效》两篇强调《春秋》的旨趣在一个"微"字，"约而不速"也与"微"义相通，虽然荀子没有进一步的说明，但《春秋》之微当然就是"微而显""微言大义"的微，荀子说的《春秋》显然是指《春秋经》。

《大略》篇的"《春秋》贤穆公""《春秋》善胥命"，与《公羊》之义相通，近人更考释《荀子》言《春秋》兼采《左》、《公》、《穀》三传之义①，可见荀子对《春秋》的理解已趋近于经学化了。

荀子以博学著称，唯其所言《春秋》似专指《春秋经》，既无墨子

---

① 赵伯雄：《春秋学史》，山东教育出版社 2004 年版，第 86—90 页。

"百国春秋"之义，亦非孟子说的《鲁春秋》之类。荀子的"春秋"视野何以会有此"蔽"？除了儒家背景，极可能与他的时代较晚，"春秋"已经经学化与专名化大有关系。

七　《韩非子》与《春秋》

《韩非子·内储说上》：

> 鲁哀公问于仲尼曰："《春秋》之记曰：'冬十二月，霣霜不杀菽'，何为记此？"仲尼对曰："此言可以杀而不杀也。夫宜杀而不杀，桃李冬实。天失道，草木犹犯干之，而况于人君乎？"

《春秋经·僖三十三年》，冬十有二月：

> 陨霜不杀草，李梅实。

这段材料学者有不同的解释，一种解释是哀公所说的《春秋》当指《鲁春秋》或《公羊传》上的《不脩春秋》①，僖三十三年经文略有出入即为孔子所修的结果。另一种解释是哀公所说的《春秋》即《春秋经》，文字出入当是古人引书往往仅取大意或关键语的习惯所致，《春秋经·定元年》有"冬十月，陨霜杀菽"之语，《内储说上》引《春秋》经文将杀草、杀菽记错也不无可能。本段文字另一重点在"仲尼对曰"，有人认为《鲁春秋》本来只是"记异"，"仲尼对曰"正是孔子赋予经义的一例②；有人则以为经文冬十二月实为夏正九月，"不杀"是正常的，所谓记异实为历法弄错的误记，"仲尼对曰"其事难信③。其实《内储说上》讲的是人主所用"七术"，"仲尼说陨霜"是第二术"必罚明威"——"爱多者则法不立，威寡者则下侵上，是以刑罚不必则禁令不行"的例证之一，引述者正是要拿"仲尼对曰"证明自己的主张，至于文意的掌握是否忠于仲尼，既

---

①　《公羊传·庄七年》："《不脩春秋》曰：'雨星不及地尺而复'，君子脩之曰：'星霣如雨'。何以书？记异也"，《不脩春秋》一般认为即《鲁春秋》，君子即孔子。

②　赵伯雄：《春秋学史》，第 10—11 页。

③　杨伯峻：《春秋左传注》上册，第 493—494 页。

难考实，亦非重点。就故事内容看，孔子与哀公讨论鲁史书法的可能性较高，就像孔子曾批评董狐的书法，批评的乃是晋史；孔子与哀公讨论自己的书法似较不可能，韩非此处所说的《春秋》自以指《鲁春秋》较为合理。

《韩非子·奸劫弑臣》：

> 故《春秋》记之曰："楚王子围将聘于郑，未出境，闻王病而反，因入问病，以其冠缨绞王而杀之，遂自立也。齐崔杼，其妻美，而庄公通之，数如崔氏之室，及公往，崔子之徒贾举率崔子之徒而攻公。公入室，请与之分国，崔子不许；公请自刃于庙，崔子又不听；公乃走踰于北墙，贾举射公，中其股，公坠，崔子之徒以戈斫公而死之，而立其帝景公。"

王子围与崔杼二人事分见《左传·昭元年》与《左传·襄廿五年》传文，《春秋》经文不载，此所谓《春秋》一般认为指《左氏春秋》。同篇又云："上比于《春秋》"，所指亦同。

《韩非子·外储说右上》：

> 患之可除，在子夏之说《春秋》也。

子夏怎么说《春秋》呢？

> 子夏曰："《春秋》之记臣杀君，子杀父者，以十数矣，皆非一日之积也，有渐而以至矣"……故子夏曰："善持势者蚤绝奸之萌。"

《外储说右上》讲的是"君所以治臣者有三"，其一曰"势不足以化则除之"，意思是作臣子的如果与君王争民心、争势力，君王必须防微杜渐，不可任其坐大。韩非所谓子夏说《春秋》，说的正是这个道理，故引以为证。子夏说的《春秋》，依《史记·孔子世家》"子夏之徒不能赞一辞"前后文推断，当为孔子所授，自然是指《春秋经》。不过也有人认为《韩非子》中的《春秋》常指《左氏春秋》，兼以韩非为子夏说《春秋》所举的田常、晏婴故事见于《左传》而不见于《春秋经》，子夏说的《春秋》

实际指的应是《左传》①。

《韩非子·备内》：

> 上古之传言，《春秋》所记，犯法为逆以成大奸者，未尝不从尊贵之臣也。

这里的《春秋》，似指一般史书的通名，而非专指哪一部《春秋》。《备内》篇又云：故《桃左春秋》曰："人主之疾死者不能处半。"《桃左春秋》，或谓《桃兀春秋》之误写，即《楚梼杌》；或谓《赵左春秋》，为赵国所传《左传》；或谓乃墨子所谓百国春秋之一种。各说皆无确据，仅能视为一古书名②。

《韩非子·外储说左上》记晋文公攻原得卫的故事，并说"孔子闻而记之曰：'攻原得卫者信也'"，此事《春秋经》未载，见于《左·僖廿五年》，但没有"孔子曰"或"君子曰"。所谓"孔子闻而记之"，不知记于何处？孔子曾批评晋文公"谲而不正"③，褒贬与此不同。《外储说左上》引晋文公故事是为了说明"小信成则大信立，故明主积于信"，韩非不过是借孔子的话作为结语，有"君子曰"的意思，但不能以此证明晋文公攻原得卫的故事为孔子所记，更不能据此推论《左传·僖廿五年》所记文字与孔子有关。

《韩非子》引证史事极为丰富，其中取材与《左传》相同者不少，前人多有指出④。一般认为这种情形虽然未称引《左传》，实即引自《左传》，所谓《春秋》，实指《左氏春秋》。在《韩非子》中《春秋》有时指《左传》，有时又指《春秋经》或《鲁春秋》，有时则是泛称春秋类书。韩非对"春秋"似无分辨的概念，一词多义，才会出现以上的情形。

---

① 姚曼波：《春秋考论》，第 56—57 页。按姚以田常、晏婴事为子夏所说，非韩非所举，句读恐误。

② 参周勋初《韩非与百国春秋》，《南京大学学报》（哲学社会科学版）1978 年第 3 期，第122—128 页。周文申《楚梼杌》之说，但终无确据。

③ 《论语·宪问》。

④ 章炳麟《丙午与刘光汉书》云，"韩非采左氏说最多"；周勋初《韩非与百国春秋》曾举证多条。

八 《吕氏春秋》与《春秋》

《史记·十二诸侯年表序》是一篇有关春秋学的重要文献，大意谓孔子《春秋》之后，自左丘明以迄董仲舒一干人等，各自从不同目的作了与《春秋》有关并且以"春秋"为核心书名的著作，然而各有短长：

> 儒者断其义，驰说者骋其辞，不务其终始；历人取其年月，数家隆于神运，谱牒独记世谥，其辞略，欲一观诸要难。于是谱十二诸侯，自共和讫孔子，表见《春秋》、《国语》学者所讥盛衰大指着于篇，为成学治古文者要删焉。

按太史公的意思似乎《十二诸侯年表》也是某种意义的春秋学。被太史公点到名的人之中有吕不韦：

> 吕不韦者，秦庄襄王相，亦上观尚古，删拾《春秋》，集六国时事，以为八览、六论、十二纪，为《吕氏春秋》。

依太史公的说法，《吕氏春秋》也是春秋学的一支，并且"删拾《春秋》"，唯今本《吕氏春秋》中并无《春秋》经文，"春秋"之名亦仅见于《求人》篇：

> 观于《春秋》，自鲁隐公以至哀公十有二世，其所以得之，所以失之，其术一也。得贤人，国无不安，名无不荣；失贤人，国无不危，名无不辱。

此《春秋》起讫与《春秋经》相同，所指似为《春秋经》。唯此处征引《春秋》，既未引其文，亦非喻其义，只是泛说这十有二世期间的史事可证明国之安危乃系于人之贤否；如果只看《春秋经》本文恐怕不易读取人才得失与国家安危的具体事证。其后所举宫之奇与伍子胥二例，事见于《左传》，不见于《春秋经》，其他尧、舜、禹的例子亦与《春秋经》无关。所谓"观于《春秋》"云云，也可能指的是《左氏春秋》，事实上"自鲁隐公以至哀公十有二世"就是拿来指《左传》也没有什么不妥,《左传》史例丰富,人物鲜明,又有许多"君子曰",得失鉴戒易于读取。

《吕氏春秋》中的《春秋》之名仅一见,而征引其他史事的例子则颇多,其中有些亦见于《左传》,文字虽有出入,但可看出讲的是同一件事,例如《乐成》篇言子产执政、《为欲》篇言晋文攻伐原、《权勋》篇言晋灭虞等皆是。《吕氏春秋》中不见《左传》或《左氏春秋》之名,在《左传》与《韩非子》同载的事例中,《吕氏春秋》的引述有时更近于《韩非子》。虽然太史公将《吕氏春秋》列为春秋学的一例,但从种种迹象看来,整部《吕氏春秋》谈到《春秋》的地方很少,对《春秋》的认识仅止于"自鲁隐公以至哀公十有二世"而已,而且很可能实际指的还是《左氏春秋》。

九　结语

从诸子引述《春秋》的情形可以看出诸子对"春秋"一词的认识并不一致,《论语》的纂辑者应录《春秋》而未录,并未意识到后人所称的孔子与《春秋》的关系;《墨子》所称的《春秋》意指各国史记;《孟子》能辨孔子《春秋》与《鲁春秋》之别以及《鲁春秋》与《晋乘》《楚梼杌》之同,但引述"春秋"时却不引孔子《春秋》而引《左氏春秋》;《庄子》言及《春秋》,或系后人窜入,或泛指先王典志,难为孔子《春秋》之证;《荀子》所言《春秋》为《春秋经》;《韩非子》言《春秋》具有多重含义,但最常指的乃是《左氏春秋》;《吕氏春秋》虽有"春秋"之名,其言《春秋》,殆指《左氏春秋》。《论》《墨》的无视《春秋经》,《孟》《荀》的特言《春秋经》,《韩》《吕》的以《左氏春秋》为《春秋》,这些现象除了学派传承的关系,"春秋"词义的时间变化也是不容忽视的因素。

近人或以诸子言及与春秋经传有关的事、文、义来说明彼此间的关系,方法固然不错,但运用时仍有些问题。秦火以前诗书百家语与各国史记存者尚多,诸子内容与春秋经传有关系的部分若言明出处自无问题;未言明者其来源就有可能是与经传同源而非直接受某经某传影响。一般的说法多假定只要诸子引述内容与《春秋》经传相同、相似、相通,则必然源自经传,忽略了彼此同源的可能性。这种说法无异假定诸子见过《春秋》

经或传，那为何鲜见诸子引孔子《春秋》经文，引的多是《左氏春秋》？其时《公羊》《穀梁》只有口说尚未写定，诸子何以也都能知其内容？再说，所谓事、文、义的相同、相似、相通，每一则个案能否成立，尚有认定与解释的问题；即使能够成立，也可能是与《春秋》经传同源，而未必皆出于《春秋》经传。像"唇亡齿寒""臣弑君、子杀父"之类，已是先秦通用成语与故事，若凡有所同必欲谓引自《春秋》经传，恐陷于拘泥①，忽略了当时人能见到的"春秋"实有多义，不能无条件的皆视为《春秋》经传。

　　诸子征引史事，所引故事同于《左传》者不少，出自《春秋经》者可说绝无仅有，似乎《左氏春秋》较孔子《春秋》流传更广，可见《春秋经》确是儒家所独尊。另一方面，诸子述史多取《左传》，也可能是此时人们历史意识的反映，述往事需要的是完整明白的叙事，而非微言大义的书法，因而征引《春秋》多取《左氏》。这种由简而繁、由微而显的历史叙事要求，从《春秋》《左传》《史记》《汉书》叙事结构与内容篇幅的发展已充分得到证明。将先秦诸子的"春秋"观与诸子征引《春秋》多取《左氏》的现象放到时代脉络中去理解，对先秦史学史的认识自然是有其意义的。

---

　　① 像《韩非子·存韩》李斯《上韩王书》："且臣闻之：'唇亡则齿寒。'"此语亦见《左传·僖五年》，李斯所闻是否一定来自《左传》？恐怕未必。又《管子·法篇》："故《春秋》之记，臣有弑其君，子有杀其父者矣。"《韩非子·外储说右上》子夏说《春秋》义亦与此相近，唯《春秋》是否一定指《春秋经》？难道诸侯史记都不载弑君杀父之事？恐亦不然。

《明史》纂修的"东林"争论及调和

傅范维*

一　前言

晚明"东林"一词，兼具学术、政治之意涵，今日明清史学界惯以"东林学派""东林党"指称不同面向的东林，多数研究者的视野也放在学术思想、政治文化层面上，较少从历史书写及史学史的角度切入。本文旨在考察清朝纂修《明史》过程中，东林图像之建构历程，及其观念生成、变化的历史因素，藉此梳理晚明以来流传的东林概念与《明史》纂修之关系。

自明万历三十四年（1606）顾宪成（1550—1612）兴办东林书院以来，就有东林是否为"朋党"的争论，此后面对明亡清兴的变局，清初社会形成一股"明亡追究"热潮①，而东林与"明亡"之关系，自然成为众人议论焦点。尤以夏允彝（1596—1645）及黄宗羲（1610—1695）为正、反意见的代表，这两种针锋相对的解释立场，曾引起康熙初年明史馆内部的争执，此后虽在《修史条议》裁示之下，采用推崇东林之笔法，然而雍正元年（1723）王鸿绪（1645—1723）进呈的《明史稿》中，则对于一味偏向东林的论调，重新提出不同的观点。

清朝纂修《明史》共历时九十五年，此一漫长的修史过程中，因时空

＊　傅范维，台湾师范大学历史系（博士研究生）。

① 赵园指出："'明亡追究'构成了遗民史述、史论的另一大主题，也属于遗民治史的基本动力——虽其追原'祸始'，归结因果，未全出时论（如党争亡国、谈心性亡国等论）之外，未出'君子—小人'等眼界之外，但其力图由政治运作而非道德立场论明亡，仍越出了士的通常视野。"参见氏著《明清之际士大夫研究》，北京大学出版社2006年版，第372页。

环境及政治氛围的变化，影响各时期《明史》稿本所采之编纂体例与史料取舍。尤其清前期君主喜用"明史"针砭时政，相关的"谕旨""圣断"也影响《明史》编纂方针，即官方论调须迎合君主的旨意，重新改写"东林"之历史评价①。

王泛森就曾指出，深入研究一个时代之历史面貌，须就当时的"主调"形成之际开始研究，探讨那些曾经与"主调"并存的思想、论述及观念，梳理被主流论述一层又一层复写、隐藏及边缘化的"低音"②。本文即从明清易代之际的"东林论述"开始，回到当时的历史脉络中，重新梳理这些曾经相互竞争的观点，厘清各个阶段、脉络之间的复杂关系。

二　明清之际史家笔下的"东林论述"

明崇祯十七年（1644）三月，李自成攻陷北京，明思宗（1611—1644，在位 1627—1644）自缢。同年四月清兵入关，十月清世祖（1638—1661，在位 1643—1661）至北京即皇帝位。对于亲身经历"甲申之变"及明清政权转移之汉人知识阶层而言，无疑是一场"乾坤翻覆"之变局。当时部分学者抱持着"为故国存信史"之理念，竭尽心力于著述上，并藉此探究明朝衰亡原因。如夏允彝（1596—1645）即在南明弘光政

---

① 何冠彪指出清前期君主积极修史的背后，就是为了争夺历史的解释权。即如康熙皇帝敕谕明史馆官员，每完成两三卷，便须上呈审览，以此监视、掌控修史之内容。雍正皇帝亦规范官修史籍复经由其审定，才是一代信史。乾隆皇帝更刻意操作明清易代之际的正统归属与人物评价，诏修《御撰资治通鉴纲目三编》《钦定胜朝殉节诸臣录》《钦定国史贰臣传》《钦定国史逆臣传》诸书，务使南明史符合清高宗的个人史观；陈永明指出夏允彝和黄宗羲笔下的南明史，分别代表明清之际知识阶层两种相互竞争的历史记忆及解读。然而清初汉族精英分子主导的南明史论述，历经康、雍、乾时期官方刻意的操作史论与干涉《明史》编修之下，清政府渐渐主导南明史书写及支配历史解释权。参见何冠彪《清高宗对南明历史地位的处理》，《新史学》7 卷 1 期（1996），第 1—27 页；何冠彪《清代前期君主对官私史学的影响》，《汉学研究》16 卷 1 期（1998），第 155—184 页；何冠彪《顺治朝〈明史〉编纂考》，《大陆杂志》99 卷 2 期（1999），第 1—22 页；何冠彪《清高宗〈御撰资治通鉴纲目三编〉的编纂与重修》，《中研院史语所集刊》70 本 3 分（1999），第 671—697 页；陈永明《从"为故国存信史"到"为万世植纲常"：清初的南明史书写》，《清代前期的政治认同与历史书写》，上海古籍出版社 2011 年版，第 105—148 页。

② 王泛森曰："我们书写历史，往往只着重当时的主调，而忽略了它还有一些副调、潜流，跟着主调同时并进、互相竞合、互相影响，像一束向前无限延伸的'纤维丛'。如果忽略了这些同时竞争的副调、潜流，我们并不能真正了解当时的主流。……如果我们不能了解其中的各个层次、各个脉络，以及主调、副调等等之间的复杂关系，便不能好好了解一时期的历史。"参见氏著《执拗的低音：一些历史思考方式的反思》，生活·读书·新知三联书店 2014 年版，第 60—61 页。

权（1645）覆灭不久，编写《幸存录》检讨明亡之因，认为万历以来的
党争危害最深，谴责东林及其政敌都须负起亡国责任。其言如下：

> 　　平心而论，东林中亦多败类，攻东林者亦间有清操独立之人，然
> 其领袖之人，殆天渊也。东林之持论高，而于筹饷制寇，卒为实着。
> 攻东林者自谓孤立任怨，然未尝为朝廷振一法纪，徒以忮胜耳，此特
> 可谓之聚怨哉。无济国事，殆同之矣……但后之论者，为贤为邪有难
> 提者，余亦以前辈所谬爱，欲推而入之清流祸中，然余不以此少怀偏
> 急，平言其实，庶鬼神之可质也夫。①

　　夏允彝认为朋党问题导致明朝走向衰败，因此"东林"与"攻东林
者"皆有不可推卸的罪责。夏氏指出"东林"亦多"小人"，"攻东林者"
间有"君子"，所以考察明季党争问题，不可仅以"君子"、"小人"而
论。他感叹面对明末内忧外患的危急情势，"东林"完全提不出解决方法，
仅流于门户成见的意气之争。夏允彝深知后人仍会用"君子"及"小人"
观念，继续替东林辩护一切，但即便如此，自己也要说出"东林"误国的
事实。

　　夏允彝这一部探讨明朝覆灭原因的著作问世后，引起知识阶层广泛回
响，明清之际流传的史籍中，就有不少著作征引夏允彝的党争观点，批评
东林也是亡国祸首。即如计六奇（1622—？）编写的《明季北略》中，
《五朝大事总论》就全文照录《幸存录》之《国运盛衰》《门户大略》《门
户杂志》《流寇大略》。由此推之，计氏认同夏允彝对于东林为朋党的看
法，所以《明季北略》抄写《幸存录》全文，作为全书的总结。

　　李清（1602—1683）《三垣笔记·自序》，提及该书撰写以自己任官期
间的耳闻目睹及朝章典故为主，至于晚明史事之历史评价，则参照夏允彝
《幸存录》之评价论点，其文云：

> 　　予初读蔡孝来《尚论录》，或曰："此君子之言也。"然予不尽是
> 其言，其言之非，间有之，间有非，则偏。继读吴纯所《吾征录》，

---

① 夏允彝：《幸存录》卷中《门户大略》，《续修四库全书》，上海古籍出版社 1995 年版，
第 440 册第 536 页。

或曰："此小人之言也。"然予不尽非其言，其言之是，间有之，间有是，则愈偏。独夏彝仲《幸存录》出，乃得是非正，则以存公又存平，斯贵乎存耳。若予作是记，与是录相先后，时殊事殊，而惟无偏无党以立言则不殊，苟彝仲见此，无乃首颔是记亦如予首颔录，而又以存我心之同然为幸也。

李清指出明清之际撰写的晚明历史著作中，唯有夏允彝毫无门户成见，客观评价晚明历史。他相信倘若夏允彝看见自己的著作，也会欣慰两人见解一致。

相较夏允彝非议东林之立场，黄宗羲（1610—1695）就是为东林辩护的代表。黄氏身为东林后人，他难以接受夏允彝将亡国责任推给东林，刻意漠视东林所坚持的道德理想。是故，黄宗羲就针对《幸存录》一书，刻意编写一部《汰存录》，藉此反驳夏允彝的种种指责①。他先质疑夏允彝写书别有用心，其文云：

余见近人议论，多有是非倒置者。推原其故，大略本于夏彝仲允彝《幸存录》。彝仲死难，人亦遂从而信之。岂知其师齐人张延登？延登者，攻东林者也。以延登之是非为是非，其倒置宜矣。独怪彝仲人品将存千秋，并存此《录》，则其为玷也大矣！谓之"不幸存录"可也。晚进不知本末，迷于向背；余故稍摘其一二辨之，所以爱彝仲耳。②

黄宗羲认为明清之际史籍纷纷转载《幸存录》之论述，乃因夏允彝以身殉国的忠节事迹所致。然而他指出许多人不知夏允彝师从张延登（生卒年不详，明万历二十年壬辰科进士），张氏就是书中所谓"攻东林者"，所以夏允彝谴责东林为朋党之言论，也来自"攻东林者"的党派偏见。黄宗羲指出《幸存录》的存在，根本玷污了夏允彝的高尚人格，他是凭着爱护夏氏的心态撰写此书。黄宗羲通篇议论采用"君子"与"小人"区分

---

①　黄宗羲云："夏允彝有《幸存录》，言三案之事，得之山东张延登，是非刺谬，余作《汰存录》以正之。"参见氏著《旧思录》，《黄宗羲全集》，第 1 册第 373—374 页。

②　黄宗羲《汰存录》书前《题辞》，《黄宗羲全集》，第 1 册第 327 页。

"东林"及"攻东林者",他指出崇祯皇帝之所以失国,在于"不用东林以致败",反对夏允彝提出的东林误国之说。

及至康熙十五年(1676)黄宗羲《明儒学案》编成,全书宗旨是以"阳明学派"为明代学术系谱之主轴,以此建构"心学"在儒学发展脉络的正统地位。然而《明儒学案》之《东林学案》小序,却异于别篇小序体例,未提及"东林学派"之学术渊源及理学宗旨,反而从明清易代之际东林评价的变化说起,其言如下:

> 今天下之言东林者,以其党祸与国运终始,小人既资为口实,以为亡国由于东林,称之为两党,即有知之者,亦言东林非不为君子,然不无过激,且依附者之不纯为君子也,终是东汉党锢中人物。嗟乎!此瞽语也。
>
> 东林讲学者,不过数人耳,其为讲院,亦不过一郡之内耳。昔绪山、二溪,鼓动流俗,江、浙南畿,所在设教,可谓之标榜矣。东林无是也。京师首善之会,主之为南皋、少墟,于东林无与。乃言国本者谓之东林,争科场者谓之东林,攻逆奄者谓之东林,以至言夺情奸相讨贼,凡一议之正,一人之不随流俗者,无不谓之东林,若似乎东林标榜,遍于域中,延于数世,东林何不幸而有是也?东林何幸而有是也?然则东林岂真有名目哉?亦小人者加之名目而已矣。①

黄宗羲指出清初东林历史形象转变,肇始于明清之际"小人"污蔑东林为晚明党争参与者,最终导致明朝的衰亡。他在《东林学案》小序中,仍延续《汰存录》的观点,并以"既有知之者"影射夏允彝既熟知东林的政治理想,却依旧附和"小人"论点。此处黄宗羲完全否定"东林党"的存在,解释东林仅是东南一隅的书院,既无阳明后学之自我标榜,亦非"首善书院"之议论时政。文中提及"言国本""争科场""攻逆阉"等政治事件,只因参与者之道德理想趋近东林,因此社会舆论归诸"东林人士",但绝非东林主动挑起党争。尤其天启朝魏忠贤及其依附者主导之下的"东林党狱",更混淆东林之道德形象,加深知识阶层对于东林即朋党之成见。是故,黄氏编写的《东林学案》中,人物选取的范围,仅以曾在

---

① 黄宗羲:《明儒学案》卷五八《东林学案一》,中华书局 2008 年版,第 1375 页。

"东林书院"讲学者为主，重新诠释东林概念的指涉对象，藉此驳斥东林为朋党之指控。

首先，清初流传的晚明史著中，部分作者本身就是门户中人，故当撰写至晚明政治事件之是非对错，叙事观点就深具党派成见，出现交相攻讦、指责对方的情况①。其次，清初史家探讨"明亡之因"也是一种争夺历史话语权的工具，试图从他们的笔下重构的历史，灌注个人的政治观念与身份认同②。清初社会舆论对于东林态度的变化，下举三则康熙朝前、后期刊印的史籍为例说明。

其一，张岱（1597—1679）于崇祯元年（1628）开始撰写《石匮书》，叙述洪武朝至天启朝之"本朝国史"。此后经历"甲申国难"与南明政权相继瓦解，他又继续补纂崇祯朝及南明史事。康熙初年《石匮书后集》写毕，其稿就流传于友人之间，但部分内容曾招致批评。对此，他在写给友人的信函中，表明自己仍坚持谴责东林的态度，其文云：

> 而中有大老，言此书虽确，恨不拥戴东林，恐不合时宜……夫东林自顾泾阳讲学以来，以此名目，祸我国家者八九十年。以其党升沉，用占世数兴败。其党盛，则为终南之快捷方式；其党败，则为元佑之党碑。风波水火，龙战于野，其血玄黄。朋党之祸，与国家相为始终。……今乃当东林败国亡家之后，流毒昭然，犹欲使作史者曲笔拗笔，乃欲拥戴东林，此某所痛哭流涕长太息者也。③

张岱痛惜东林贻害无穷，即便改朝换代已久，支持者仍漠视东林误国的事实，甚至劝说他改写非议东林的言论。是故，他在信中使用"门户""朋党"指称东林，认为自顾宪成等人讲学"东林书院"，就是晚明党争的开端，其文言：

---

① 谢国桢云："当时著书立说诸君子，莫非身列党籍。其专记门户党祸者，魏党所撰之《三朝要典》《吾征录》，东林党所撰之《颂天胪笔》《先拨志始》《两朝剥复录》等书，各有成见，是非显然，姑无论已。其他记明季史事之书，亦无不各有成见。"参见氏著《增订晚明史籍考·自序》，华东师范大学出版社2011年版，第4—5页。

② 陈永明：《从"为故国存信史"到"为万世植纲常"：清初的南明史书写》，《清代前期的政治认同与历史书写》，第109—118页。

③ 张岱：《与李砚翁》，《琅嬛文集》卷三，岳麓社1985年版，第145—147页。

顾端文，真道学也，后之附端文者，则真门户，非道学也。……
然端文之弟子更多伪人，此又以真门户而窃道学之名。于是攻真门户
者，借道学为之抵挡；攻假道学者，借东林为之掩饰。①

张氏虽然推崇顾宪成（1550—1612）为真儒者，但他厌恶后人藉由东
林之名，进行伐异党同之事，最终酿成了亡国惨祸。

其二，《理学宗传》完稿于康熙五年（1666），作者孙奇逢（1585—
1675）在《顾端文》卷后跋语中，提及门人质疑明末党争始自东林诸人议
论时政，而顾宪成就是书院创设者，为何他还推崇顾氏的学术成就，其
文言：

《宗传》一编已就绪，而及门士仍有疑泾阳者。曰："子何疑？"
曰："疑其人。万历年之党局始自泾阳，国运已终，党祸犹未已也。
今日嚷东林，明日嚷东林，东林之骨已枯矣，而在朝在野仍嚷东林，
岂非作始之人贻谋之不善乎？"曰："子谓：'无偏无党，王道荡荡；
无党无偏，王道平平'，尚可望于今之世哉？阴晦之时，孤阳一线，
则东林实系绝续之关。乙丙死魏逆诸臣，甲申殉国难诸臣，属之东林
乎？属之攻东林乎？"②

孙奇逢指出万历以来明朝政治腐败，仅见东林诸君子维系儒家纲常伦
理，所以天启六年（1626）"东林党祸"及崇祯十七年（1644）"甲申之
变"之殉国、死难者都是东林之人。从孙氏的回答来看，他认为相较涉入
党争的质疑，顾宪成培养一批忠义气节之人更为重要。

其三，康熙五十年（1711）陈鼎（1650—？）刊印《东林列传》，其
在序文惋惜东林从"天下靡然从之"，至清初竟成亡国祸首，也无人愿意
为其辩解，他说：

前朝梁溪诸君子讲学东林，垂五十年，天下靡然从之，皆尚气节
重名义……余惧史之失传也，乃囊笔奔走海内，舟车所通，足迹皆

---

① 张岱：《石匮书》卷二〇一《儒林列传总论》，《续修四库全书》，第 320 册第 61 页。
② 孙奇逢：《理学宗传》卷一二《顾端文》，《续修四库全书》，第 514 册第 401 页。

至，计二十余年……稿成欲上之史馆，携诣京师，寓崇文门，夜为偷儿肱去，仅存姓名录五卷，盖目录也……至于国亡之后，学者竟以东林为祸窟，缄口结舌不敢道焉。或有耆老齿及者后生小子，辄摇首顿足，其畏也。若洪水猛兽，决逸而来，逃死不暇。局势之变，乃至于此。①

陈鼎编写《东林列传》的意图，应与《明史》迟迟未告成有关，在不清楚官修正史对于东林之书写基调及历史评价，唯有抢先编写东林文本，期望重构晚明历史记忆中的东林图像。因此当全书编纂完成，就准备献呈给明史馆参用，唯其夜宿京师遭窃，稿本亦随之不见。综上所述，可知康熙朝后期的社会舆论，逐渐接受东林亦是明亡祸首的观点。

三　武英殿本《明史》之"东林论述"及特殊安排

入清以后，臣僚结党的问题，仍出现在顺治、康熙、雍正、乾隆四朝，当时人有满、汉之分，地有南、北之别，即满汉党、南北党的相互攻击与冲突。② 清朝前期君主为禁抑官员结党立派的风气，曾采用"以史御下"策略，编纂多部深具教化功能的史书，以约束臣民应谨守分际，及使其有所警惕③。职是之故，明朝败亡原因，成为清朝皇帝借题发挥的对象④，相关言论也影响官修《明史》之编写准则⑤，抑或改写为代表官方意识形态的"论赞"。尤其清圣祖（1654—1722，在位1661—1722）曾诏

① 《东林列传·自序》，《明代传记丛刊·学林类》，明文书局1991年版，第1页。
② 参见谢国桢《明清之际党社运动考》，上海书店出版社2006年版，第87—107页；王家俭《昆山三徐与清初政治》，《近世家族与政治比较历史论文集》，中研院近代史研究所，1992年，下册第701—720页；赖惠敏《论乾隆朝初期之满党与汉党》，《近世家族与政治比较历史论文集》，下册第723—743页。
③ 叶高树：《清朝前期的文化政策》，台北：稻乡出版社2009年版，第101—177页。
④ 笔者按：如清顺治十三年（1656）二月二十七日，清世祖召集大臣，当众指责南方籍汉官陈之遴（1605—1666）有朋党之行。当时清世祖再针对宋、明党争，感慨地说："朕观宋明亡国，悉由朋党。其时学者以程颐、苏轼为圣贤，程颐、苏轼非非，则蜀、洛之名，何自而生。嗣后各树门户，相倾相轧，宋之亡，实兆于此。学者虽明知之，而不敢置议，可不为大戒钦。朕自亲政以来，以宽为治，恒谓洪武诛戮大臣为太过，由今以观，太宽亦不可也。"《世祖章皇帝实录》卷九八顺治十三年二月丙子条，《清实录》，中华书局1985年版，第3册第764页。
⑤ 何冠彪：《清朝官方的"明亡于万历"说》，《国立编译馆馆刊》28卷1期（1999），第255—272页。

谕明史馆每修若干卷史稿，即须"以次进呈"，以便随时览阅①。次之，清顺治二年（1645）诏修《明史》，至乾隆四年（1739）书成刊印，历时九十五年。检阅不同编纂阶段的《明史》稿本，及参照皇帝言论、史官信札等文献，可发现史稿编写方向的转折及历程。

康熙十八年（1679）朱彝尊入明史馆后，就曾写数封信给史馆监修总裁官徐元文（1634—1691）商讨修史凡例。信中提及史馆内部深具门户成见，然官修正史当就某人在朝为官之行事本末，作为是非褒贬的依据，而非固守明季的狭隘观念。他指出东林后裔文秉（1609—1669）《先拨志始》记载万历朝"国本之争"，并未按照《明实录》记载，刻意删抹他的曾祖朱国祚（1559—1624）反对先册立皇长子之奏疏，而其原因竟然是朱国祚非东林之人②。朱彝尊藉此反对史馆继续以东林之是非为是非，其文云：

> 国史者，公天下之书也，使有一毫私意，梗避其间，非信史矣。……作史者当就一人立朝行己之初终本末，定其是非，别其白黑；不可先存门户于胸中，而以同异分邪正贤不肖也……每见近时之论，其人而东林也，虽晚而从逆，必为之曲解。攻东林者，殉国之难，人所共知，终以为伪。执门户以论人，是非之不公，其弊有不可胜道者已……彝尊非不知是言出必有唾其面者，然而国史天下之至公，不得以一毫私意梗避其间者也。区区之诚，以南董望阁下，冀裁择焉。③

朱彝尊发现部分修史人员持论偏袒东林，担忧官修《明史》难成信史，故而敦请史馆总裁重视此事。然观其文中云："必有唾其面者"，可推

---

① 《圣祖仁皇帝实录》卷一一四康熙二十三年三月丁亥条，《清实录》第 5 册第 187 页。

② 朱彝尊：《史馆上总裁第六书》（《曝书亭集》卷三二）曰："若吴人文秉撰《先拨志始》一书，凡涉册立事，纤悉具录。独于先公《劾国泰暨裁革贵妃四拜礼》，皆削而不书。无他，以先公名不入东林党籍也。秉为文肃公子，文肃中天启壬戌进士第一人，是年先公实主会试。文肃固先公所取士也，虽渊源有自，而秉一字不以假人。其待中立者且然，况与东林树敌者乎？即此一家一言之，党人之是非，公乎不公，阁下可以审察矣。"《清代诗文集汇编》，第 116 册第 277页。

③ 朱彝尊：《曝书亭集》卷三二《史馆上总裁第六书》，《清代诗文集汇编》，第 116 册第277 页。

之当时明史馆内部较倾向东林的立场，因此朱氏担忧官修《明史》记载失实、持论偏颇，冀望史馆总裁权衡此中得失。

馆臣施闰章（1619—1683）也曾提出修史意见，讨论编纂明末史事之难题，其中"定论""门户"两项涉及明季"三案"，其言如下：

> ……尤可异者，杨、左、崔、郑黑白较如，而三案旋定旋翻。知我罪我，志在春秋，此定论之难也。……明季门户清浊判然，事异往昔。然张汤以后，贤不入酷吏，寒暑笔端，古今同叹，此门户之难也。①

施闰章指出"三案"相关史籍数次修改，又涉及明末党争恩怨，因此不易形成历史定论。再者，他认为明季党争不同前代，因"君子""小人"泾渭分明，但评论成败功过，依旧众说纷纭、是非难断。由此推之，施闰章的言下之意就是"三案"尚未有定论，"门户之别"也非历史评论的唯一依据。

张烈（1622—1685）写给明史馆总裁的修史意见中，曾提出"东林非君子"论点，引起史馆同人一片哗然，史馆总裁甚至要求焚毁他的书信②。

康熙十九年（1680）明史馆监修总裁官徐元文（1634—1691）拟定《修史条议》六十一条③，相关条目也响应朱、施二人的修史意见，规范"三案"之"移宫""红丸"编写立场，如下：

> 李选侍未移宫之前，举朝震惊。诸君子目击其事，速请移宫，防变虑危，忠臣至计原未居以为功，何得指以为罪？乃竟以是案置诸君子于死地，孰是孰非，何烦置喙。倪执群小之言，谓"为众正之过"，

---

① 施闰章：《施愚山先生学余文集》卷二五《修史议》，《清代诗文集汇编》，第 67 册第 219 页。

② 毛奇龄曰："向在史馆，同馆官张烈造《王学质疑》一书，且进三札云：'孝宗非令主，阳明非道学，东林非君子。'予力为争辩，同馆且有哗者。总裁曰：'徐徐。当俟至尊论定之。'……时昆山徐司见三札，惊曰：'史官是非如此颠倒，两衙门当群起攻之矣！'总裁令屏札并书焚之。"参见氏著《西河合集》卷二《王文成传本·续补》，《续修四库全书》，第 551 册第 99—100 页。

③ 黄圣修：《一切总归儒林——〈明史·儒林传〉与清初学术研究》，台湾师范大学历史学系博士论文，2014 年，第 31 页。

人心已灭，史笔岂宜。

　　红丸之案，李可灼虽无行弑之心，亦当伏妄投之罪，稽诸故事，孝宗、世宗之崩，诸医皆系狱论死，彼岂有弑逆之谋，国典当然不可宥也。至崔文升之罪，实在可灼之上，乃置之不问，国典谓何？诸君子抗疏力争，自不可少，而乃翻以为罪。奚以服人，事有公评，毋徇邪说。

《修史条议》之"移宫""红丸"解释立场，完全站在支持东林一方。由此推之，黄宗羲、夏允彝两种不同的历史论述，在明史馆内部互有支持者，最后监修总裁官徐元文决议采用黄宗羲《汰存录》之论点，约束馆臣无须再质疑东林的作为。然则，此一倾向东林之历史论述，并未受到康熙皇帝的认可。

康熙三十一年（1692）清圣祖审阅明史馆进呈的史稿后，相当不悦地诏谕史馆编纂官员，指出明亡于党争，而非宦官之祸，他要求史馆重新编写明亡之因，其文曰：

　　至于宦官危害，历代有之，明之王振、刘瑾、魏忠贤辈罪恶尤甚。崇祯时诛锄阉党，极为善政。但谓明之亡，亡于太监，则朕殊不以为然。明末朋党纷争，在廷诸臣置封疆社稷于度外，惟以门户胜负为念，不待智者，知其必亡。乃以国祚之颠覆，诿罪于太监，谓由中珰用事之故，乌得为笃论耶……作史之道，务在秉公持平，不应胶执私见，为一偏之论，今特与诸臣言之，宜共知此意。①

康熙皇帝指出明朝虽有宦官危害，但明末党争之祸害最深重，尤其朋党之人"置封疆社稷于度外，惟以门户胜负为念"，言下之意即臣僚结党立派，只是为了一己之私，并无"君子""小人"之分别，是以参与党争者皆有不可推卸的亡国罪责。同时，他也察觉明史馆编纂官员仍以东林之是非为是非，因此诏谕众人"不应胶执私见，为一偏之论"，表示已注意到史稿存有门户成见，要求《明史》编修务必"秉公持平"。由此可知，

---

　　① 《清代起居注册·康熙朝》康熙三十一年正月二十九日条，联经出版社 2009 年影印故宫博物院藏本，第 3 册 T01227—T01228 页。

清圣祖亟欲掌控历史解释权，不愿旁落馆臣之手，必须按照他的"圣断"编修《明史》。

康熙四十一年（1702），熊赐履（1635—1709）进呈 416 卷本《明史》，奏曰：

> 　　然而异同互见，醇驳相参，详略轻重之间，是非褒贬之际，舛错不免，挂漏亦多。且义例尚费讲求，体制阙如未备，难言脱稿，何况成书？……是用抵遵成命，勉力编纂，翻阅旧章，悉心刊订，删芜补轶，黜膺祛浮。袭陋者必择焉加详，传疑者宁存而不论。传记惟求核实，予夺一秉虚公，殚竭微忱，冀酬简任。①

熊赐履指出徐元文负责编纂的史稿，存在义例、笔法、褒贬等问题，因此在他接手后，史馆重新参校相关旧稿，及整齐体例、删繁补缺等编写修订，也考证史稿记载人物的生平事迹，给予无私而公正的史论。然而康熙四十二年（1703），清圣祖诏谕大学士等人，仔细覆查熊赐履进呈的史稿，他指出史稿未详尽记载魏忠贤（1568—1627）恶迹，未查明跟随明思宗（在位 1627—1644）殉难者为谁②。

现存北京图书馆藏 416 卷《明史》抄本，即康熙四十一年（1702）熊赐履进呈本③，至于 416 卷本《明史》，究竟哪些是万斯同（1638—1702）审定或熊赐履删修，已难以分辨清楚，唯 416 卷本附有论赞，提供后人研究康熙朝史馆内部对于明季党争之论述。

康熙四十八年（1709）明史馆总裁王鸿绪（1645—1723）因涉入储位之争，以原官解任回籍，列传史稿亦携归，继续修订增补。康熙五十三年（1714），呈献《明史列传》208 卷，康熙皇帝诏谕交史馆收贮。翌年（1715）奉旨回京供职，王氏仍继续编修史馆旧稿，于雍正元年（1723）进呈《明史稿》310 卷。

---

① 熊赐履：《澡修堂集》卷二《奏札·进呈明史札》，《清人诗文集汇编》，第 139 册第 310 页。

② 《圣祖仁皇帝实录》卷二一二康熙四十二年四月戊戌条，《清实录》，第 6 册第 149 页。

③ 关于 416 卷传本《明史》之来源，旧说为"万斯同稿本"，近时又有"熊赐履进呈本"之论点。参见衣若兰《旧题万斯同 416 卷本〈明史·列女传〉研析》，《汉学研究》第 28 卷第 1 期（2010），第 263—293 页。

　　然自清代以来，就不少人质疑王鸿绪是否攘窃、窜改万斯同（1638—1702）史稿，如魏源（1794—1857）曾考订王鸿绪编修的《明史稿》，指出王稿之《王之寀列传》增写夏允彝对于明末党争的观点。魏源以此事为例证，认为万斯同师从黄宗羲，岂可违背师说，必是王鸿绪任意窜改万稿，扭曲原本立传之意①。

　　参照王鸿绪 310 卷本《明史稿》之《王之寀列传》，于"两党是非争胜，祸患相寻，迄明亡而后已"之后②，附录夏允彝对于"梃击""移宫"之评论，指称"东林操论不失爱君，而太苛太激使人难受"；"攻东林者"初衷系调停纷争，然一切归罪东林则非③。文末，有几行王鸿绪的解释文字，其云："允彝本东林，而身殉国者也，其论平，故录附于篇"④，可知王氏希望调和明季党争的历史论述，修正史馆旧稿完全倾向东林的解释立场。至于为何王氏用夏允彝的言论来代替史论，或许与其晚年卷入争储风波有关，此后虽是继续编写明史稿，但一律不写代表官方话语权的史论，以避免文字招祸，其曰："今《明史列传》未经作论，体同《元史》，或增或否，惟识者裁量焉"⑤，所谓的"惟识者裁量"，按照文字理解应是史馆总裁，但也隐含须经由皇帝裁断之意。然而，乾隆四年（1739）刊印的武英殿本《明史》也删削此一夏允彝的文字，或许雍正朝的政治氛围不适合此种朋党解释。

　　清乾隆四年（1739）明史馆总裁张廷玉《上明史表》中，提及参照王鸿绪旧稿为编写底本，并且"聚官私之纪载，核新旧之见闻"⑥。然而张廷玉等人其实未见熊赐履进呈的 416 卷本《明史稿》⑦，所以武英殿本《明

---

　　①　魏源：《古微堂集》卷三《书明史稿二》，《清代诗文集汇编》，第 355 页。

　　②　张廷玉等：《明史》卷二四四《王之寀列传》，第 6348 页；万斯同：《明史》（416 卷本）卷三四九《王之寀列传》，《续修四库全书》，第 330 册第 218 页。

　　③　王鸿绪：《明史稿》列传一二六《王之寀列传》，文海出版社 1962 年版，第 5 册第 225 页。

　　④　同上。

　　⑤　王鸿绪撰、刘承幹编：《明史例案》卷二《王横云史例议上》，《中国史学丛书》第四集，台北：世界书局 1963 年版，第 570 页。

　　⑥　张廷玉曰："臣等于时奉敕充总裁官，率同纂修诸臣开馆排缉。聚官私之纪载，核新旧之见闻。签帙虽多，抵牾互见。惟旧臣王鸿绪之《史稿》，经名人三十载之用心。进在彤闱，颁来秘阁。首尾略具，事实颇详。"参见张廷玉等《明史·上明史表》，第 28 册第 8630 页。

　　⑦　雍正元年，《明史》监修隆科多领衔上奏："又查原任大学士熊赐履所纂《明史》叁拾肆套，曾经进呈于康熙伍拾肆年拾月贰拾柒日，取进内府，伏乞发出，以便同原任尚书王鸿绪现进《明史》，同加考定成书。"然而，雍正皇帝不同意隆科多等人所请，未将熊赐履所进呈的史稿发回史馆。他认为："熊赐履所纂如可用，圣祖早发出矣"，不准所奏。参见中国历史第一档案馆编《雍正朝汉文朱批奏折汇编》第 659 条，江苏古籍出版社，1989—1991 年，第 1 册第 813—814 页。

史》之"赞曰"并未沿袭416卷本的史论，乃是依据雍正时期政治氛围及社会舆论而写。正因如此，对于明季党争的评论，两者差异颇大。如《顾宪成列传》之史论，416卷本论曰：

> 以诸臣之品行，不能不与门户相终始，而患难婴缠，则皆以讲学之故。夫学也者，君子所以致其道也，道不可离，而学可须臾废乎。……东林之受祸，更烈于洛闽诸君子也。窃谓有东林则必有魏党，有魏党则必有学禁，殆理势之应然，而又何以太息为哉，噫。①

编写馆臣认为万历间东林诸人聚徒讲学，不唯砥砺风节，虽是学派门户，却不得不然。况且天启朝"魏党"对于东林的迫害，远较宋代党祸惨烈，因而叹息东林诸人，又何须承担亡国罪责。故416卷本的解释立场明显偏向东林，是以"君子""小人"之论述框架，指称东林与"魏党"之争。结语反讽东林招致党祸，乃是注定的结局，后人也只能无奈叹息，藉此表达东林不畏祸的崇高理想。参照武英殿本《顾宪成列传》赞曰：

> 成、弘以上，学术醇而士习正，其时讲学未盛也。正、嘉之际，王守仁聚徒于军旅之中，徐阶讲学于端揆之日，流风所被，倾动朝野。于是搢绅之士，遗佚之老，联讲会，立书院，相望于远近。而名高速谤，气盛招尤，物议横生，党祸继作，乃至众射之的，咸指东林。甘陵之部，洛、蜀之争，不烈于是矣。宪成诸人，清节矜修，为士林标准。虽未尝激扬标榜，列"君宗"、"顾"、"俊"之目，而负物望者引以为重，猎时誉者资以梯荣，附丽游扬，熏莸猥杂，岂讲学初心实然哉？语曰"为善无近名"，士君子亦可以知所处矣。②

殿本编修馆臣指出顾宪成等人虽品德高尚，但东林逐渐演变成朋党，而追随者亦有心怀不轨之人，这一切根本违背诸人讲学的初衷。殿本史论给予顾宪成等人之贬大于褒，其立场也是反对私人讲学。再看，万历朝引

---

① 万斯同：《明史》（416卷本）卷三四四《顾宪成列传》，《续修四库全书》，第330册第160页。

② 张廷玉等：《明史》卷二三一《顾宪成列传》，第6053页。

起政治上轩然大波的淮抚李三才，416 卷本论曰：

> 神宗以黩货之私，溺信奸竖，以致豺狼遍野，生灵涂炭，而利欲迷锢，漠不动心。士大夫嵩目时艰，势如累卵，即欲不大声疾呼，解衣危论，岂可得乎。且夫纳约自牖，信而后谏，诸臣亦岂不闻焉。顾时方孔棘，迫于救焚，庶几幸邀一中，以解斯民倒悬之厄，即非常抵触，立贾捐糜，皆不暇计矣，鞠躬尽瘁，直哉如矢，诸臣其殆似之乎。①

编写馆臣指出明神宗（1563—1620，在位 1572—1620）横征暴敛、任用宦官等行为，使得百姓民不聊生，故士大夫莫不以救亡图存为要务。本卷类传收入劝谏神宗停止征收矿税诸人，推许他们一心解救百姓于水火。唯史论撰写之内容，仍围绕在李三才身上，意在替其行事作风开脱，解释为"迫于救焚"之故。对比殿本《明史》赞曰：

> 朋党之成也，始于矜名，而成于恶异。名盛则附之者众。附者众，则不必皆贤而胥引之，乐其与己同也。名高则毁之者亦众。毁者不必不贤而怒而斥之，恶其与己异也。同异之见岐于中，而附者毁者争胜而不已，则党日众，而为祸炽矣。魏允贞、王国、余懋衡皆以卓荦闳伟之概，为众望所归。李三才英迈豪俊，倾动士大夫，皆负重名。当世党论之盛，数人者实为之魁，则好同恶异之心胜也。《易》曰："涣其群，元吉。"知此者，其惟圣人乎。②

殿本馆臣则从"朋党"的本质说起，指涉李三才等人依附东林声誉，同时又是东林在朝政上的推手，故称"数人者实为之魁"。最后归结于朝中朋党溃散，才有政治清明之世。

据上述四则引文，可以清楚看见 416 卷本及武英殿本的史论差异，416 卷本给予东林相关人物的评价较正面。然而，武英殿本则将东林视之

① 万斯同：《明史》（416 卷本）卷三三五《李三才列传》，《续修四库全书》，第 330 册第 62 页。

② 张廷玉等：《明史》卷二三二《李三才列传》，第 6067 页。

为"门户""朋党",因此即便推崇顾宪成等人之品德志节,但仍责难东林发展成朋党。要之,武英殿本虽刊印在乾隆四年,然而主要编纂工作是在雍正时期,因而理解殿本史论的形成及原因,必须参考雍正朝的政治局势。

清世宗雍正皇帝(1678—1735,在位1722—1735)继位后,就面临严峻的朋党问题,须铲除与他争储失败,却仍居心叵测的诸王,及整肃前朝遗留下来的朋党政治。职是之故,雍正元年(1723)四月,雍正皇帝首次乾清门听政,就提及惩抑朋党乃是施政首要,他说:

> 谕满汉文武大臣官员等,朋党最为恶习,明季各立门户,互相陷害,此风至今未息……此朋党之习,尔诸大臣有则痛改前非,无则永以为戒。①

雍正皇帝指出当前朋党的危害最深,如同明末朋党之争,所以他告谕在场满汉文武官员,若不痛改前非,必将严惩不贷。然而,及至雍正二年(1724)七月,清世宗重提御门听政之初,即曾面谕各大臣以朋党为戒,但至今朋党积习未除,所以雍正皇帝颁示《御制朋党论》,其意在对朝中朋党下达最后通牒,其文曰:

> 乃有心怀二三,不能与君同好恶,以至于上下之情暌,而尊卑之分逆,则皆朋党之习为之害也。……自有此论,而小人之为朋者,皆得假同道之名,以济其同利之实。朕以为君子无朋,惟小人则有之。……《论语》谓:"君子不党。"在《易·涣》之六四曰:"涣其群,元吉。"朱子谓:"上承九五,下无应与,为能散其朋党之象,大善而吉。"然则君子之必无朋党,而朋党之必贵解散,以求元吉。圣人之垂训,亦既明且切矣。②

清世宗认为指出朋党的危害,在于人臣不能与君主同好恶,因此驳斥

---

① 《世宗宪皇帝实录》卷六雍正元年四月丁卯条,《清实录》,第7册第133—134页。
② 爱新觉罗·胤禛:《世宗皇帝御制文集》卷五《朋党论》,《清代诗文集汇编》,第240册第220—224页。

宋代欧阳修《朋党论》之"小人无朋，惟君子则有之"，认为"君子之必无朋党，而朋党之必贵解散"，而雍正皇帝所谓朋党即"小人"论述，也彻底否定明清之际维护东林者的论述。既然如此，《明史》编纂官员自然按照《御制朋党论》的观点写出史论，即如《李三才列传·赞》的文字和立论，就非常相似《御制朋党论》。

此外，清代编纂《明史》之《阉党列传》，系历来官修纪传体正史所无之传目，专载依附刘瑾、魏忠贤之官僚集团，反映清代官方对于臣僚结党之特殊安排。然而，416 卷本《明史稿》、王鸿绪《明史稿》未见《阉党列传》，而焦芳、张彩、顾秉谦、魏广征、崔呈秀、田尔耕等人皆在《奸臣列传》，及至武英殿本《明史》才写入《阉党列传》中。则此一体例转折的关键人物即雍正元年（1723）入馆参修《明史》之汪由敦（1691—1758），他曾应史馆总裁的要求草拟修史凡例①，提及：

> 旧藁有《奸臣传》，例仿《唐书》，亦楚人《梼杌》之义，但所谓奸臣必其包藏祸心，忮害良善，毒宗社而自立门户者，方足当之。焦芳所托者刘瑾，而崔呈秀则魏忠贤之腹心，许显纯、田尔耕其爪牙也。窃谓焦芳宜附《刘瑾传》，崔、许辈宜附《魏忠贤传》，以著同恶相济之实，且示夫失身阉竖，不得齿于须眉，似非深文，无容末减。②

汪由敦认为焦芳、崔呈秀等人依附刘瑾、魏忠贤等宦官，其罪责远胜于结党营私之"奸臣"，宜写入《宦官列传》中，以昭示他们勾结宦官之恶行恶状。嗣后，武英殿本《宦官列传》虽未列入上述诸人，但全部写入《阉党列传》中，彰显他们与宦官狼狈为奸的恶迹。参照殿本《阉党列传》小序，其文曰：

> 迨神宗末年，讹言朋兴，群相敌仇，门户之争固结而不可解。凶竖乘其沸溃，盗弄太阿，黜桀渠憸，窜身妇寺。淫刑痡毒，快其恶正丑直之私。衣冠填于狴犴，善类殒于刀锯。迄乎恶贯满盈，亟伸宪

---

① 汪由敦云："开局之日，总裁先生首以先定凡例，为言诚得修史要领。且命各拟《凡例》，呈览示，欲博采众长，务求尽善。"参见氏著《松泉文集》卷二二《史裁蠡说》，《清代诗文集汇编》，第 272 册第 424 页。

② 汪由敦：《松泉文集》卷二二《史裁蠡说》，《清代诗文集汇编》，第 272 册第 426 页。

典，刑书所丽，迹秽简编，而遗孽余烬，终以覆国。庄烈帝之定逆案也，以其事付大学士韩爌等，因慨然太息曰："忠贤不过一人耳，外廷诸臣附之，遂至于此，其罪何可胜诛！"痛乎哉，患得患失之鄙夫，其流毒诚无所穷极也！今录自焦芳、张彩以下，迄天启朝，为《阉党列传》，用垂鉴诫。①

序文指出万历末年朝臣党争激烈，从而演变成宦官操弄权柄，无耻士人亦依附之，最终导致明朝覆灭。编写馆臣引述崇祯皇帝所云"忠贤不过一人耳，外廷诸臣附之，遂至于此"，藉此说明编写《阉党列传》之寓意，即士人结党只为私利，以附和雍正皇帝《御制朋党论》之论述。

四　小结

明清易代之际，史家纷纷检讨"明亡"责任归属问题，如夏允彝、张岱及黄宗羲等人，对于晚明党争兴起原因与罪责问题，分别提出自己的解释。而这些争论也引起康熙朝明史馆编修官员的讨论，最后监修总裁官徐元文拟定《修史条议》六十一条，决议采用倾向东林立场的解释观点。正因如此，即便行事作风较具争议的李三才，416卷本之"论赞"仍以"迫于救焚"为其开脱。

王鸿绪310卷本《明史稿》虽未附"论赞"，然而王鸿绪在《王之寀列传》增写一段夏允彝论评论"两党"之言论，即有意调和旧稿史论立场过于倾斜东林之问题。但王稿此一段落未见于武英殿本《明史》中，应与雍正初年清世宗严禁朋党，整顿吏治有关，他在《御制朋党论》曾指出朋党皆"小人"之观点，因此雍正朝编修馆臣删抹夏允彝的党争论述。

相较416卷本与武英殿本之论赞笔法，清晰可见416卷本的诠释立场偏向东林，而武英殿本则编写自雍正皇帝之朋党论述，因此武英殿本严厉谴责臣僚结党，即如推崇顾宪成等人之品德高尚，但随即指责他们兴起明末党争的源头。再者，康熙、雍正朝编纂之明史稿：416卷本、310卷本、武英殿本，三者有前后承袭之关系，就晚明党争相关人物而言，虽有些许文稿修订，但未产生南辕北辙的两种历史叙事，主要差异是在代表官方话

---

① 张廷玉等：《明史》卷三〇六《阉党列传》，第7833页。

语权之"论赞"部分。此外,《阉党列传》系武英殿本《明史》创新的体例,彰显朝臣与宦官狼狈为奸的种种恶迹,唯其编写主旨仍是谴责朋党误国,而非仅是宦官擅权,藉此附和清朝君主的"朋党观念"。

本文藉由讨论清初"东林论述"背后的写作原委、用意,分析官修《明史》诸稿本与武英殿本之叙事差异、史论改写,梳理官修典籍中的东林形象及其变化。希望透过本文研究,对于清初"东林论述"转折、分歧之变化,整理出一条较清晰的脉络,提供学界继续深入探索此一课题。

黄文弼《塔里木盆地考古记》中的"托和沙赖"文书

刘子凡*

　　20 世纪初，中瑞西北科学考查团在蒙古、新疆的考察活动，收获了丰富的科研成果。其中尤以黄文弼所获考古资料，更是受到了极大的关注。不过在那个战火纷飞的年代，保护文物实属不易。故宫珍宝尚且辗转颠沛，西北科学考查团的文物资料也历尽劫波。根据西北科学考查团的工作方法，黄文弼作为考查团的中方考古队员，在野外工作结束后，即专门负责考古资料的整理工作①。有相当一部分西北科学考查团所获文物及相关照片是由黄文弼随身携带的。但是在研究环境及经费短缺等条件的制约下，黄文弼的整理工作进展并不顺利。《罗布淖尔考古记》克服了种种困难才终于在抗战后出版。而《塔里木盆地考古记》则是在 1958 年才出版，距离黄文弼 1928—1929 年的塔里木盆地工作，已经相隔了 30 年之久。很多重要的文物资料也终于得以公布。正是由于发掘与整理刊布相隔时间太久，中间又经历了不少曲折，围绕黄文弼所获西域文书曾产生过一些"疑案"，黄文弼更是蒙受过不白之冤。

　　近来，围绕《塔里木盆地考古记》中刊布的 4 件龟兹语文书，又产生了新的争论。《塔里木盆地考古记》中刊布有为数不少的回鹘语、龟兹语等胡语文书，具有极大的学术价值，历来为学界所重视。这 4 件龟兹语文

　　* 刘子凡，中国社会科学院历史研究所。
　　① 《中科院接管西北科学考查团的有关文件》第 1 册，中国科学院办公厅档案处档案：50—2—27。

书更是具有一定的特殊性，因为黄文弼称其出土于所谓"托和沙赖"遗址（即新疆图木楚克市托库孜萨来遗址）。不过，庆昭蓉先生在研究文书内容的基础上，认为这 4 件文书很可能是出自库车，黄文弼误记了其出土地点。此说一出，立刻引起了某些学者的强烈回应。为了追查黄文弼文书的下落，我对此事颇感兴趣。又幸得师友帮助，了解了其中的详情。反对者虽然言辞激烈，但却没有举出确凿之证据。而这一关键证据就在中国社科院近代史所档案馆所藏黄文弼致胡适书信之中，相关争论可以借此得出结论，未经刊布的 2 件胡语文书也可重现于世。

《塔里木盆地考古记》将这 4 件文书列为"民族古文字写本及印本"一类，图版为"柒叁""柒肆"，题为"婆罗迷文写本残纸"。其文字记录为：

> 图 6 婆罗迷文写本残纸，出巴楚托和沙赖古坟中。原为四片，现裱合为一。第一片宽四二·五，第二片宽四二·八，第三片宽四二·八，第四片宽三二·五厘米；通长二九厘米。第四片下残。其书体系以婆罗迷草体字写当地语言。①

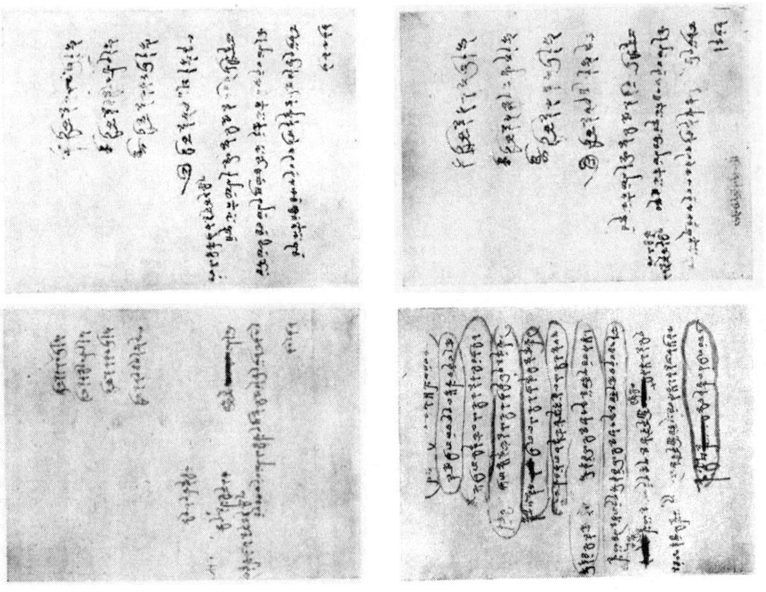

图 1　婆罗迷文写本残纸

---

① 《塔里木盆地考古记》，科学出版社 1958 年版，第 97 页。

所谓"托和沙赖"，今多译为托库孜萨来，即维语"九间房"之意。遗址包括古城、寺庙等，位于今新疆维吾尔自治区图木舒克市图木休克镇托库孜萨热依村。该地为唐代据史德城之地，唐朝曾在此设郁头州，是丝绸之路的重要一站。黄文弼 1929 年 9 月抵达此遗址，并于路南东山寺庙遗址附近的古坟中掘出这几件文书。黄文弼在 9 月 6 日的日记中写道：

> 遂移掘北脚下之拱拜，发现古物甚多，有经纸数块，长尺许，又瓦罐 1 个，又木盖 5，丝线口袋 5，内陈佛牙，此外木版瓦片之类甚多，约可装陈两箱。古墓内陈尸骨 5 具，故有 5 个木盖，亦即古 5 瓦罐也。旁有一台，不知何用，有红木版栏之，瓦罐即在其中，内陈已毁尸骨殆满，四周均满布已毁尸骨，盖为僧坟无疑也。①

而在《塔里木盆地考古记》中也记有：

> 在废塔之东南山脚，有一已倾圮之古僧坟，埋藏僧侣骨灰。吾等在坟中清理出婆罗谜文文书残纸数片，内容尚未译出。②

两处所记地点及墓葬情况皆十分相似，可以说是记载了同一件事情。仅从这些记载比对来看，黄文弼在《塔里木盆地考古记》中提到的在托和沙赖古坟中发现胡语文书，是没有疑义的。

然而，庆昭蓉先生在全部转写、翻译、研究这 4 件文书过程中，发现它们可能并非出土于托和沙赖。根据庆昭蓉的翻译，这 4 件文书为龟兹语世俗文书，皆是与寺院相关的账簿，前 3 件上还出现了"总管""上座"等的押署。更值得注意的是，庆昭蓉指出：

> 然而笔者 2007 年秋天着手分析之际，惊讶地察觉到它们与法国、英国探险队在库车地区收集到的龟兹语寺院文书颇为相似。不但出现共同人名，粮食价格亦与斯坦因在两件库车地区所获文书（即 Kucha.

---

① 黄文弼：《黄文弼蒙新考察日记（1927—1930）》，文物出版社 1990 年版，第 485 页。
② 黄文弼：《塔里木盆地考古记》，第 60 页。

0190 与 0191）相符，特别是第四件文书（即 HWB74（4））和 Kucha.
0190 与 0191 的笔迹与勾注方式极为形似。然而，它们的内容并不全
然雷同，而且不论书法或文法均颇为流畅易晓，因此可以排除仿伪的
可能性。①

基本可以肯定，黄文弼在《塔里木盆地考古记》中刊布的这 4 件文
书，与出自库车 Douldour-aqour 遗址一带的文书，有着显著的关联性。那
么黄文弼所记的托和沙赖出土，就显得很可疑了。通过查阅黄文弼的日记
可以看到，在发掘托和沙赖僧坟整整一年之前，黄文弼在 1928 年 9 月 6 日
于库车当地居民手中购得"经纸一卷"②。故而，庆昭蓉推测黄文弼在整理
《塔里木盆地考古记》时，很可能是错将在库车购买的文书当作了托和沙
赖出土文书。

此说一出，随即便引起了争议。高山杉先生即在网络上发表名为《黄
文弼是否记错了龟兹语文书残片的出土地点》的长文进行反驳③。文中指
出，黄文弼在《蒙新旅行之经过及发现》等文章及演讲中反复提到，其在
托和沙赖掘得的文书为"古印度系文书""印度之文书"，说明确实是用
婆罗迷字母书写。而且，文中也提到了前引黄文弼 1931 年致胡适的书信，
亦可证明黄文弼当时对托和沙赖出土文书极为重视。高山杉由此认为黄文
弼不可能记错其出土地点。

关于这 4 件文书的出土地点，就产生了两种截然相反的看法。庆昭蓉
作为语言学家，其观点是非常值得重视的，可惜的是她当时并未找出更加
确定的证据。高山杉的反驳也不具有十分的说服力。此事遂成悬案。

解决问题的关键在于 1931 年黄文弼致胡适的信，当时黄文弼刚结束
第一次新疆考察不久，其记述应当不至于产生任何误记和偏差。我们来看
一下这封信的原文：

　　适之先生：
　　日前谒先生，所陈西域语文字，有一种出于疏勒东之托和沙赖。

---

①　庆昭蓉：《略论黄文弼所发现之四件龟兹语世俗文书》，载荣新江编《黄文弼所获西域文
献论集》，科学出版社 2013 年版，第 292 页。
②　黄文弼：《黄文弼蒙新考察日记（1927—1930）》，第 263 页。
③　https://www.douban.com/note/324974566/。发表时间：2014—01—05，11：24：47。

形体同于印度文系，而规则稍异。拟本玄奘之说（《大唐西域记》）①，按其出土地点，订为佉沙文（即疏勒文）。此见解弼在中央大学讲演词中曾提及，然在当时不过为一种假定。日昨钢和泰先生过我，证明此种文字与于阗文大同小异，于阗与疏勒接壤，或即为玄奘所述之疏勒文。并云欧洲人尚未发现此种，然则在中亚细亚为一新发矣。现拟请钢和泰研究，其结果在北大《国学季刊》发表。又吐火罗文 AB 之说，立于法人，弼当时颇不信其说，然不敢断定其非，故讲词中仍沿用吐货罗 AB，而加一种佉沙文为吐货罗 C，仍说将来要打破。今日钢和泰同弼言，亦不主吐火罗 AB 之说，已有论文发表，但弼未见钢先生原文，其立说如何，弼不知。但以各种相关系之事实考之，亦有足言者，盖西域语文完全由印度系文脱胎而来，由字体之本源，与玄奘葱岭以东四大语系之叙述，已可证明，再以佛教传入之路线，及佛教美术之作品，亦可互相发明。现在新疆各地所掘现之泥塑像，及壁画，斯坦因博士在其报告书中，订为乾陀罗式，由印度北部传来，其文字之传入，当与之同时，其漫延之区域，当亦与之相同。故其文字与美术，及传入之路线，皆有相互之关系。既美术与佛教皆来自印度，则文字决不能独异。不过既至西域，各国各有顺情改变耳。至吐货逻国，玄奘所述有二，一在葱岭西，一在于阗东。在于阗东之吐货逻国，玄奘时已亡，有无文字，尚难证明。在葱岭西之吐货逻国，据《大唐西域记》所述云，"语言去就，稍异诸国，字源二十五言，转而相生，书以横读，自左向右，文记渐多，逾广窣利"。是玄奘已指明吐货逻文为窣利语系，今里西亚文、伊兰文、土耳其文，皆属此语系。其书写皆自左至右，与梵文以四十七言转变而成者，迥然不同。其书写，为自右向左。今此两种文字俱在，不难比较而知也。故弼于西域语文，与其用法人吐货逻 AB 之说为不确定，不如用玄奘焉耆语、龟兹语、于阗语、佉沙语之较有根据也。未知先生以为然否。知先生注此，故特走函请教。

　　现《高昌第二分本》校记已付印，旬日后全书可出。拟再继续工作《匋集》、《壁画》。今年拟出书两种，但不知能如愿否。此祝撰安。

　　文弼敬上

---

① 奘，原文误作"装"，下同，不具。

七月十九日

附佉沙文影片两张①。

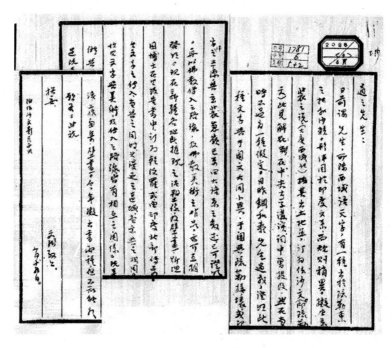

图 2　黄文弼 1931 年 7 月 19 日向胡适汇报发现佉沙文的信

　　从信中的自述看，黄文弼认为这几件文书出土于古疏勒国地域，故根据玄奘《大唐西域记》的记载，将其推测为佉沙文（即疏勒文），认为这是中亚考古的新发现。同时，受西方学界流行的"吐火罗语"说的影响，黄文弼又曾一度将此种所谓佉沙文称作吐火罗 C。但他自己又否定了这种看法，认为不应当将西域语言称为"吐火罗语"，而应该使用焉耆语、龟兹语、于阗语、佉沙语的称呼。为此，黄文弼专门请教了俄国梵文学者钢和泰（Baron A. von Stael-Holstein），并请他研究这件文书。钢和泰曾长期在北大任教，时任哈佛燕京学社所属中印研究所（北京）所长，是当时这一领域身在中国的最有权威的语言学家。钢和泰明确指出，黄文弼发现的这种语言文字，与当时欧洲人所发现的中亚语言都不相同。经过钢和泰的

①　耿云志主编：《胡适遗稿及秘藏书信》第 37 册，黄山书社 1994 年版，第 10—14 页。

鉴定，黄文弼也兴奋地认为这是他在中亚考古方面的新发现。值得一提的是，大约在向钢和泰请教佉沙文的同时，黄文弼亦曾请在北京的德国学者葛玛丽帮忙解读其在吐鲁番拓得的回鹘文《土都木萨里修寺碑》。葛玛丽在 1931 年 12 月 22 日专门写信将其考释成果寄给了黄文弼①。而当时受德国柏林科学院推荐在中国进行一年研究的葛玛丽，正是在利用钢和泰中印研究所的图书馆进行研究工作②。黄文弼也才借此机会向葛玛丽请教。可惜从现在的情况看，钢和泰没有如黄文弼所愿发表出与托和沙赖出土文书相关的研究成果。

最值得注意的是，信的末尾写有"附佉沙文影片两张"。表明黄文弼致信胡适时，是连同两张文书照片一同寄送的。这两张照片就成了解决悬案的钥匙。只可惜此信在收入《胡适遗稿及秘藏书信》时，只刊出了书信的正文，并没有附"佉沙文影片"。高山杉敏锐地注意到，在信上所粘标签第三栏"页数"上写着"5+2"，表明除 5 张信纸外，2 张照片很可能依然保存在收藏机构中国社科院近代史所中。

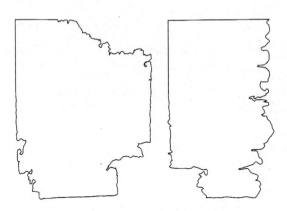

图3 黄文弼致胡适信中所附文书照片摹本

以此为线索，笔者专门赴社科院近代史所档案馆进行了查对，看到了这封信的清晰扫描版。幸运的是，这 2 张照片确实依然保存在馆中，附在信纸后面。由于版权问题，此处无法直接公布照片的原件，只能尽量描述

---

① 详见荣新江：《黄文弼所获西域文献的学术价值》，载荣新江编《黄文弼所获西域文献论集》，第Ⅵ－Ⅷ页。

② 王启龙：《钢和泰学术评传》，北京大学出版社 2009 年版，第 209、307 页。

其情况。所谓"佉沙文影片两张",每张照片上只有 1 件文书。也就是说,当时黄文弼请胡适鉴定的文书只有 2 件。这 2 件文书基本完整,其外观轮廓描摹如图。由于照片中没有比例尺,无法确定文书的长宽。第 1 件文书横向书写文字 13 行,第 2 件文书横向书写 10 行,均是用婆罗迷字母书写。从出土地点看,此或为据史德语文书①。但至于其内容的确定情形,尚需由专门学者进一步研究。

我们可以清楚地看到,无论从文书外形还是书写行数看,黄文弼在 1931 年信中所附的文书照片,都与《塔里木盆地考古记》刊布的 4 件所谓托和沙赖出土文书完全不同。考虑到时代的问题,我们只能说黄文弼在信中所附照片中的文书,才是真正的托和沙赖出土文书,很显然《塔里木盆地考古记》用错了文书图片。庆昭蓉的推断无疑是正确的。与此同时,我们也得以发现了 2 件此前未经刊布过的重要的胡语文书。

---

① 唐代据史德城一带行用之语言,当称为据史德语,见荣新江、段晴《据史德语考》,《中亚学刊》第 5 辑,中华书局 2000 年版,第 9—21 页。

从安金藏剖腹看唐代中外医学交流

李锦绣[*]

一

长寿二年（693）一月，武周都城内发生了一件震惊朝野的事件，即安金藏为辩皇嗣之冤而剖腹①。

关于安金藏剖腹救主的经过，《旧唐书》卷一八七上《忠义上·安金藏传》云：

> 安金藏，京兆长安人。初为太常工人。载初年，则天称制，睿宗号为皇嗣。少府监裴匪躬、内侍范云仙并以私谒皇嗣腰斩。自此公卿已下，并不得见之，唯金藏等工人得在左右。或有诬告皇嗣潜有异谋者，则天令来俊臣穷鞫其状，左右不胜楚毒，皆欲自诬，唯金藏确然无辞，大呼谓俊臣曰："不信金藏之言，请剖心以明皇嗣不反。"即引佩刀自剖其胸，五藏并出，流血被地，因气绝而仆。则天闻之，令舆入宫中，遣医人却纳五藏，以桑白皮为线缝合，傅之药，经宿，金藏始苏。则天亲临视之，叹曰："吾子不能自明，不如尔之忠也。"即令俊臣停推，睿宗由是免难。
>
> 金藏，神龙初丧母，寓葬于都南阙口之北，庐于墓侧，躬造石坟石塔，昼夜不息。原上旧无水，忽有涌泉自出。又自李树盛冬开花，

---

* 李锦绣，中国社会科学院历史研究所。

① 《资治通鉴》卷二〇五"长寿二年春一月"条，中华书局1956年版，第6490页。

犬鹿相狎。本道使卢怀慎上闻，敕旌表其门。景云中，累迁右武卫中郎将。玄宗即位，追思金藏忠节，下制褒美，擢拜右骁卫将军，乃令史官编次其事。开元二十年，又特封代国公，仍于东岳等诸碑镌勒其名。竟以寿终，赠兵部尚书①。

通过惊心动魄的剖腹刺心之举，安金藏不但成功帮睿宗摆脱困境，而且也以赤胆忠心闻名天下。玄宗即位后，安金藏更成为忠义典型，名垂青史。

千载之后，关于安金藏的研究仍长盛不衰②。1982 年，安金藏父"陆胡州大首领"安菩墓葬发掘，墓葬文物和安菩墓志出土③，安金藏为粟特后裔的身份确定，围绕安菩墓葬反映的祆教影响④、安氏家族华化及其佛

---

① 《旧唐书》卷一八七上，中华书局 1975 年版，第 4885—4886 页。

② 如桑原隲藏：《隋唐時代に支那來住した西域人に就いて》，《内藤博士還歷祝賀支那學論叢》，京都：弘文堂 1926 年版；收入《桑原隲藏全集》第 2 卷，岩波書店 1968 年版，汉译见何健民编著《隋唐时期西域人华化考》，新文丰出版公司 1979 年版，第 68—69 页。冈野誠：《唐の安金藏の剖腹》，《法史学研究会会報》第 5 号，2000 年，第 33—37 页（冈野氏又将相关论述修改汉译为《武则天与安金藏》，见《唐代法制史与医学史的交汇》Ⅲ，载张国刚主编《中国社会历史评论》第 3 卷，中华书局 2001 年版，第 212—218 页）。其他粟特研究中，多涉及安金藏，如谢海平《唐代留华外国人生活考述》，台湾商务印书馆 1978 年版，第 114—116、339 页；李昌集《唐代宫廷乐人考略——唐代宫廷华乐、胡乐状况一个角度的考察》，《中国韵文学刊》2004 年第 3 期，第 1—17 页；韩香《隋唐长安与中亚文明》，中国社会科学出版社 2006 年版，第 83、148 页；陈海涛、刘惠琴《来自文明十字路口的民族：唐代入华粟特人研究》，商务印书馆 2006 年版，第 173—174 页、251—252 页；许序雅《唐朝与中亚九姓胡关系研究》，兰州大学出版社 2012 年版，第 204 页；毕波《中古中国的粟特胡人：以长安为中心》，中国人民大学出版社 2011 年版，第 144 页。

③ 洛阳市文物工作队：《洛阳龙门唐安菩夫妇墓》，《中原文物》1982 年第 3 期，第 21—26、14 页，图版 3—9；赵振华、朱亮：《安菩墓志初探》，《中原文物》1982 年第 3 期，第 37—40 页。赵俪生、温玉成：《一通与唐史、中亚有关的新出土墓志》，《西北史地》1986 年第 3 期；收入赵俪生《崑兹集》，兰州大学出版社 2011 年版，第 125—127 页。安菩墓志见《洛阳出土历代墓志辑绳》，中国社会科学出版社 1991 年版，第 444 页；周绍良主编：《唐代墓志汇编》景龙 033，上海古籍出版社 1992 年版，第 1104—1105 页；吴刚主编：《全唐文补遗》第 4 辑，三秦出版社 1997 年版，第 402—403 页。赵振华、朱亮：《洛阳唐安菩墓出土一批与农牧业有关的文物》，《农业考古》1984 年第 1 期，第 260—262 页；陈新：《洛阳安菩墓出土唐三彩赏析》，《中原文物》2000 年第 3 期，第 68—70 页；冯健：《洛阳唐代安菩墓出土的男立俑探析》，《洛阳大学学报》2005 年第 3 期，第 9—10 页。

④ 姜伯勤：《唐安菩墓三彩骆驼所见"盛于皮袋"的祆神——兼论六胡州突厥与粟特之祆神崇拜》，《唐研究》第 7 卷，北京大学出版社 2001 年版，第 55—70 页；收入《中国祆教艺术史研究》，生活·读书·新知三联书店 2004 年版，第 225—236 页。沈睿文：《重读安菩墓》，《故宫博物院院刊》2009 年第 4 期，第 6—21 页。

教影响①、安金藏剖腹与胡族文化的关系②等，形成新的热点问题，安金藏又成为关注焦点。

两《唐书·安金藏传》，仅叙述了他忠义的事迹及仕宦经历，但对其家族、出身、宗教信仰等多未记载，甚至连他是否为粟特后裔都未提及。《安菩墓志》直接或间接补充了安金藏的一些背景资料，有助于我们澄清围绕在安金藏身上的谜团。兹引之如下：

> 君讳菩，字萨。其先安国大首领。破匈奴衛帐，百姓归中国。首领同京官五品，封定远将军，首领如故。曾祖讳钵达干，祖讳系利。君时逢北狄南下，奉敕遣征，一以当千，独扫蜂飞之众，领衛帐部落，献馘西京。不谓石火电辉，风烛难住。粤以麟德元年十一月七日，卒于长安金城坊之私第，春秋六十有四。以其年十二月十一日，旋穸于龙首原南平郊，礼也。夫人何氏，其先何大将军之长女，封金山郡太夫人，以长安四年正月廿日寝疾，卒于惠和坊之私第，春秋八十有三。以其年二月一日，殡于洛城南敬善寺东，去伊水二里山麓，礼也。孤子金藏，痛贯深慈，膝下难舍，毁不自灭，独守母坟。爱尽生前，敬移殁后。天玄地厚，感动明祇。敕则孝门，以标今古。嘉祥福甸，瑞草灵原。乡曲荫其风，川塗茂其景。粤以景龙三年九月十四日，于长安龙首原南，启发先灵，以其年十月廿六日，于洛州大葬，礼也。嗣子游骑将军胡子，金刚等，罔极艰追，屺岵兴恋。③

---

① 刘淑芬：《中古的佛教与社会》，上海古籍出版社 2008 年版，第 276—277 页。陈海涛、刘惠勤：《来自文明十字路口的民族——唐代入华粟特人研究》，第 173—174 页。韩香：《隋唐长安与中亚文明》，第 148 页。张乃翥：《龙门石窟与西域文明》，中州古籍出版社 2006 年版，第 123—124 页。蔡鸿生：《专门史与通识》，陈春生主编：《学理与方法——蔡鸿生教授执教中山大学五十周年纪念文集》，博士苑出版社 2007 年版，第 3—8 页；亦收入蔡鸿生《读史求识录》，广东人民出版社 2010 年版，第 23—29 页。李鸿宾：《安菩墓志铭再考——一个胡人家族入居内地的案例分析》，《唐史论丛》第 12 辑，三秦出版社 2010 年版，第 160—181 页；收入其著《唐朝的北方边地与民族》，宁夏人民出版社 2011 年版，第 255—285 页。王睿：《"犬鹿相狎"非袄辨：再论安金藏家族信仰》，载其著《唐代粟特人华化问题述论》，社会科学文献出版社 2016 年版，第 111—123 页。

② 雷闻：《割耳劓面与刺心剖腹——从敦煌 158 窟北壁涅槃变王子举哀图说起》，《中国典籍与文化》2003 年第 4 期，第 95—104 页；修改后收入《从撒马尔干到长安——粟特人在中国的文化遗迹》，北京图书馆出版社 2004 年版，第 41—48 页；陈明：《中古医疗与外来文化》，北京大学出版社 2013 年版，第 68—70 页。

③ 《洛阳出土历代墓志辑绳》，第 444 页；周绍良主编：《唐代墓志汇编》景龙 033，第 1104—1105 页；吴刚主编：《全唐文补遗》第 4 辑，第 402—403 页。

安金藏父祖仕宦及"六胡州"问题，前辈学者已多有研究①，本文不详考。需要指出的是，安金藏母何氏封"金山郡太夫人"，唐荫封母妻，"其母邑号皆加'太'字"②，则何氏封邑不是因夫而是因子荫得到的。何氏嗣子胡子为游骑将军，武散官从五品上③，她的封号或因此而得。何氏未因其夫正五品上的定远将军得封号，似乎也暗示了安菩的陆胡州大首领身份还有些疑问。

安金藏为安菩的第三个儿子，也是最小的儿子。其长兄名胡子，直意为胡人之子，可能生于安菩内附之前或内附不久，故无正式汉名。内附后安菩逐渐汉化，为两子取佛教色彩之名金刚、金藏，也显示了安菩家族的佛教信仰。何氏葬于"洛城南敬善寺东"，当是孀居之后，更虔心向佛，这一点对安金藏不无影响。安菩卒于麟德元年（664），享年 64 岁。安金藏生年不详。考虑到何氏在麟德元年已 44 岁，安金藏的出生时间应在麟德元年之前。安金藏出生不久丧父，与其母相依为命，备尝艰辛；母逝后庐墓守坟，哀感天地。从安金藏出生成长经历可知，他的庐墓之举，不仅是受儒家孝道熏染，也是其母子情深的真情所致。

安金藏于长寿二年（693）剖腹，距其父离世已有 30 年，当时安金藏的年龄少说也有 30 出头④。其卒年不详，即使以封代国公的开元二十年（732）计，他也有 70 岁了。安金藏不但"以寿终"，而且还达到高寿，这本身就是一个值得研究的现象。

清代以来，在有关安金藏的小说、图画和传说故事中，安金藏多被称为乐工，如清初画家金古良所绘古代人物画传《无双谱》中，就有"代国公乐工安金藏"画像⑤（图 1）。我国大多数学者接受了安金藏为乐舞工人

① 张广达：《唐代六胡州等地的昭武九姓》，《北京大学学报》1986 年第 2 期，第 71—82 页；收入《西域史地丛考初编》，上海古籍出版社 1995 年版，第 249—279 页；亦收入《张广达文集·文本、图像与文化流传》，广西师范大学出版社 2008 年版，第 75—96 页。周伟洲：《唐代六胡州与"康待宾之乱"》，《民族研究》1988 年第 3 期。陈海涛：《唐代粟特人聚落六胡州的性质及始末》，《内蒙古社会科学》2002 年第 5 期，第 40—44 页。

② 《唐六典》卷二"司封郎中员外郎职掌"条，陈仲夫点校，中华书局 1992 年版，第 39 页。

③ 《唐六典》卷五"兵部郎中职掌"条，第 153 页。

④ 笔者在《"乐工"还是"医匠"？——安金藏研究》（《晋阳学刊》2015 年第 3 期，第 37—44 页）一文中，推测安金藏剖腹时可能 20 岁，误。

⑤ （清）金古良：《无双谱》，河北美术出版社 1996 年版，第 57 页。

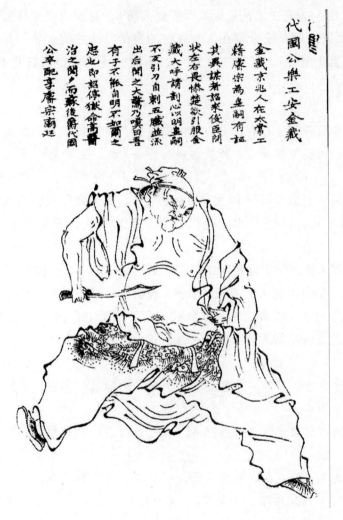

图1　《无双谱》中的"代国公乐工安金藏"剖腹图

一说。陈明首先对安金藏身份提出怀疑，指出元稹"将安金藏冠上了一个'医匠'的头衔"的现象①。笔者继续分析安金藏剖腹时的身份，据《文苑英华》卷六七六②、《唐文粹》卷二六上元稹《论教本书》中有句："而令医匠胡安金藏剖腹以明之，岂不大哀哉！"③ 可见元稹将安金藏称为"医

---

① 陈明：《中古医疗与外来文化》，第70页。
② （宋）李昉等编：《文苑英华》，中华书局1966年影印版，第3479页。
③ （宋）姚铉编、（清）许增校：《唐文粹》，浙江人民出版社1986年影印版，叶6a。

匠胡"。"胡"为安史之乱后士人严夷夏大防①，对安金藏粟特后裔出身的贬称，"医匠"则是安金藏在太常寺时的身份。此后数十年，安金藏一直以医术"直太常寺"。开元初（713），苏颋撰《授安金藏右骁卫将军制》略云：

> 游骑将军、行右武卫翊府中郎将、员外置同正员、直太常寺安金藏……可骁卫将军、员外置同正员，余如故。主者施行。②

这里的"直太常寺"即太常寺的医直③。安金藏以医学走入仕途，凭医学大难不死，以医学才能获得晋升。终其一生，安金藏一直受惠于医学④。

安金藏未据其父定远将军的门荫入仕，而是以韩愈所谓"君子不耻"的"巫医乐师百工之人"身份入仕⑤，表明安金藏丧父后，幼年与青年时期可能颇为艰辛。长寿二年，安金藏为太常医工。根据医工的选授制度，安金藏之前身份类似太常医生。唐《医疾令》云：

> 诸医生、针生、按摩生、咒禁生，先取家传其业，次取庶人攻习其术者为之。
>
> 诸有私自学习、解医疗者，召赴太医署，试验堪者，听准医、针生例考试。
>
> 诸医、针生，以业成申送尚书省者，所司覆试策，各十三条。医生试《甲乙》四条，《本草》、《脉经》各三条。针生试《素问》四

---

① 详见傅乐成《唐代夷夏观念之演变》，《大陆杂志》第 25 卷第 8 期，1962 年，收入其《汉唐史论集》，联经出版事业股份有限公司，2006 年，第 209—226 页。

② 《文苑英华》卷四〇二《授安金藏右骁卫将军制》，第 2039 页。

③ 关于直官制度，详见拙著《唐代直官制初探》，《国学研究》第 3 卷，北京大学出版社 1995 年版，第 383—424 页；收入《唐代制度史略论稿》，中国政法大学出版社 1998 年版，第 1—56 页；《唐代直官补考——以墓志为中心（上）》，《隋唐辽宋金元史论丛》第 4 辑，上海古籍出版社 2014 年版，第 125—137 页；《唐代直官补考——以墓志为中心（下）》，《隋唐辽宋金元史论丛》第 5 辑，上海古籍出版社 2015 年版，第 52—72 页。

④ 详见拙著《"乐工"还是"医匠"？——安金藏研究》，《晋阳学刊》2015 年第 3 期，第 37—44 页。

⑤ （唐）韩愈撰，马茂元校注：《韩昌黎文集校注》卷一《师说》，上海古籍出版社 1986 年版，第 43 页。

条,《黄帝针经》、《明堂》、《脉诀》各二条。其兼习之业,医、针各三条。问答法式及考等高下,并准试国子监学生例。得第者,医生从九品上叙,针生降一等。不第者,退还本学。经虽不第,而明于诸方,量堪疗疾者,仍听于医师、针师内比校,优者为师,次者为工。即不第人少,补阙不足,量于见任及以理解医针生内,简堪疗疾者兼补。①

安金藏父为粟特首领,并不属于唐人眼中的医学世家;其父有散阶,也与普通庶人子弟不同。因而安金藏当不是出身于太常的医生、针生等;很有可能是以"私自学习、解医疗者"的身份,参加的太医署考试。安金藏虽医学水平高,但自学出身,文采可能差一些,回答策问水平不高,未能策试及第,入流成为流内官。但他"明于诸方,量堪疗疾",被选授为太常医工,走入体制内,成为官府的医疗人员。安金藏策试不第而为医工,一方面反映了他对中医典籍有一定的研究,否则不可能参加考试;另一方面也体现出他"私自学习"的医学内容驳杂,有非主流医学的部分。也正因为他的医学水平有时人所不及之处,才能留在太常,成为医工,并走进宫廷,为皇嗣疗病。

粟特首领安菩之子安金藏任太常医工一事,不但丰富了我们对粟特后裔入仕途径的认识,也为唐代粟特医学提供了新的内容。本文从中外医学交流的角度,继续分析安金藏剖腹问题。

二

有些学者认为安金藏剖腹与祆教徒幻术性质相同②。关于祆教幻术,敦煌文书 S. 367 号唐光启元年(885)书《沙州伊州地志》残卷有生动记载:

> 火祆庙,中有素书(画)形像无数。有祆主翟槃陀者,高昌未破

---

① 此据"唐医疾令复原清本"第 1、9、13 条,见天一阁博物馆、中国社会科学院历史所《天一阁藏明抄本天圣令校证》,中华书局 2006 年版,第 577—578 页。

② 见上引雷闻《割耳劓面与刺心剖腹——从敦煌 158 窟北壁涅槃变王子举哀图说起》一文。

以前，樊陀因朝至京，即下祆神，因以利刀刺腹，左右通过，出腹外，截弃其余，以发系其本，手执刀两头，高下绞转，说国家所举百事，皆顺天心，神灵助，无不征验。神没之后，僵仆而倒，气息奄〔奄〕，七日即平复如旧。有司奏闻，制授游〔击〕将军。①

祆主翟盘陀表演技术高超，且能"下祆神"，言时事，故而被授予游〔击〕将军（武散官，从五品下）②。实际上，这种以刀刺腹之术，祆教徒多可表演。如《朝野佥载》卷三亦记载：

> 河南府立德坊及南市西坊皆有胡祆神庙。每岁商胡祈福，烹猪羊，琵琶鼓笛，酣歌醉舞。酹神之后，募一胡为祆主，看者施钱并与之。其祆主取一横刀，利同霜雪，吹毛不过，以刀刺腹，刃出于背，仍乱扰肠肚流血。食顷，喷水咒之，平复如故。此盖西域之幻法也。③

值得注意的是，表演幻术者是"募一胡"，具有随意性。可见这种刺腹行为是信仰祆教胡人的基本训练，人多能为之。

宋人董逌撰《广川画跋》，也提到祆祠聚集祈祷和表演活动，其文云：

> 祆祠，世所以奉胡神也……当隋之初，其法始至中夏。立祠颁政，坊常有群胡奉事，聚火咒诅，奇幻变怪，至有出腹决肠，吞火蹈刀。故下俚庸人，就以诅誓，取为信重。④

---

① 图版见中国社会科学院历史研究所、大英图书馆、敦煌吐鲁番学会编《英藏敦煌文献》（非佛经部分），第一卷，四川人民出版社 1990 年版，第 157—158 页；唐耕耦、陆宏基：《敦煌社会经济文献真迹释录》（书目文献出版社 1986 年版，第 39—41 页）也有录文和图版。日本学者羽田亨最早研究这件文书，见其著《唐光啟元年書寫沙州·伊州地志殘卷に就いて》，载《羽田博士史學論文集》上卷歷史篇，京都：東洋史研究會，1957 年，第 565—605 页（万斯年译《唐光启元年写本沙州伊州地志残卷考》，载《唐代文献丛考》，商务印书馆 1957 年版，第 72—94 页）。郑炳林：《敦煌地理文书汇集校注》（甘肃教育出版社 1989 年版，第 65—73 页）、王仲荦：《敦煌石室地志残卷考释》（上海古籍出版社 1993 年版，第 196—207 页）也对这件文书进行了移录和考释。

② 《唐六典》卷五"兵部郎中职掌"条，第 153 页。

③ 《朝野佥载》，赵守俨点校，中华书局 1979 年版，第 64—65 页。

④ 《广川画跋》卷四《书常彦辅祆神像》，于安澜编《画品丛书》本，上海人民美术出版社 1982 年版，第 275—276 页。

可见"出腹决肠"是祆祠幻术表演的主要内容。

安金藏的剖腹显然不是表演幻术。蔡鸿生先生从人、事、例、证四个方面发覆辩证，将金藏剖腹与幻术区别开来①。诚为卓识。本文所关注的是幻术的医学层面。幻术与外科麻醉手术的关系，日本学者江上波夫已有所论述②。古代波斯医学中，服用含有印度大麻（bhanga）成分的四种草药进行患部手术，表明麻醉手术已经存在，而这种医法可能是以幻人（Magi）幻术为基础的③。江上波夫重点分析了幻术中的麻醉成分，而笔者这里强调的是幻术与人体解剖学的关系。人体解剖学和麻醉学一样，共同构成外科手术的基础。祆庙中的幻术固然具有表演性，但在这种演出的背后，是表演者对人体器官构造的了解。"以刀刺腹，刃出于背，仍乱扰肠肚流血"，反映了祆教幻术表演者掌握了发达的人体解剖学知识；否则表演过程中利刃碰伤内脏器官，也会危及生命。

祆教医学手术之发达，其经典《阿维斯塔经》多处可见。兹引第四卷《万迪达德》第七章的其中几段为例：

36. 呵，尘世的造物主！假如马兹达教信徒打算行医治病，那他首先应该试着给什么人〔看病〕，给马兹达教信徒，还是魔鬼崇拜者？

37.〔Ahura Mazda回答〕：〔行医者〕首先应该试着给魔鬼崇拜者看病，而不是马兹达教信徒。假如〔行医者〕第一次为崇拜魔鬼的〔病〕人动手术未成，导致病人死亡；第二次作同样的手术，又导致〔病人〕死亡；第三次作同样的手术，依然如故，又导致〔病人〕死亡，那么〔此行医者〕就是个没有经验的蹩脚医生。

38. 这样的医生没有资格给马兹达教信徒看病或施行手术；否则，定会给〔正教徒〕带来痛苦和不幸。倘若此人以医生的名义给马兹达教信徒看病或施行手术，结果却伤害了〔病人〕，那他就将以故意犯罪论处。

---

① 见上引蔡鸿生《专门史与通识》一文。

② 江上波夫：《華佗と幻人》，载石田博士古稀記念會编《石田博士頌壽記念東洋史論叢》，石田博士古稀記念會出版1965年版，第73—93页；收入《江上波夫文化史論集5　游牧文化と東西交渉史》，山川出版社2000年版，第333—351页。

③ Dhalla M. N. , *Zoroastrian Civilization from the Earliest Times to the Downfall of the Last Zoroastrian Empire 651 A. D.* , New York, 1922, pp. 152、352、353.

39. 假如〔行医者〕第一次为崇拜魔鬼的〔病〕人动手术成功，使病体得以康复；第二次作同样的手术，又治愈〔病人〕；第三次作同样的手术，又获成功，使〔病人〕恢复健康，那么，〔此行医者〕就是个有经验的高明医生。

40.〔这样的人〕便可如愿以偿，成为行医治病的医生，为马兹达教信徒看病或施行手术。

44. 行医者的手段各不相同，有的用手术刀，有的用草药，有的用神圣的语言，后者才是医中翘楚，因为他们能治愈虔诚教徒的心病。①

文本中反复地重复"动手术"之词，引人注目。"看病"与"动手术"相提并论，显然很大程度上看病就是要动手术，动手术成为疾病治疗的重要组成部分。在第 44 段中，手术刀、草药、神圣语言（咒禁），共同构成行医者手段②。

同样是记述医疗方式，唐代著名医学家孙思邈的文字与《阿维斯塔经》大异其趣。《千金翼方·针灸上》云："且夫当今医者，各承一业，未能综练众方。何哉？或有偏功针刺，或有偏解灸方，或有惟行药饵，或有专于禁咒。"③ 医者治疗方式分针刺、灸方、药饵、禁咒四种。同书《禁经上》云："是以医方千卷，未尽其性，故有汤药焉，有针灸焉，有禁咒焉，有符印焉，有导引焉。"④

这里孙思邈将医疗方法分为汤药、针灸、禁咒、符印、导引五种。其中符印为道家的禳祓鬼厉之术，与佛家的咒禁是同类治疗方法；导引即按摩。《针灸上》篇的针刺、灸方、药饵、禁咒四法，将针刺、灸方一分为二，实际上记载的是针灸、药饵、禁咒三法。据《禁经上》篇，唐代的医

---

① 〔伊朗〕贾利尔·杜斯特哈赫选编：《阿维斯塔——琐罗亚斯德教圣者》，元文琪译，商务印书馆 2005 年版，第 296—298 页。参见 James Darmesteter, trans. , *The Zend-Avesta*, Part Ⅰ：*The Vendîdâd*, Delhi：Motilal Banarsidass；reprinted 1988, pp. 83 – 86. 又见 Joseph H. Peterson, ed. , *Vendîdâd (Viddêvdâd) or Laws against the Demons* (Avesta-The Sacred Books of Zoroastrianism, Book 3), Avesta. org, 1995, pp. 60 – 62. 本文引自 http：//www. avesta. org/vendidad/vd_ eng. pdf.

② 陈明也指出，琐罗亚斯德教徒有三种医生：外科医生、草药医生和画符念咒的巫医。见《中古医疗与外来文明》，第 302 页。

③ （唐）孙思邈撰，朱邦贤、陈国文等校注：《千金翼方校注》卷二六《针灸上》，上海古籍出版社 1999 年版，第 730 页。

④ 《千金翼方校注》卷二九《禁经上》，第 813 页。

疗方式有汤药、针灸、禁咒、按摩四种，这与太常寺太医令"掌诸医疗之法，丞为之贰。其属有四，曰医师、针师、按摩师、咒禁师"①，是相同的。不论《唐六典》记载的官府机构，还是孙思邈概括的民间医疗状况，唐代的主流行医方式只有这四类，不包括外科手术。这与《阿维斯塔经》中并列的以手术刀、草药、神圣语言行医，形成鲜明对比。《阿维斯塔经》中对医生职能的描述，体现了动手术是祆教医生的主要治病方式。人体解剖学是手术医学的基础，祆教经书中对动手术记载之普遍，也反映了祆教医学中人体解剖学之发达。

安金藏出生于中土，深受中华文化熏染，可能并未保有祆教的信仰。但正如雷闻所指出的，安金藏居住的长安礼泉坊，是长安有祆祠的五坊之一。他"处在长安祆教文化的核心区，对于祆祠的下神幻术，他在自幼耳濡目染之下，应当不会陌生"②。安金藏不仅熟悉祆教幻术，而且作为医者，他也了解祆教丰富的解剖学和手术医学知识。因而在情急剖腹时，他能避开内脏要害，剖得"五藏并出，流血被地，因气绝而仆"，在缝合救治之后，仍能复活。

三

据上引《安金藏传》，安金藏剖腹后的救治方法为："遣医人却纳五藏，以桑白皮为线缝合，傅之药。"救治分缝合与敷药两部分。缝合使用的桑白皮线。"桑白皮"即"桑根白皮"，一直见诸中医本草经的记载。成书于东汉末的《神农本草经》（以下简称《本经》）就有"桑根白皮"条，此书久佚，顾观光等辑复的《神农本草经·中品》云：

> 桑根白皮，味甘寒。主伤中，五劳六极，羸瘦，崩中脉绝，补虚益气。③

显庆四年（657）苏敬等奉敕编纂完成的《新修本草》也记载了"桑根白

---

① 《唐六典》卷一四《太常寺·太医署》，第409页。
② 见上引雷闻《割耳劓面与刺心剖腹——从敦煌158窟北壁涅槃变王子举哀图说起》一文。
③ 徐树楠、朱兵占编著：《神农本草经》，河北科学技术出版社1996年版，第89页。

皮"，《木部中品卷第十三》云：

> 桑根白皮，味甘，寒，无毒。主伤中五劳六极，羸瘦，崩中，脉绝，补虚，益气。去肺中水气，止唾血，热渴，水肿，腹满，颅胀，利水道。去寸白，可以缝创。
>
> 〔谨案〕：桑椹，味甘，寒，无毒。单食，主消渴。叶，味苦、甘，寒，有小毒。水剪去浓汁，除脚气水肿，利大小肠。灰，味辛，寒，有小毒。蒸淋取汁为煎，与冬灰等，同灭痣疣黑子，蚀恶肉。煮小豆，大下水胀。敷金创止血，生肌也。①

"谨案"以上，抄录陶弘景（456—536）《本草经集注》，表明至少自南朝以来，桑根白皮"可以缝创"已见诸中医典籍。"谨案"为苏敬等修订时新增的注文。桑根白皮的功能之一在于能给被金属割裂的伤口止血，促进新肉长出，利于伤口恢复。

以桑白皮治疗因金属割裂而导致的肠出、肠断的方法，还见诸中国古代医方。日本学者冈野诚从丹波康赖编纂的《医心方》中，找到了专治肠出、肠断的中国古医方，它们与医人治疗安金藏之法如出一辙②。为了便于分析，兹再引录如下。《医心方》卷一八《治金创肠出方第六》云：

> 《删繁方·治金创伤肠出方》：取桑皮绁，缝腹皮，用蒲黄粉之。

同书同卷《治金创肠断方第七》云：

> 《葛氏方·若肠已断者方》：以桑皮细绁缝合，鸡热血涂之，乃令入。③

丹波康赖所撰《医心方》成书于永观二年（884），是日本现存最古老的医书，汇集六朝以来中医药书百余种。《医心方》引用的《删繁方》，即

---

① （唐）苏敬等撰、尚志钧辑校：《新修本草：辑复本第二版》，安徽科学技术出版社 2004年版，第 192 页。

② 见上引冈野诚《唐の安金藏の剖腹》一文。

③ ［日］丹波康赖：《医心方》，学苑出版社 2001 年版。

见诸《隋书·经籍志》的隋以前人谢士秦所撰的"《删繁方》十三卷"①；
《葛氏方》应是葛洪（283—343）所撰或托名葛洪的医方。以桑白皮线缝
合伤口是中医传统之法，延续了千余年之久。

　　安金藏剖腹后先以桑白皮线缝合，后敷药，与《删繁方》记载的方法
相同。这一方法体现了中国医学水平，被普遍应用。对于安金藏的救治，
李冗《独异志》记载：

　　〔天〕后遣医工复内入腹，以桑皮细针缝合，经夕复生。②

缝合救治安金藏之人，是医工。太常寺太医署有"医工一百人"③，安金藏
剖腹时也是太常医工，他与救治他的医工身份相同，隶属机构也相同。安
金藏汉化程度很深，兼有文德。④ 以医学水平高超供职于太常寺太医署，
参加过中医学考试，对中医典籍如《本草》、医方等不能不有所涉猎，而
且可能较为精通。桑白皮功效记载于高宗朝完成的《新修本草》，这应该
是安金藏习中医阅读的重要典籍，桑白皮缝合是治疗肠出、肠断的基本方
法，安金藏不只了解这一医方，而且因与救治他的医工一起在太常行医，
当耳濡目染肠出救治方法。安金藏接受中华文化，钻研中医书，故而应该
熟悉剖腹后的救治方式和中医的救治水平。

四

　　安金藏剖腹背后，也不能排除印度医学知识的支撑。安金藏家族信
佛⑤，不仅是安菩父子取了带有佛教意味的名字："菩萨""金刚""金藏"
等，而且安金藏也有崇佛的实际行动。据《安菩墓志》，安金藏父在麟德

---

　　① 《隋书》卷三四《经籍志》，中华书局点校本，第 1046 页。
　　② 《独异志》卷上，张永钦、侯志明点校，中华书局 1983 年版，第 5 页。
　　③ 《唐六典》卷一四《太常寺·太医署》，第 409 页。
　　④ 陈海涛、刘惠琴指出："从安菩至安金藏，只有一代，汉文化所崇尚的忠孝思想在其身上
已根深蒂固，可见其汉化是非常深的。"见《来自文明十字路口的民族：唐代入华粟特人研究》，
第 173—174。最近，王睿又分析了安金藏葬母营坟的"犬鹿相狎"现象，指出"犬鹿相狎"也是
汉俗旌表忠孝的习惯套语，凸显出浓重的汉俗特征。见《唐代粟特人华化问题述论》，第 111—
123 页。
　　⑤ 韩香：《隋唐长安与中亚文明》，第 148 页；许序雅：《唐朝与中亚九姓胡关系研究》，兰
州大学出版社 2012 年版，第 204 页。

元年葬于长安龙首原，其母于长安四年葬于洛阳城南。景龙三年（709），安金藏从长安龙首原启其父灵，将其父母改葬在洛阳龙门石窟东山。安金藏不远千里将其父母迁葬龙门的过程，反映了安金藏及其父母"热恋着龙门佛教圣地的宗教氛围"①，而归葬龙门的行为，正体现了安金藏家族的佛教信仰。

随着佛教传入中国，印度医法也对中华医学影响颇深②。不但有印度医学书籍被译成中文，印度医方、医药流行中土，而且来自印度和西域的僧侣多行医疗疾，并形成了僧医③、"医王"④、"药王"等专有词汇⑤，显示了印度医学的广泛流行。唐代印度医学影响更大，重要医学著作如《备急千金要方》《千金翼方》《外台秘要》等著作多记载婆罗门法，都留下了佛教医学的痕迹⑥；佛教的咒禁学登上太常寺医学教育殿堂，成为唐医学的一个专科⑦；太宗、高宗先后命婆罗门僧那罗迩娑寐和卢伽阿逸多为其研制长生药⑧；"师有金篦术，如何为发蒙"⑨，印度眼科手术作为新流行治眼疗法，为唐代士大夫争相追逐⑩；婆罗门僧活跃在庙堂和民间，传药行医，兼做手术⑪。

印度医学中，外科手术理论技术较为发达。公元前 9 世纪印度医学家

① 张乃翥：《龙门石窟与西域文明》，第 124 页。
② 陈邦贤：《中国医学史》，商务印书馆 1998 年版，第 91—102 页；马伯英、高晞、洪中立：《中外医学文化交流史》，文汇出版社 1993 年版，第 113—172 页；道端良秀：《中國佛教社會經濟史の研究》，平樂寺書店 1983 年版，第 337—362 页。
③ 薛公忱：《儒道佛与中医药学》，中国书店 2006 年版，第 598 页。
④ 马小鹤：《摩尼教、基督教、佛教中的"大医王"研究》，《欧亚学刊》第 1 辑，中华书局 1999 年版，第 243—258 页；陈明：《沙门黄散：唐代佛教医事与社会生活》，载荣新江主编：《唐代宗教信仰与社会》，上海辞书出版社，2003 年，第 252—295 页；C. Pierce Salguero, "The Buddhist Medicine King in Literary Context: Reconsidering an Early Medieval Example of India Influence on Chinese Medicine and Surgery", in *History of Religions*, Vol. 48, No. 3, 2009, pp. 83 - 210；陈明：《中古医疗与外来文化》，第 43—56 页。
⑤ 范家伟：《中古时期的医者与病者》，复旦大学出版社 2010 年版，第 233—239 页。
⑥ 陈明：《中古医疗与外来文化》，第 224—278 页。
⑦ 朱瑛石：《"咒禁博士"源流考——兼论宗教对隋唐行政法的影响》，《唐研究》第 5 卷，北京大学出版社 1999 年版，第 147—160 页。
⑧ 《旧唐书》卷八四《郝处俊传》，第 2799 页；卷一九八《西戎·天竺国传》，第 5308 页。
⑨ 《刘禹锡集》卷二九《赠眼医婆罗门僧》，上海人民出版社 1975 年版，第 273—274 页。
⑩ 季羡林：《印度眼科医术传入中国考》，《国学研究》第 2 卷，北京大学出版社 1994 年版，第 555—560 页；陈明：《隋唐五代时期西域外来的眼科知识及其应用》，《敦煌吐鲁番文书研究》第 8 卷，中华书局 2005 年版，第 137—166 页。
⑪ 《南部新书》卷九，《太平广记》卷一〇一"邢曹进"条引《集异记》。参见谢海平《唐代留华外国人生活考述》，台湾商务印书馆 1978 年版，第 250—251 页。

苏斯鲁塔的著作《本集》中就记载了整容、肛瘘、扁桃体切除、胆石切除。脓肿切除、截肢等外科手术，并列举了 121 种外科手术器械。① 从金篦刮眼在唐朝野的流行，也可见印度手术技术之先进。唐代婆罗门也有以剑刺肚的习惯。《册府元龟》卷一五九《帝王部·革弊》云：

> 高宗显庆元年正月丙辰，御安福门楼，观大酺。胡人欲持刀自刺以为幻戏。帝不许之。乃下诏曰："如闻在外有婆罗门胡等，每于戏处，乃将剑刺肚，以刀割舌，幻惑百姓，极非道理。宜并发遣还蕃，勿令久住。仍约束边州，若更有此色，并不须遣入朝。"②

唐土内，婆罗门胡表演以刀刺腹的幻术也很普遍，故而高宗下令禁断，专门强调了"婆罗门胡"。此幻术渊源，本文不深究，但可以肯定，婆罗门"将剑刺肚"的幻术表演也是建立在发达的人体解剖学知识上的。

印度医学尤其是外科医学也久负盛名，作为自学医术的安金藏，一定对此有所涉猎和接触。当然，安金藏不是从梵文而是在华化的氛围中了解印度医学的，其佛教信仰也是其汉化的一部分。但在中医并不重视外科手术之学。唐慎微撰《证类本草》卷一云：

> 惟张仲景一部最为众方之祖，又悉依本草。但其善诊脉，明气候，以意消息之尔。至于刳肠剖臆，刮骨续筋之法，乃别术所得，非神农家事。③

解剖学和外科手术，在神农学派中没有地位，这是中医的主流认识。因此安金藏的解剖学知识，显然来自外来文化影响。到底是直接受祆教还是印度医学影响，已不能确定了。从安金藏的出身和居住环境、仕宦经历，似乎祆教和印度医学都对他有影响，我们只能说，安金藏对这两种外科医学知识各取所长，运用之妙，融合为一了。

安金藏剖腹救主，是义薄云天的行为。本文分析安金藏的解剖学和中

---

① ［英］罗伯特·玛格塔：《医学的历史》，希望出版社 2003 年版，第 20 页。
② 《册府元龟》，周勋初等校订，凤凰出版社 2006 年版，第 1772 页。
③ （宋）唐慎微等撰，陆拯等校注：《重修政和经史证类备用本草》，中国中医药出版社 2013 年版，第 53 页。

医学知识，并非抹杀安金藏忠义的光辉，而是要探讨中外交流的医学知识在安金藏剖腹背后的作用。安金藏面对酷吏来俊臣严刑审讯时选择剖腹，也是人类在求生本能下所做的以进为退之举。安金藏慈母尚在，他本无自戕之心，当时迫在眉睫的问题是如何逃脱劫难。在千钧一发之际，安金藏本能地选择了一种既保全皇嗣又保全自己的方法，于是作为医者而积累的中医与袄教、印度医学知识就派上了用场。

结　论

长寿二年安金藏的剖腹，无疑是一场政治行为，但由于安金藏本人医者的身份，本文从医学的角度对之进行了解读。安金藏将尽忠之举，表现为一场大型胸腹腔外科手术。这场手术是由两个人完成的：他自己完成了前一半，切割胸腹，让五脏流出；另一医工继续完成后一半，缝合、敷药，实施救治。安金藏不仅在剖腹创伤后活了下来，而且晚年享受荣华富贵，以高寿终，可见这个手术对安金藏的身体损害微弱，可以说是相当成功的。这一大型手术，是中外医学合璧之作：安金藏剖腹的手术和解剖学知识，源自火袄教和印度医学；而之后的缝合术，又来自中国传统医学。安金藏剖腹背后，是波斯、粟特、唐与印度医学知识的交汇，这一手术本身就是中、印、粟特及中亚文化交流的产物。

唐代胡医（如粟特、大秦、婆罗门、波斯胡等）行医屡见记载，表明唐代社会中胡医大量存在。[1] 唐代疗病以草药、针灸为主，间以巫觋，罕做手术。[2] 胡医则多行外科手术。不论在宫廷、地方官府还是民间，胡人行医畅行无阻，胡医做手术成为普遍现象。中医以草药、针灸，胡医以手术刀，各司其职，共同行医，成为唐皇室、官员、百姓健康的保证，一定程度上弥补了中医的不足，共同维系着唐代的医学水平。胡医的行医活动，也是唐代开放性的体现。

---

[1]　陈明：《中古医疗与外来文化》，第 102—113 页。
[2]　于赓哲：《被怀疑的华佗——中国古代外科手术的历史轨迹》，收入其著《唐代疾病、医疗史初探》，中国社会科学出版社 2011 年版，第 251—275 页。

出土文献作为汉语史料的使用问题

臧克和[*]

随着成批地下出土文献的陆续发表，各种资料库的"大数据"加工，语言文字文献考古历史各个领域，都取得了前所未有的发展，形成了众多新兴学科。这些领域学科建设，在一定程度上代表了近年来中国人文历史学术的实绩，越来越成为国内外相关学科领域的共识。新学问、新学科，发轫于出土资料，即新资料的运用。面对大量出土资料，尽管原先的准备起点参差不齐，但这并不妨碍众多学者纷纷"预流"。有的古文字学专家甚至已经断言：将来学术史将会花费许多篇幅去描述相关领域的重要作者和代表著述，似可预卜。这里仅就汉语史领域出土文字作为汉语史料使用的两个问题，谈点粗浅看法。

一 "穷文之新"与"观异之全"

记得钱钟书先生《谈艺录》谈及治学途径并及基本取舍，曾提道："穷物之几，不若观物之全。"[①]

我们经常看到的现象是，一些研究者，拿新的出土材料再去否定前不久所作出的匆忙结论。就像前些年有人看到帛书《老子》有"大器免成"，

＊ 臧克和，华东师范大学中国文字研究与应用中心。

① 钱钟书：《谈艺录》，中华书局 1984 年版，第 37 页。钱先生揭示："夫物之本质，当于此物发育具足，性德备完时求之。苟赋形未就，秉性不知，本质无由而见。此所以原始不如要终，穷物之几，不如观物之全。盖一须在未具性德以前，推其本质，一祇在已具性德之中，定其本质。"

就感到新诡可喜，将传世《老子》"大器晚成"翻了案，以"大器不成"为说。曾经记得在 20 世纪一次汉字问题研讨会上，有的青年学人，偶睹异文，即放言倡此论，作拈花微笑状，真乃盼顾自雄，具足踌躇满志之概。

事实上，帛书不过是只写了声符替代字，这是简帛书用字通例。郭店战国楚墓竹简发表出来，其中《老子》乙本写作"大器曼成"："大方亡禺（隅），大器曼成，大音祇聖（聲），天（大）象亡型埜（形）。"①

是器即形有小大之分，皆有待乎成；唯所成者存在时间上的早晚、速度上的快慢之别耳。不成者，乃道也，大道无形。道、器相对待，则器者赋形。一形而上，一形而下，即再大之器也还是器，二者相对而不可混淆界限，至少道理上是如此。先睹先发为快者，至少应具备考察有关出土文献使用较为全面情况的耐心。我们不能根据自己解释"求新"的需要，或通假，或本用，流于随意取舍的地步。

又如《岳麓书院藏秦简·占梦书》第 1525 号正："……之时，亟令梦先，春曰發時，夏曰陽，秋曰閉，冬曰藏。占夢之道，必順四時而豫。"整理者注〔六〕："豫，备也。"② 检"豫"字，《睡虎地秦墓竹简》未曾使用③，战国楚简帛文献所用场合，或作人名地名的专有名词，见《包山楚简》的两个义项④；或用作"抒发"之抒的动词，见《郭店楚墓竹简·六德》1138 号"豫丌志"用例⑤。凡此，皆未见"豫备"现成使用的情况。《鹖冠子·泰录》："百化隨而變，終始從而豫。"其中变、豫对文使用，清代学者俞樾《诸子平议补录·鹖冠子》："豫，亦變也。"⑥ 简文分说四时不同，故占梦之道，必顺应四时而变。"道"原无所谓"预备"与否，唯有"变"与"不变"之说。讲小学字理者，也应讲点道理。

文史考证性研究，引用出土文献，理想的状况是存在多个共时的文本。近年来，随着出土文献即战国楚简系列的不断整理公布，一向沉寂的"尚书学"领域，陆续有所涉及，比如见于上海博物馆藏《战国楚竹书》的，是散在各册的有关篇目。如第一册《缁衣》存《咸有一德》《尹告》

---

① 参见刘钊《郭店楚简校释》，福建人民出版社 2003 年版，第 33 页。

② 朱汉民、陈松长主编：《岳麓书院藏秦简》（第一册），上海辞书出版社 2010 年版，第 151 页。

③ 睡虎地秦墓竹简整理小组编：《睡虎地秦墓竹简》，文物出版社 1990 年版。

④ 湖北省荆沙铁路考古队编：《包山楚简》，文物出版社 1991 年版。

⑤ 荆门市博物馆编：《郭店楚墓竹简》，文物出版社 1998 年版。

⑥ 俞樾：《诸子平议补录》卷六《鹖冠子》，中华书局，第 39 页。

《君牙》《吕刑》《君陈》等数篇；第五册《竞建内之》存《商书·高宗肜日》部分；郭店楚墓竹简也存《缁衣》篇，同样涉及《尚书》的若干篇目，有的可以针对《战国楚竹书》互相补充，如《君奭》《吕刑》等篇。在《简帛与学术》一书有关章节里，曾作过初步分析：

　　按"尚书学"史的研究，《咸有一德》、《尹告》属于"商书"的部分。对照今本《尚书》文献系统，两篇均不在今文28篇之数；其中《尹告》篇属于所谓"古文逸16篇"。在目前整个先秦引《尚书》的文献结构里，两篇只是分别被引用过2次，均见于《礼记·缁衣》。从文献版本系统来看，《史记》所引今文文字有《咸有一德》。经学研究者一向认为，《尚书》文献系统散佚之后，该篇属于称孔氏本的"伪古文"。前些年出土的郭店楚墓竹简有关记载有这样的文字："尹𩵋（诰）員（云）：佳（唯）尹𦜕及汤，咸又（有）一惪（德）。"这段文字跟传世今本《尚书》的用字基本相同："惟尹躬暨汤，咸有一德。"日藏写本像内野本作"惟尹躬臮汤，咸又一惪"；天理本的用字只是"躬"字作"躳"、"又"字作"有"，足利本基本没有跑出这两个版本的用字范围；其余《书古文训》和唐石经等文献用字也在这个范围之内。

　　上海博物馆藏《战国楚竹书》用字，与郭店楚墓竹简大同小异："尹𩵋（诰）員（云）：佳尹𢓊及康，咸又（有）一惪（德）。"只有躬作𢓊，二字音近通用；"汤"字在上海博物馆藏《战国楚竹书》里写作"康"，二字亦音近通用：汤字从昜得声，康、唐二字声符都是庚，而《说文·口部》"唐"下所录古文亦从"昜"。另外"咸"字内部少了一横笔。两种简文文本"告"字下部从卅符构造，为表示上告者敬矜态度的专字。这个用字特点，唐兰等古文字学研究者已经考释过，而金文、《尚书》有关唐写本和日本所藏写本等文献都是比较常见的。

　　对照传世文献的用字来看，两种简文文本提到的告诫主体"尹"，就是《尚书》文献系统里常见的"伊尹"。今本《礼记·缁衣》中引《尚书》篇名作《尹吉》，东汉经学家郑玄解释说是"吉当为告，古文诰字之误也。《尹告》，伊尹之诰也。《书序》以为《咸有一德》，今亡"。现在通行的各家注本都是依据郑玄注释修改。从出土的战国文献看来，汉代经学家的推论无疑是有一定根据的。从今本《咸有一德》的"孔氏传"来看，都说是"伊尹作《咸有一德》"；两种出土文献也只是讲"尹誩（诰）員（云）：佳尹炎及康，咸又（有）一惪（德）"；所以，简文这里的"咸又一惪"是否就算得是《尚书》的篇名，还需要其他文献的根据。①

二　"话题之存"与"文本之真"

某些专事地下出土文献的研究者，似乎有个成见，在某种程度上甚至可以说是共识，那就是出土文献一定比传世文献精确珍贵。因此，我们看到的一些热衷于追逐新出土文献的学人，连起码的书籍都没读多少，就暗中摸索，浪抛精力。不言而喻，就一次性写定的文献性质而言，出土文献对于校订修补甚至改写某个时代的文本，具有不可替代的价值。这部分材料，对于构建共时的汉语史语料库，具有"唯一性"。而事实上，就历代文献传承体系而言，目前所见出土文献材料，我们得实事求是地承认，还只能说是具有"补正"作用，远谈不上所谓"重建"意义。当然，有人会说，地下出土越来越多，文物市场也成批回流，总有不可限量的程度。但是，果真到了那样的丰富程度，再作结论似乎也不算晚。如上所述，目前所见到一些出土文本，排列起来看，实在也算不得所谓"定本"。在传抄时代，"定本"自然也是相对的，即充其量算是某个时期的一种"定本"——盖棺定论者的本子，即抄手也未必就是可以"写定"之人选。就价值而言，也毋庸讳言，可能在文物考古学领域是充分的；而在汉语史领域，平心而论，大量出土材料其实是没有多少用处的。

出土文献往往以片断形式，辗转贮存了传世古书所见若干"话题"。这可以用来说明这些片断"话题"具有相当久远的"来处"，但是，若由此遽断某种传世文本体系或"古已有之"，则势必引起混乱。例如，有学者试图通过部分商周文献用例，类比词义及其使用呈现的基本时代属性，推断《周易》词义使用为西周晚期，从而为经文本写定年代考索提供训诂学意义的根据。这首先就涉及诸如语料性质的问题：讨论包括词义在内的语料时代性问题，只能限定在"文献用字"这样的范围内才有操作的可

---

① 臧克和：《简帛与学术》，大象出版社 2010 年版，第 46—47 页。

能。至于出土类文献，写定年代关系相对明确；而传世类由于历代版本迭经传抄传刻，囿于传播水平，用字歧中生歧，则胥难一律。要之，当时是否使用某个字形，跟同时代是否出现某项词义，就语言学层次观察，恐怕是两回事。如所讨论"富"字，先引出土楚简使用从贝构造之形，后引《尚书》《诗经》文本，所习见"富"字。由此讨论"富"字使用时代属性。问题在于，现在所见《尚书》《诗经》版本，属于不同质的问题，恐怕无法由此遽断其实际使用年代。又如"禽"用为"擒"，研究者认为，这个用法，在传世文献中最早见于《左传·宣公十二年》："使摄叔奉麋献焉，曰：以岁之非时，献禽之未至，敢膳诸从者。"其实现在所见《左传》乃至"春秋三传"经文本，如果是《十三经注疏》的话，那不过清刻本。战国中晚期《战国楚竹书周易》可以看到一义即"禽"字既可用于记录动词即擒获，又可用来记录名词即所猎获对象的"多功能"现象（原形分别从今得声）。

有的作者以新近发表的清华简第一册《尹诰》文字，比勘对照传世文本《古文尚书·咸有一德》（作者援引的版本是上海古籍出版社《尚书正义》），得出重大结论：今《咸有一德》之时代必不能晚于简书所出之年代，可见其不可能是魏晋人所造。甚至充类至尽，据此推断《古文尚书》各篇不容置疑的真实性：《咸有一德》不是魏晋人所造，或者不晚于清华简，那么《古文尚书》其他各篇自然也应如此，当然不必包括全部二十四篇。论者所讨论，涉及"尚书学"史上一段重要学术"公案"，显示了作者相当的勇气。

对此，我的基本看法是：文献学上，推断一个文本部分内容有一定来源，跟判断一个版本的真伪、一个完整结构乃至一个系统的历史存在，其实属于两个不同层次的问题。否则，肯定者即如本文作者，可以援引清华简相关内容，来证传世文本之真；而否定者，由于看到出土文本跟传世文本的差异之大而愈证其伪。面对同一文本，所从言之路异，肝胆变胡越，冰炭交相织，形势成水火。这种现象，则正是目前我们所看到的局面。

附记：本文得到国家社科基金重大项目"秦汉六朝字形全谱"（13&ZD131）资助。

北朝隋唐圆形墓研究述评

沈睿文*

河北、山东地区人文的特殊性①，历来史家亦多有发明，其中要以陈寅恪的论断最为深刻而著名②。这些人能征善战、一呼百应，又不易管理、约束。这种人文特性在考古材料上，也有体现。比如，在墓葬制度和丧葬习俗上都表现出与唐代两京地区不同的状况，得到淋漓尽致的表现。在中古中国史，河北、山东构成了一个既不同于两京文化的传统，也不属于民族文化的新的文化区域。该地区长时间的人文背景和独特的文化面貌，都深刻地揭示了其墓葬在当时政治格局中的政治意蕴。

在中国考古学各时段传统社会所制定的墓葬等差次序已经建立的今天，有必要加强对考古材料差异性的研究。显然，共性的研究是必需的。但是，共性的研究又往往掩盖着客观存在的差异和细节。而历史的真相却

* 沈睿文，北京大学考古文博学院。

① 正如李孝聪对区域历史地理研究现状的反思一样——"区域的界定是最复杂、最困难的，它本来应当是自然形成的，不是人为地事先划定的。可是，在人文地理研究中（无论历史的或现代的），'区域'往往是由研究者来划定。其界线的划分，既有按综合自然作出的区划，也有按现代行政作出的区划，或者按现代经济作出的区划。例如，以现代省区界线来描述古代的农业地理或文化地理，不能说这样的区域界定没有道理，因为现代省区界线的形成有着历史演进的规律性与传承性，与历史上的经济区或文化区有相当密切的关系，无论农业区界线、文化区界线与行政区界线吻合与否，都值得研究。但是，按现代省区来研究专题性部门历史地理问题，容易人为地割裂长期自然形成的区划。或者说不是从事物的本源出发，使读者不易体察在发展与流动中是否逐渐形成了某种区划，是否体现出地理学家强调的区域间的差异。"（详李孝聪《中国区域历史地理》，北京大学出版社 2004 年版，第 3 页）在考古学的区域研究中也存在这样的问题。这是我们在考古学的相关研究中需要注意的一个内容。

② 陈寅恪：《论隋末唐初所谓"山东豪杰"》，《陈寅恪集·金明馆丛稿初编》，生活·读书·新知三联书店 2001 年版，第 243—265 页。

往往就在细节之中，且差异性也往往是进一步解读区域历史与政治的关键。现实的历史丰富多彩，而非整齐划一。这就提醒我们要尽快将对差异性的研究提上日程。

如上所言，河北、山东地区便给我们呈现出这种差异性。显然，在河北、山东地区的考古学材料中，最为特殊而引人瞩目的便是圆形墓的出现和延续使用。从传统社会墓葬的发展谱系看，无疑圆形墓并非传统社会墓葬形式的主流，其出现是极其突然且让人费解的。而且从后世的沿用来看，也呈现出一种特殊的形态。由此，圆形墓也具备了承担某种特殊意义的符号的可能。

目前所见圆形墓首先出现于山东淄博①崔氏家族墓地。该墓地位于山东淄博市临淄区大武镇窝托村南约 400 米。1973 年冬，辛店电厂施工过程中发现。同年，山东省文物考古研究所发掘了其中的 14 座墓葬②。1983年，淄博市博物馆等又在该处清理了 5 座③。两次共发掘墓葬 19 座，时代跨越北魏、东魏、北齐三个时期，该墓地也是山东地区目前已发掘的北朝墓葬中规模最大的一处。

迄今考古未发现崔氏以外的北朝圆形墓葬。崔氏为当时一门阀世家大族④，圆形墓是跟这个家族紧密联系的墓葬形制，且在此后北朝崔氏的墓葬中多采用。这一现象使得圆形墓从一开始便成为北朝崔氏一族的墓葬符号。门阀是两晋南北朝乃至唐代政治的一个重要内容和时代特点，我们认为圆形墓与门阀崔氏的紧密相关使得该墓葬有可能成为探讨门阀士族与政治的一个切入点。

同时，圆形墓是该地区所有墓葬类型中经历时间最长的，在空间分布上呈现明显的扩散现象。在时间上，从北魏到辽代，前后历时约 600 年；在空间上呈现出从山东向河北、北京、辽宁朝阳地区扩散的状态，由东往西、折向北。这样的地理空间有可能衍生出相应的社会空间。这使我们探

---

①　北朝时淄博属青州。详悉《魏书》卷一〇六中《地形志中》，中华书局 1974 年版，第2522 页。

②　山东省文物考古研究所：《临淄北朝崔氏墓》，《考古学报》1984 年第 2 期，第 221—224 页。

③　淄博市博物馆、临淄区文管所：《临淄北朝崔氏墓地第二次清理简报》，《考古》1985 年第 3 期，第 216—221 页。

④　对崔氏的最近研究可参见夏炎《中古世家大族清河崔氏研究》，天津古籍出版社 2004 年版。

讨圆形墓与社会变迁的关系成为可能。

因此从这个意义上讲，可以说圆形墓是反映河北、山东地区人文特殊性的一个焦点符号。它是在特殊的历史阶段应运而生的特殊产物，颇具研究旨趣。

但是，正如我们知道的，由于某种历史形成的原因，在已有的考古学墓葬研究中，多倾向于不同墓制等级制度的研究，尚未对某一墓制尝试专门深入的探讨。圆形墓的研究也不例外。在以往的研究中，鲜有专门对圆形墓进行研究的论述①。它们大多是将圆形墓置于该地区所见的墓葬类型中进行研究，显然这种方式影响了对圆形墓的深入认识。我们亟需一种更为细致而深入的探讨。

辽宁朝阳市黄河路唐墓的发掘似乎弥补了这一遗憾。该墓的特殊性使它一面世就为学界所重视。该墓是迄今在朝阳地区发现的规模最大的一座唐墓，根据墓葬形制和随葬遗物，发掘者推断该墓主人为武则天时期的营州官员②。在墓葬的甬道壁龛内发现 2 件辫发石俑，唐墓中石俑极为罕见，而辫发石俑更是首见。这些特殊性使该墓脱颖而出成为个案研究的对象。姜思念在墓主人身份和年代上支持了发掘者的观点，并以辫发石俑作为研究的突破口，认为这两件石俑应是古代粟末靺鞨族人的石像，这是有关靺鞨徙居营州历史的一次重要发现。唐代营州官员墓葬中随葬粟末靺鞨石俑就是大量靺鞨人内附的反映。此外，文章还探讨了内迁靺鞨人的汉化问题③。

显然，关于圆形墓的出现本身就是一个颇具意味的课题。于是，对该墓葬形制的出现原因便成为一个相对集中讨论的焦点问题。但关于圆形墓出现的原因，说法不一。限于目力所及，大概有如下几种。

第一种观点，认为圆形墓是北方草原地区少数民族的毡帐制度与中原

① 例如，吕学明、吴炎亮：《辽宁朝阳隋唐时期砖构墓葬形制及演变》，《北方文物》2007年第4期，第32—39页；辛岩：《辽西朝阳唐墓的初步研究》，《辽海文物学刊》1994年第2期，第126—131页；张洪波：《试述朝阳唐墓形制及其相关问题》，《辽海文物学刊》1996年第1期，第98—103、97页。等等。

② 辽宁省文物考古研究所、朝阳市博物馆：《辽宁朝阳市黄河路唐墓的清理》，《考古》2001年第8期，第59—70页。

③ 姜思念：《辽宁朝阳市黄河路唐墓出土靺鞨石俑考》，《考古》2005年第10期，第68—72页。

地区墓葬形制相结合的产物。见诸文本首倡此说的是黄河舟①。此观点最为不利的反证是：目前所见鲜卑墓葬多为长方形或梯形的土坑墓，不见模仿其毡帐的圆形墓葬。入主中原以后，鲜卑墓葬的情况也是如此。但此说仍颇有影响。

张洪波便延续了这种说法。在对朝阳地区唐墓形制的研究中，他认为：唐朝圆形墓在营州大量发现，追其源，"当时北方少数民族居住的圆形毡帐环车是其模仿对象"。并认为"仿造出现这种圆形墓要有一个过程，并不是一步到位，从考古发掘材料证实，朝阳北魏半月形石椁墓，处于萌芽时期，隋至唐初弧方形砖室墓是其过渡时期，唐贞观年间是圆形墓走向成熟时期，发展在辽代"。他又对圆形墓的墓主人身份提出了自己的判断。认为"圆形墓墓主，多为东征北伐军人之墓。即使是女士墓也多为参战军人妻眷"②。显然，张洪波的这个说法忽视了圆形墓在北魏便已出现的事实，更没有注意到圆形墓在路线上的北移及其墓主人身份的多样性。

针对河北定县南关唐墓，信立祥认为该墓的圆形单室结构，"与北方地区的方形砖室墓迥然不同，可能为迁徙内地的北方游牧民族模拟穹庐牧帐而来"③。换言之，信立祥认为此类墓葬有可能是南下的北方游牧民族模拟其居所而建造的。但是，圆形墓墓主有一部分为东征北伐军人之墓，正如张洪波所指出的那样。因此，信说恐亦难以成立。

第二种观点，方殿春《论北方圆形墓葬的起源》④ 一文是最早的专论圆形墓的论文。方文认为圆形墓葬的渊源，是弧方形墓葬。此二者之间是一种吸收和发展的关系，但绝不是代替关系，并将其总的纵向发展层次概括如下：

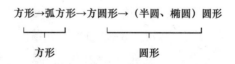

方殿春从两个方面反驳了圆形墓是模仿北方游牧民族的圆形毡帐的说

---

① 黄河舟：《浅析北朝墓葬形制》，《文博》1985 年第 3 期，第 44—45、56 页。
② 张洪波：《试述朝阳唐墓形制及其相关问题》，《辽海文物学刊》1996 年第 1 期，第 98—103、97 页。
③ 信立祥：《定县南关唐墓发掘简报》，《文物资料丛刊》第 6 辑，第 116 页。
④ 方殿春：《论北方圆形墓葬的起源》，《北方文物》1988 年第 3 期，第 39—41 页。

法。其一，河北、山西南部是圆形墓葬的起源地域，而赤峰、朝阳等地是圆形墓葬分布范围的北缘，圆形墓由南而北传播无可非议。其二，从时间验之，圆形墓起码出现于北魏时期，而毡帐传入中原地区，当属唐初前后。所以，圆形墓与毡帐之间没有必然联系。它们的平面形制虽然皆为圆形，但由于出现、存在的原因和条件迥然不同，这就决定了两者具有自身演变、发展的基本规律。方文进一步提出圆形墓的出现、发展是社会各种基本因素交织的结果。如当时门阀士族的厚葬之风使得此时的墓葬规模趋于增拓，主室逐渐加大，开始大量出现一些方形、弧方形大墓。文章进一步从建筑力学的角度对此加以分析，认为"若要修筑大墓，墓壁须加长，空间跨度也须增大。因此采取以外弧线壁代替直线壁的结构，以增强墓室的坚实性，是符合力学原理的"，加之当时河北、山西南部佛教石窟的建造技术表明上述两地具备得天独厚的技术条件，于是，方文认为圆形墓出现于此二地区是情理中事。

方殿春的专论，从圆形墓的起源与传播以及与毡帐传入中原的时间先后有力地反驳了将圆形墓的出现归结于北方游牧民族毡帐影响的观点。但是，其中有几点尚需我们注意。

第一，至于圆形墓的建筑方式在力学上可使墓葬结构更为坚固，究竟是否有道理，其详不得而知。但是，一个明显的反证便是，此后圆形墓的建筑构造在宋代以前并没有被汉文化的帝王陵寝所采纳，并得以广泛地推广。

第二，方文误将一些弧方形墓葬，如山西祁县韩裔墓[①]等，视为圆形墓，从而导致了一些错误的判断。如，误将山西视为圆形墓的起源地之一，进而影响了对圆形墓传播路线的认识。等等。

将弧方形墓视为圆形墓前身，有以辽宁朝阳大街唐墓 M2 为例的。该墓为椭圆形单室砖墓，其墓室立壁用平砖横砌，由五部分围合而成，每两部分接合处不压缝，为直缝。上部逐渐内收起券。李新全便认为该墓形制、结构较特殊，同以往发现的朝阳唐墓有不同之处，即其墓壁系由五部分围合而成，接合处不压缝，而采用直缝形式，这种做法表明它可能处于隋以前的弧方形墓向唐代的圆形墓演变的中间环节，也就是说，它是弧方

---

① 陶正刚：《山西祁县白圭北齐韩裔墓》，《文物》1975 年第 4 期，第 64—73 页。案，简报（第 65 页）称该墓"墓室平面成方形，四壁砌成向外凸出的弧线，近似圆弧形"。

形墓向圆形墓演变的过渡形式①。但是，我们知道圆形墓的出现早在隋代以前。所以，上述推导的理据实际上并不存在。

第三种观点，谢宝富对黄河舟、方殿春两位的观点提出质疑。在对北朝两百余年墓葬形制的区域特色及其上承魏晋、下启隋唐的历史地位进行研究的基础上，他认为圆形墓的出现与后二者无关。他的论证较为深入全面，现逐录于后。他说："从北朝圆形墓分布地点来看，这些推测恐难成立。其一，如果圆形墓与毡帐有关，那么它的出现时间上当以北朝早期为多，地点上应以辽宁、北京、内蒙古、山西、河南等鲜卑族聚居处为多。实际上，圆形墓主要出现于北魏晚期以后，地点上辽宁、内蒙古、山西等地并未发现圆形墓。完工、扎赉诺尔鲜卑古墓群未见圆形墓，拓跋氏定都平城后，也未见圆形墓。相反，受北方少数民族习俗影响较小的山东地区有较多的圆形墓发现，可知毡帐与圆形墓并无内在联系。其二，如果圆形墓的出现与佛教建筑风格的影响有关，那么北朝圆形墓的流传当不仅限于山东、河北地区。佛教寺塔林立的北魏首都洛阳、与西域邻近的宁夏、陕西当有较多的圆形墓。但考古成果表明，宁夏、陕西并没有圆形墓，洛阳也仅 1 座。在我看来，圆形墓的出现是中原地区弧方形墓演进的自然结果，因为方形墓→四壁微外弧的弧方形墓→四壁较外弧的弧方形墓→圆形墓之间有着逻辑演进关系，北朝圆形墓的较多出现当是魏晋以来弧方形墓流行、演进的自然结果。"尽管其论据充分，但是，接着他又谨慎地说"当然，这也只是一种推测"②。

第四种观点是李梅田提出的。他认为 469 年北魏慕容白曜平青齐前，青齐崔氏与南朝的联系十分紧密，加上地域临近、士族固有的华夏正朔心理等因素，推测青齐崔氏墓葬有可能采用长江下游东晋南朝高等级墓葬中的平面呈椭圆形的墓制③。但是，李文并没有就此进一步深入探讨。

第五种观点将圆形墓的出现跟宗教相关联起来。倪润安有针对性地探讨北朝圆形石质墓的渊源与形成，认为它主要集中出现于清河崔氏"乌水

---

① 李新全：《朝阳市朝阳大街唐墓清理报告》，《辽海文物学刊》1997 年第 1 期，第 19—20、94 页。

② 谢宝富：《北朝墓葬的地下形制研究》，《湖北大学学报》（哲社版）1997 年第 6 期，第 61—66 页。

③ 李梅田：《论南北朝交接地区的墓葬——以陕南、豫南鄂北、山东地区为中心》，《东南文化》2004 年第 1 期，第 29—30 页。

房"，并对上述第四种观点提出驳正。他认为青齐豪族与刘宋朝廷之间的关系实际上有着更为复杂的内容。乌水房崔氏"同刘宋的关系，压抑和利用是主要的表现形式。因此，即便崔旷父子从刘宋统治中心区域学习了一些墓葬建构的做法，也是屈从于形势需要；等到北魏平青齐、崔灵延等家族主要成员皆北迁平城地区后，那些施行时间并不长、也没有根深蒂固的南朝做法就失去了继续遵从的必要，也没有条件继续维持。太和中期，孝文帝恢复了青齐豪族的士族身份，允许他们返回青齐，并开通了选用他们入仕的途径。对于'例得还乡'的乌水房崔氏来说，他们更不需去追承南朝统治时期的旧事了"。因此，他主张乌水房崔氏圆形石质墓的渊源，应当立足于从北朝的时空框架中去探寻。认为是崔光创制了圆形石质墓。他从北魏在云冈修建的椭圆形石窟寺入手，推断崔光鉴于石窟建造在当时政治环境中的特殊作用，而将其圆形、石质特征移植到家族墓葬的设计上。这种墓葬形制既因仿椭圆形石窟，迎合了试图维护旧俗的众多的鲜卑贵族，又因建于地下、不事张扬，而不与积极汉化的孝文帝、巩固汉化的宣武帝相忤逆。这一结果实际上反映出崔光面对变幻莫测的政局，欲有所作为、又想两不得罪的"骑墙"心态①。倪文的探讨另辟蹊径，为我们展示了理解该问题的崭新思路和角度。他试图紧密结合墓主人的身份和他们在北魏政治中的政治生命重新审视，并将圆形墓与乌水房崔氏联系起来。但是，临淄崔氏墓葬所出墓志文中并不乏直言对北魏政府的不忠不敬，甚而是反政府的政变记录，其放肆可见一斑。这种叙述方式也见于北魏江阳王元乂墓志，可见他们对此并不需要隐瞒。故可知崔氏存有"骑墙"心态的可能性几无。而且，圆形墓墓制的使用并非只在崔氏乌水房一支中，如博陵崔氏的崔昂也使用该墓制②。这说明圆形墓应是整个崔氏一族的独特葬制，而不能以其中的一支来论证并替代该族的总体情况。

　　王佳月则认为北朝崔氏圆形墓的出现跟崔氏家族深厚的佛学义理背景有关③。但是，这实际上是对崔氏门阀宗教信仰出现根本性的认识错误所致。韦正认为崔氏墓群是更充分的"象天地"思想和堪舆术结合的产物，

---

　　① 倪润安：《试论北朝圆形石质墓的渊源与形成》，《北京大学学报》（哲社版）2010 年第 3 期，第 57—63 页。

　　② 河北省博物馆文物管理处：《河北平山北齐崔昂墓调查报告》，《文物》1973 年第 11 期，第 27—38 页。

　　③ 王佳月：《北朝崔氏墓研究》，北京大学硕士学位论文，2013 年，第 74—77 页。

他认为崔氏首倡的将墓室建成圆形之举有可能是浑天思想的产物，崔氏圆形墓正像浑天仪的上半部，并推测在新型的圆形墓室中天地已经融为一体，墓主不言而喻已经升天或升仙，"墓室"就是"天堂"，这是一个形式和理念都甚为圆满的墓葬形式，与此前流行的非圆形墓葬相比是一个很重要的转变。他认为崔氏圆形墓的规划跟道教、佛教无关①。不过，将圆形墓比拟为浑天说之模型的外化，实际上也是出于对传统浑天说模型的误解。"浑天如鸡子。天体圆如弹丸，地如鸡子中黄，孤居于天内，天大而地小。天表里有水，天之包地，犹壳之裹黄。天地各乘气而立，载水而浮。"浑天说认为天不是一个半球形，而是一整个圆球，地球在其中，就如鸡蛋黄在鸡蛋内部一样。可见从浑天说里并不能推论出天、地之圆形。换言之，传统之浑天说的模型并非圆形墓规划之来源。

可见，除了上面提到的方殿春、倪润安、王佳月和韦正等四篇文章之外，已有的研究多把圆形墓置于王朝墓葬等级序列中的一个类型。这些论述都没能把握南北朝门阀士族政治的时代背景和门阀士族的特点，进一步揭示它跟门阀士族政治的关系。此外，没有从长时段的角度来系统梳理圆形墓的变迁。而且由于同样过于强调考古学的学科特点，忽视学科的历史学性质，从而严重影响了理解考古材料的深度和广度。这也是造成误解的一个原因。

总之，圆形墓可以称得上是南北朝时期政治的浓缩，在某种程度上甚至可以说是时代特性的集中体现，而且也较好地反映了中古社会的变迁，它给我们提供了一个观察中古社会的绝好视角。对该问题的探讨，我们还有必要、也需要从更为广阔的视野加以思考。

---

① 韦正：《试谈北朝崔氏墓的象征性》，载《庆贺徐光冀八十华诞论文集》，科学出版社2015 年版，第 427—439 页。案，韦文在文前对此前圆形墓的研究做了简单分类，其中对笔者的观点归纳完全错误。关于圆形墓的研究，笔者虽在《葬俗研究》课程上讲述多年，但论稿一直没有发表，仅在拙文《唐宋墓葬神煞考源》的注释中指出撰有此文（见《唐研究》第 18 卷，北京大学出版社 2012 年版，第 213 页脚注 ［42］）。有听课者未能明晰其中大义而断章取义；或有道听途说者，更是不得要领。不过，笔者还是很欣慰地发现，笔者所论方向及所用资料的复现。

近七十年来中古墓志的整理与研究

刘琴丽[*]

学界所谓的"中古",一般指汉末至唐代这一时段,也是中国古代墓志由兴起到兴盛的时期。墓志以石质墓志为主流,此外还存在砖质和瓷质等特殊材质的墓志,它们也在本文的涵括范围之内。对于中国古代的墓志整理,宋代便已存在,但是宋人一般将碑与墓志统合起来,没有进行严格区分。当时的碑志整理范式主要为两个方面:第一,进行碑目整理或题跋考证,如欧阳修《集古录跋尾》、欧阳棐《集古录目》、赵明诚《金石录》等;第二,进行录文整理,并附以题跋考证,间或加以摹刻的碑额图或碑上的图像,碑刻行款、形制介绍的碑式等,洪适《隶释》《隶续》为其代表,但是没有附上整拓。宋代碑志整理还有另外一个体例,即按年代先后或按碑志所在的地域进行分类著录考证,前者如《集古录跋尾》《金石录》,后者如《宝刻丛编》《宝刻类编》等。

元代在碑志整理上没有太多建树,唯潘昂霄著《金石例》介绍碑志写作范例,为迄今流传下来最早的金石括例方面的专著①。明代的金石著作虽然整体数量不多,但是已经出现了专门整理墓志的专书,如都穆《吴下塚墓遗文》②,该书收录绝大多数都是墓志录文,没有题跋考证,也没有附拓本图版;王行《墓铭举例》更是对墓志铭写作方法进行分析的专书③。

* 刘琴丽,中国社会科学院历史研究所。

① 马立军:《北朝墓志研究史述论》,《国学研究》第 27 卷,北京大学出版社 2011 年版,第 268 页。

② (明)都穆编:《吴下塚墓遗文》,《石刻史料新编》第二辑第 9 册,新文丰出版公司 1979 年版。

③ (明)王行:《墓铭举例》,《石刻史料新编》第三辑第 40 册,新文丰出版公司 1986 年版。

　　清代，金石学大兴，相关成果也极为丰硕。就碑志整理而言，有很大一部分著作仍然沿袭宋代的整理模式，或专做碑志的目录整理①，或专做题跋考证②，也有整理录文并附加题跋者③。按地域进行整理更是蔚然成风，各省、各县地方志中都辟有"金石"一栏，就是很好的明证。清代在金石整理的体例上较宋、明有很大进步：第一，出现了整理石刻法帖或图像的专书④，尤其是汇集拓本成书，为整理碑志提供了一个新的范式⑤；第二，根据传统文献（如正史《晋书》《北史》等）提供的碑志信息，拓展了碑志著录的范围⑥；第三，出现了鉴别伪碑的著作⑦。在墓志整理方面，清人除了沿袭明代的做法，对墓志录文进行专门整理，并附题跋考证外⑧，开始墓志目录整理⑨，并专门搜集整理砖志⑩。

　　民国时期的碑志整理其建树体现在：第一，对域外碑志进行整理⑪；第二，编撰石刻题跋索引⑫。而对墓志的整理更是兴盛发展，罗振玉以一人之力，根据地域汇集墓志录文，先后编成《京畿冢墓遗文》《吴中冢墓遗文》《两浙冢墓遗文》《襄阳冢墓遗文》《东都冢墓遗文》《芒洛冢墓遗文》以及续编·三编·四编《山左冢墓遗文》《中州冢墓遗文》《山右冢墓遗文》《高昌专录》等诸书。

　　20 世纪 50 年代以后，尤其是 70 年代以来，无论国内、国外还是港

---

　　①　如吴式芬：《金石汇目分编》，见《石刻史料新编》第一辑第 27 册，新文丰出版公司 1977 年版；尹彭寿：《山左南北朝石刻存目》，见《石刻史料新编》第二辑第 20 册。

　　②　如《石刻史料新编》第一辑第 25 册收录的钱大昕《潜研堂金石文跋尾》、武亿《授堂金石跋》、严可均《铁桥金石跋》等。

　　③　如《石刻史料新编》第一辑第 10 册收录的翁方纲《两汉金石记》、汪鋆《十二砚斋金石过眼录》；《石刻史料新编》第一辑第 11 册收录的端方《陶斋藏石记》等。

　　④　如刘喜海《金石苑》，参见《石刻史料新编》第一辑第 9 册；张德容《二铭草堂金石聚》，参见《石刻史料新编》第二辑第 3 册；陈泾《求古精舍金石图》，参见《石刻史料新编》第二辑第 7 册，但它们的图版大多皆摹刻，而非拓本。

　　⑤　如《石刻史料新编》第二辑第 2 册收录的牛运震《金石图说》。

　　⑥　如《石刻史料新编》第三辑第 37 册收录的陆雅浦《诸史碑铭录目》。

　　⑦　如《石刻史料新编》第一辑第 8 册收录的陆增祥《八琼室金石祛尾》。

　　⑧　如《石刻史料新编》第二辑第 2 册收录的黄本骥《古志石华》《古志石华续编》。

　　⑨　如《石刻史料新编》第二辑第 18 册收录的顾燮光《古志新目初编》《石刻史料新编》第三辑第 37 册收录的顾燮光《古志汇目》，其按朝代排，著录古代墓志的碑目。

　　⑩　端方编：《陶斋藏甎记》，《石刻史料新编》第一辑第 11 册；黄瑞辑：《台州金石录》附甎录五卷，《石刻史料新编》第一辑第 15 册。

　　⑪　如《石刻史料新编》第四辑第 1 册收录的罗振玉《海外贞珉录》，新文丰出版公司 2006 年版；《石刻史料新编》第三辑第 36 册收录的罗振玉《三韩冢墓遗文目录》等。

　　⑫　杨殿珣编：《石刻题跋索引》，商务印书馆 1940 年版。

台，墓志整理都进入了一个新的历史时期。由于碑竖立在外面，风化、毁损严重，因此，发现相对困难；埋葬在地下的墓志则保存相对完好，随着考古事业的发展，加上一些基建工程，墓志被大量发现，为这一时期的墓志整理提供了良好契机。

　　细观近 70 年来的墓志整理工作，出版书籍远远超越前代，据曾晓梅统计，从北宋至中华人民共和国成立以前，近千年的时间，流传下来的与石刻有关的著作共 1127 本；而新中国成立后至 2009 年，60 年的时间共出版与石刻相关的著作 817 本①。而日本学者高桥继男统计 1949—2007 年期间，出版的与石刻相关的书籍有 3000 余种②。由于两位学者的收书标准不同，因此统计的数字存在较大差异。无论哪一组数据，都清晰地反映了新中国成立以后碑志整理与研究的巨大发展。这一时期的墓志整理，除了对传统石刻书籍、石刻文献的汇编和叙录外③，更多的是对过去墓志的系统梳理和对新出土墓志的热情追逐。就整理范式而言，或按时间、或按地域、或按馆藏地进行。就编排体例而言，或专门收集拓本成书，或专门整理录文成书，或拓本附录文（有的后面还附以注释或考证），或编撰目录索引或提要。以下便按照时间、出土地域和馆藏地的墓志整理进行分述，有交叉部分则进行相应归类。

一

　　中古时期，古人热衷于刻碑或撰写墓志，因此留下来的碑志资料极多，整理起来也难度极大。新中国成立以来，就墓志的整理而言，石质墓志的通史性著作极少，很多都是将碑石与墓志统合起来整理；或者就过去碑石著作中的录文按朝代进行分编，如《石刻文献全编》④；或者汇编金石

---

　　①　曾晓梅编著：《碑刻文献论著叙录》，线装书局 2010 年版，见目录。

　　②　高桥继男《中国石刻关系图书目录（1949—2007）》，收录 2007 年前出版的中国石刻相关研究书目 3000 余种，汲古书院 2009 年版。

　　③　碑刻著作叙录如曾晓梅编著《碑刻文献论著叙录》、高桥继男《中国石刻关系图书目录（1949—2007）》；高桥继男《中国石刻关系图书目录（2008—2012 前半）稿》，汲古书院 2013 年版。

　　④　国家图书馆善本金石组编：《历代石刻史料汇编》，辑录民国和民国以前编印的金石志书（包括地方志中的金石志）中的石刻文献 17000 余篇，上起先秦，下迄清末，既有秦砖汉瓦，又有碑碣墓志，还有历代金石学家对碑文进行的文字考释，北京图书馆出版社 2000 年版。后来，金石组又将该书断代编成《石刻文献全编》16 册，内容相同，北京图书馆出版社 2003—2004 年版。

文献，如台湾新文丰出版公司出版的《石刻史料新编》第一、二、三、四辑 100 册①，国家图书馆出版的《地方金石志汇编》80 册②；或者直接汇集拓本成书，如《中国金石集萃》（文物出版社，1995 年）、《中国碑刻全集》（人民美术出版社，2010 年）、《中国美术全集·书法篆刻篇》（人民美术出版社，2006 年）、日本学者中田勇次郎编《中国墓志精华》③ 等，石质墓志的通史性录文整理或拓本附录文者付诸阙如。与石质墓志相较，砖质墓志由于数量不是特别庞大，时段主要集中在汉魏六朝，因此，还有几部较为系统的整理著作，如殷荪编著《中国砖铭》（江苏美术出版社，1998 年），胡海帆、汤燕编著《中国古代砖刻铭文集》（文物出版社，2008年），这些书皆图版、录文兼具④。然而，由于中国古代时间跨度长，石质墓志数量特别巨大，因此相关的整理也都大体按断代进行。

（一）汉魏六朝

汉代处于墓志的兴起阶段，一些刑徒砖志、少数石堂画像题记具备了后世墓志的一些简单要素，如介绍志主姓名、卒年或葬年以及葬地，《邳州青龙山元嘉元年（151）画像石墓题记》就极其类似后代的墓志，其介绍了碑主缪宇，字叔异，东汉和平元年（150）七月七日卒，元嘉元年三月廿日葬，以及营造墓葬的一些情况⑤。汉代墓志由于数量不多，因此这一时期的墓志整理则是与碑石共同进行。徐玉立主编《汉碑全集》（河南美术出版社，2006 年）、高文著《汉碑集释》（河南大学出版社，1985 年第 2 版，1997 年）、袁维春撰《秦汉碑述》（北京工艺美术出版社，1990年），日本京都大学藏《汉代碑刻文字拓本》皆是以汉碑为主体的整理著作，内容也包括部分阙铭、墓表、石堂画像题记等，其中《汉碑全集》是收录两汉碑刻文字资料最多的图录，展示全碑，并附有录文和介绍。

---

① 《石刻史料新编》第一、二、三、四辑，本丛书汇集历代石刻史料 1095 种，这是目前所见汇集历代石刻文献及研究论著的最大型丛书。新文丰出版公司 1977—2006 年版。

② 国家图书馆：《地方金石志汇编》，收录 130 余种地方金石志，国家图书馆出版社 2011年版。

③ 《中国墓志精华》，中央公社论 1975 年版，其中挑选了一百方中国古代墓志图版，附解说。

④ 另王镛、李淼编《中国古代砖文》只是精选了战国晚期至南北朝时期的砖文图版，并附砖文录文，没有进行通史性的整理，知识出版社 1990 年版。

⑤ 《汉碑全集》第 2 册第 266 页。

进入魏晋南北朝，墓志渐兴，数量也大量增加，因此，新中国成立以来，对魏晋六朝墓志进行整理有专书出现。主要分为以下几类，整理拓本、整理墓志录文并进行题跋考证，编排目录索引或提要、汇集题跋考证。

专门整理拓本或拓本附录文、考证的专著主要有：赵万里编《汉魏南北朝墓志集释》（科学出版社，1956 年）、张伯龄编《北朝墓志英华》（三秦出版社，1988 年）、李仁清编《中国北朝石刻拓片精品集》（大象出版社，2008 年），三书以整理拓本为主。毛远明《汉魏六朝碑刻校注》（线装书局，2008 年），王连龙《新见北朝墓志集释》（中国书籍出版社，2013 年），二书则是在展示拓本图版的同时，释读志文。辽宁省博物馆编《北魏墓志二十品》（文物出版社，1990 年）、戚叔玉等选编《北魏墓志百种》（上海书画出版社，1987 年）、上海书画出版社编辑《魏墓志精粹》（上海书画出版社，2008 年）诸书，主要从研究书法的目的出发，挑选拓本图版，但同时也具有一定的史料价值。汇集拓本图版成书，可以使读者一览碑志的大体面貌，一睹当时的文物风采。这些拓本图版不仅能够真实地反映当时的书写格式、字体变化、俗体字写法，碑志上的图像、碑志形制的大小变化，还能反映时人的一些世俗观念，因此拓本本身能够给学者提供一些录文之外的研究领域，这也是当今碑志整理一般都附上图版的根本原因。但是仅有拓本图版也存在一个问题，就是有的拓本图版模糊，难以直接为学者所利用，故一些墓志整理会在刊布图版的同时，也刊布经过整理的墓志录文；有的甚至直接刊布墓志录文，而略掉拓本图版。

专门汇集录文的墓志专著有赵超编著的《汉魏南北朝墓志汇编》（天津古籍出版社，1992 年初版，2008 年再版），罗新、叶炜编著《新出魏晋南北朝墓志疏证》（中华书局，2005 年；中华书局，2016 年修订本），二书主要收集 1949 年至 2003 年间全国各地出土的汉魏南北朝墓志。尤其是后书，录文加疏证，并详细注明墓志的著录情况，体例较为完备。但缺乏图版，原文核对终究不便。

在整理墓志拓本和录文的同时，一些碑目、题跋索引的工作也在同时跟进。王壮弘、马成名编纂《六朝墓志检要》（上海书画出版社，1985 年初版；上海书店出版社，2008 年修订本），收录六朝墓志近千种，每方墓志简介其真伪、形制、收藏等情况。荣丽华编集，王世民校订《1949—1989四十年出土墓志目录》（中华书局，1993 年），收录这四十年间各地出土的

东汉至清代墓志 1464 通、汉魏六朝墓志只是其中的一部分。汪小烜编
《1990—1999 年新出汉魏南北朝墓志目录》（刊武汉大学《魏晋南北朝隋唐
史资料》第 18 辑，2001 年）收录 1990—1999 年见诸大陆、台湾各主要考
古、文博、历史杂志的新出汉隋墓志，以目录为主，考证为辅。刘瑞昭著
《汉魏石刻文字系年》（收入《香港敦煌吐鲁番研究中心研究丛刊》，台北：
新文丰出版公司，2001 年），较为全面地收集宋代以来著录的汉魏石刻（包
括大量墓志）文字资料，共收录汉魏石刻 771 方，简介之外，1949 年以后
新出土的碑刻，附录原文。毛远明编著《汉魏六朝碑刻校注·总目提要》
（线装书局，2008 年），用图表的形式著录汉魏六朝碑刻近 2600 通，包括碑
碣、墓志等，对汉魏六朝碑志进行了一次全面清理，但仍有大量遗漏①。

　　在编撰目录索引方面，日本学者走在了中国学者的前面。日本学者梶
山智史编《北朝墓志所在总和目录》（《東アジア石刻研究》1 号，74—
130 页，2005 年）收录北朝墓志 779 方；后来，作者又著《新出北朝隋代
墓志所在总和目录（2006—2010）》（《東アジア石刻研究》3 号，97—117
页，2011 年）收录 2006 年至 2010 年间新发表和新发现的北朝墓志 235
方、隋代墓志 121 方。日本学者中村圭尔、室山留美子在赵超《汉魏南北
朝墓志汇编》、罗新·叶炜《新出魏晋南北朝墓志疏证》两书的基础上，
编撰而成的《魏晋南北朝墓志人名地名索引》（平成 20 年度科学研究费补
助金报告书，2008 年）、《魏晋南北朝墓志官职名索引》（平成 17 年度—
21 年度文部科学省特定领域研究成果报告，2009 年），对墓志内容进行索
引编目，只是引用书籍仅限上述两书。

（二）隋唐时期

　　隋唐时期，尤其是唐代墓志数量激增，整理起来难度较大。很多唐代
墓志专书，都是作者按照自己的既定体例进行编排，往往造成一方墓志在
诸书中重复出现的现象。

　　就隋唐墓志拓本整理而言，吴钢等主编《隋唐五代墓志汇编》30 册
（天津古籍出版社，1991 年），其主要收录隋唐五代时期的墓志拓本 5000

---

　　① 王迟迟：《〈汉魏六朝碑刻校注〉未收石刻整理与研究——三国、两晋及南朝时期》，西南
大学 2014 年硕士论文；杜莹：《〈汉魏六朝碑刻校注〉未收北魏碑刻整理与研究》，西南大学 2014
年硕士论文；朱遂：《〈汉魏六朝碑刻校注〉未收北齐北周碑刻辑补》，西南大学 2014 年硕士论
文。

余种，按收藏地域和单位整理成册，没有录文。从各卷地域名称来看，显然还有很多省市的墓志整理呈现空缺状态。拓本附录文或考证的整理，其主要代表作有：王其祎、周晓薇编著《隋代墓志铭汇考》6 册（线装书局，2007 年），共收录隋代墓志 643 方，有图版、录文和考释，并列诸家著录、跋尾等，堪称上乘之作。台湾学者毛汉光主编《唐代墓志铭汇编附考》18 册（台北：中研院史语所，1984—1994 年），收录唐代墓志 1800 方，附有图版、录文和介绍墓志的附记，但其整理截止到开元十五年（727）。隋代碑志编选组编《隋代碑志百品》（新时代出版社，2002 年），许宝驯编 10 册《隋唐墓志百种》（上海书画出版社，1995 年），袁道俊编著《唐代墓志》（上海人民美术出版社，2003），《隋唐墓志精粹》（上海书画出版社，2008 年），赵文成、赵君平编选《新出唐墓志百种》（西泠印社出版社，2010 年），这些书籍拓本的选择，重在书法，对书法史的研究有重要价值，同时也给史学研究提供了重要文献来源。

唐代墓志录文的整理其代表作有周绍良、赵超编《唐代墓志汇编》（上海古籍出版社，1992 年初版；2007 年再版）、《唐代墓志汇编续集》（上海古籍出版社，2001 年），两书共收录唐代墓志录文约 5560 方；吴钢主编《全唐文补遗》（1—9 辑）、《全唐文补遗》（千唐志斋新藏专辑）、《全唐文补遗总目索引》（三秦出版社，1994—2014 年），该套书收录唐代墓碑、墓志约 6370 方（不包括经幢、造像题记、书札等），墓志占了绝大部分。不过，《唐代墓志汇编》及《续集》与《全唐文补遗》诸书重出墓志众多。

隋唐两朝墓志索引的整理，日本学者同样走在了国内学者的前列。日本学者梶山智史编《隋代墓志所在总和目录》（《東アジア石刻研究》1 号，38—73 页，2005 年）收录隋代墓志 483 方；后来，作者又著《新出北朝隋代墓志所在总和目录（2006—2010 年）》（《東アジア石刻研究》3 号，97—117 页，2011 年 3 月）收录 2006 年至 2010 年间新发表和新发现的隋代墓志 121 方，介绍其著录状况。日本学者气贺泽保规编《新版唐代墓志所在总和目录》（东京汲古书院，2009 年），本书在 1997 年、2004 年版《唐代墓志所在总和目录》的基础上，再次增订，收录 2008 年以前公开发表的唐墓志、墓志盖 8737 方，标注同一墓志在《石刻题跋索引》、《北京图书馆藏中国历代石刻拓本汇编》《隋唐五代墓志汇编》《全唐文补遗》《唐代墓志汇编》《新中国出土墓志》等著作中的详细出处。美国学者谭凯（Nicolas Tackett）编集《唐末至宋初墓志目录》（*Tomb Epitaphs from the Tang-Song Transition*）（自行刊印，2005年），收录唐大中四年（850）至宋咸平二年，即辽统和十七年（999）期间的墓志和墓碑，著录葬年、志主、注明拓片、录文资料来源、有关考证和介绍、发掘报告等，末附墓志录文，是墓志目录加录文的著作。

二

　　按照出土地域进行墓志整理，是中古时期墓志整理的又一重要范式。王素主编《新中国出土墓志》便是其体例的典型代表。该书从1994年开始分省、分册陆续出版，收录1949年以来国内出土的历代墓志，但迄今只出版了陕西卷三卷6册，河南卷三卷6册，河北卷一卷2册，江苏卷两卷4册、上海天津卷一卷2册，北京卷一卷2册，重庆卷一卷1册，还有很多省份的整理工作没有完成。该书既有拓本图版，又有释读录文，但考证研究相对不足。其余很多大区域范围内的石刻或墓志整理都是只附图版和简单的介绍，没有进行文字释读，如杨玉钰主编20册《中国西南地区历代石刻汇编》（天津古籍出版社，1998年），赵平主编10册《中国西北地区历代石刻汇编》（天津古籍出版社，2000年），大体皆是如此。

　　按照省市区域进行的石刻整理数量极为庞大，从收集的相关著作来看，几乎各省都进行过相关的工作，只是由于地域差异，数量参差不齐，因此整理出来的成果也就多少各异。即便东北的黑龙江，西南的云南、西藏，东南的福建、广东，西北的新疆都有相关的成果问世①。在这些地域中，墓志最为集中的省份为河南、陕西、山西三省，因此这些省份的墓志整理成果尤为耀眼。赵文成、赵君平编《秦晋豫新出墓志蒐佚》（国家图书馆出版社，2012年）4册、《秦晋豫新出墓志蒐佚续编》（国家图书馆出版社，2015年）5册，全部皆是汇集这三个地域近年新出土的墓志1950

---

① 王宪、滕瑞云编著：《黑龙江碑刻考录》，黑龙江教育出版社1996年版。徐发苍主编：《曲靖石刻》，云南民族出版社，1999年；张方玉主编：《楚雄历代碑刻》，云南民族出版社，2005年。［美］李方桂、柯蔚南著：《古代西藏碑文研究》，台湾商务印书馆，1987年；西藏人民出版社，2006年；《李方桂全集》第九《古代西藏碑文研究》，清华大学出版社，2007年。谢佐等编著：《青海金石录》，青海人民出版社，1993年。何丙仲编纂：《厦门碑志汇编》，中国广播电视出版社，2004年。谭棣华等编：《广东碑刻集》，广东高等教育出版社，2001年；冼剑民、陈鸿钧编：《广州碑刻集》，广东高等教育出版社，2006年。新疆的整理以砖志为主，将在后面详述。

余方，可惜只著录图版，没有进行文字释读。

就各省而言，河南整理出来的墓志成果尤为突出，如河南省文物研究所编《千唐志斋藏志》（文物出版社，1984 年），洛阳市文物工作队编《洛阳出土历代墓志辑绳》（中国社会科学出版社，1991 年），李献奇、郭引强编《洛阳新获墓志》（文物出版社，1996 年），朱亮《洛阳出土北魏墓志选编》（科学出版社，2001 年），赵君平编《邙洛碑志三百种》（中华书局，2004），杨作龙、赵水森编《洛阳新出土墓志释录》（北京图书馆出版社，2004 年），赵君平、赵文成编《河洛墓刻拾零》（北京图书馆出版社，2007 年），乔栋等编《洛阳新获墓志续编》（科学出版社，2008 年），齐渊编《洛阳新见墓志》（上海古籍出版社，2011 年），齐运通编《洛阳新获七朝墓志》（中华书局，2012 年），郭茂育、赵水森编《洛阳出土鸳鸯志辑录》（国家图书馆出版社，2012 年），毛阳光、余扶危主编《洛阳流散唐代墓志汇编》（国家图书馆出版社，2013 年），安阳市文物考古研究所、安阳博物馆编《安阳墓志选编》（科学出版社，2015 年），等。再加上《新中国出土墓志》中河南省的三卷 6 册①，《全唐文补遗》千唐志斋新藏专辑（三秦出版社，2006 年），《隋唐五代墓志汇编》河南卷 1 册、洛阳卷 15 册，河南一省的墓志整理成果极为丰硕。从出版的时间来看，河南一省的墓志整理显然从 20 世纪 80 年代开始，本世纪更是加快了整理和出版速度，不过诸书之间重复著录的墓志也不在少数。正是因为河南，尤其是洛阳出土墓志数量众多，因此该地的墓志目录整理也就成为必要。河南省文物局、中原石刻艺术馆编著《河南碑志叙录》二册（中州古籍出版社，1992 年；河南美术出版社，1997 年），本书意在将河南出土和传世的现存碑志全部收录，是一部河南碑志目录提要。洛阳市文物管理局、洛阳市文物工作队编《洛阳出土墓志目录》（朝华出版社，2001 年），洛阳市文物考古研究院编《洛阳出土墓志目录续编》（国家图书馆出版社，2012 年），二书共收录洛阳出土的墓志 5171 方，上自东汉，下迄民国，汉至唐代的墓志占了大部分。

陕西是墓志出土的又一重镇，这与其曾作为古都有关。陕西省的墓志

---

① 《新中国出土墓志》河南壹、贰，两卷共 4 册，河南叁（千唐志斋·壹）上下两册，文物出版社，分别出版于 1994 年、2002 年、2008 年。

整理成果如《新中国出土墓志》陕西三卷，共6册①；《隋唐五代墓志汇编》陕西卷4册，都收录了大量陕西地区出土的墓志。西安碑林博物馆也以馆藏名义整理了诸如《西安碑林博物馆新藏墓志汇编》（上、中、下三册）（线装书局，2007年）、《西安碑林博物馆新藏墓志续集》（上、下两册）（陕西师范大学出版社，2014年），也收录了许多陕西地区出土的墓志。张鸿杰主编"陕西金石文献汇集"丛书，力图编辑一部陕西省各地市的金石书籍，目前这套丛书从1990年至今已经出版了诸如《咸阳碑石》（三秦出版社，1990年），《安康碑石》（三秦出版社，1991年），《高陵碑石》（三秦出版社，1993年）、《昭陵碑石》（三秦出版社，1993年），《华山碑石》（张江涛编著，三秦出版社，1995年），王忠信编《楼观台道教碑石》（三秦出版社，1995年），《鸳鸯七志斋藏石》（赵力光编，三秦出版社，1995年），《汉中碑石》（陈显远编著，三秦出版社，1996年），《澄城碑石》（张进忠编著，三秦出版社，2005年），《重阳宫道教碑石》（刘兆鹤、王西平编著，三秦出版社，1998年），《潼关碑石》（刘兰芳、张江涛编著，三秦出版社，1999年），《榆林碑石》（康兰英等编著，三秦出版社，2003年），《户县碑刻》（刘兆鹤、吴敏霞主编，三秦出版社，2005年），《临潼碑石》（赵康民、李小萍编著，三秦出版社，2006年）等十几地的碑石资料，其中有很大一部分为墓志资料，既公布图版，又有释文、考证，有着较高的学术价值。西安市文物稽查队编《西安新获墓志集萃》（文物出版社，2016年）则是最近出版的墓志书籍，以"文物稽查队"的名义编辑墓志，显示了当今盗掘的盛行。李慧主编《陕西石刻文献目录集存》（三秦出版社，1990年），收录1949年以前发现和出土的历代陕西石刻，编成目录，大半为隋唐五代石刻。

　　山西是墓志出土的又一重镇，这一地域的墓志整理也在逐步跟进。与河南省的墓志整理不同，山西地区的墓志整理同陕西相近，主要是以各地市的名义进行碑志汇编。《隋唐五代墓志汇编》山西卷1册已经出版。秦海轩编纂《晋城金石志》（海潮出版社，1995年），崔正森、王志超著《五台山碑文选注》（北岳文艺出版社，1995年），李百勤著《河东出土墓志录》（山西人民出版社，1994年），吴钧编注《河东盐池碑汇》（山西古

---

　　① 《新中国出土墓志》陕西壹、贰、叁，各两卷，文物出版社于2000年、2003年、2015年分别出版。

籍出版社，2000 年），王树新主编《高平金石志》（中华书局，2004 年），常福江主编《长治金石萃编》（山西春秋电子音像出版社，2006 年）等，这些碑志书籍中含有大量墓志，拓本图版与文字抄录并举，并简要说明金石基本情况，有利于对山西省的墓志情况有一定了解，但显然，还有一些地市没有完成金石资料的汇编工作。山西以省的名义进行的碑志汇编，皆是属于选编类，如山西省考古研究所编《山西碑碣》（山西人民出版社，1997 年）、孔富安编《山西古代石刻集萃》（山西科学技术出版社，2005 年）等，没有对山西一省的碑志进行系统整理。

在其他各省的墓志整理中，尤其值得提到的是新疆一地，尽管地方偏远，但是其整理工作并不落后，除《隋唐五代墓志汇编》新疆卷 1 册如期出版外，黄文弼整理的《高昌砖集》（中国学术团体协会西北科学考察团理事会出版，1931 年；1951 年增订中国科学院印行），整理出高昌国时期的砖志。侯灿、吴美琳编著《吐鲁番出土砖志集注》（巴蜀书社，2003 年），收录吐鲁番出土的墓砖、墓志共 328 通，既有图版，又有释文，文末还有注释。这些砖志整理成果，对研究西域历史有较高的文献价值。

河北、北京、天津虽然在中古时期，离都城相对较远，但是其出土的墓志也不在少数①。《新中国出土墓志》河北壹上、下 2 册（文物出版社，2004 年），《新中国出土墓志》北京壹上、下 2 册（文物出版社，2003 年），《新中国出土墓志》（上海、天津）上、下 2 册（文物出版社，2009 年）皆已出版。吴钢主编《隋唐五代墓志汇编》也有河北卷 1 册、北京附辽宁卷 3 册、北京大学卷 2 册，河北、北京、天津的整理成果也可谓丰硕。石永士等著《河北金石辑录》（河北人民出版社，1993 年），对河北一省的金石更是进行了系统清理，收录河北省金石 3595 种，以碑刻为主，附有拓片或照片，书末有河北全省金石目录。其余碑志整理则按照地市进行，如杨少山主编《涿州碑铭墓志》（河北教育出版社，1991 年），刘海文编著《宣化出土古代墓志录》（远方出版社，2002 年），侯璐主编《保定出土墓志选注》（河北美术出版社，2003 年），杨卫东、黄涿生主编《涿州贞石录》（北京燕山出版社，2005 年），邓文华编著《景州金石》（中国文史出版社，2004 年），田国福主编《河间金石遗录》（河北教育出版社，2008 年）等。显然，就河北一省而言，各地市的墓志整理也显得参

---

① 之所以将三地归为一个地域，是因为北京、天津在中古时期属于河北地域。

差不齐。

山东省的石刻整理则以曲阜和泰山为中心，以济南为辅助。《新中国出土墓志》迄今不见山东省的身影；《隋唐五代墓志汇编》则是江苏和山东两地合一，出版墓志1册。总体而言，山东一地的碑志整理是区域性进行的，宫衍兴编《济宁全汉碑》（齐鲁书社，1990年），李正明、戴有奎主编《泰山石刻大全》（齐鲁书社，1992年），张玉胜著《岱庙碑刻》（山东画报出版社，1998年；考古书店，1999年），袁明英主编《泰山石刻》（中华书局，2007年）等，皆是收录曲阜和泰山两地碑刻，也包括一些墓志。韩明祥编著《济南历代墓志铭》（黄河出版社，2002年），专门搜集20世纪50年代以后在济南出土的墓志、塔铭等，是研究济南、山东的第一手资料。骆承烈编《曲阜碑目辑录》，（油印本，曲阜师范学院孔子研究室印，1981年），则是曲阜一地的碑目汇编。

江苏省的墓志整理，除上述与山东合作，已出版《隋唐五代墓志汇编》江苏山东卷1册外，《新中国出土墓志》江苏壹·常熟卷上、下2册（文物出版社，2006年），江苏贰·南京卷上、下2册（文物出版社，2014年）也顺利出版。其余江苏省的碑志整理，也是区域性的，如张晓旭著《苏州碑刻》（苏州大学出版社，2000年）、性空主编《寒山寺碑刻集》（古吴轩出版社，2000年）、常熟市碑刻博物馆编《常熟碑刻集》（上海辞书出版社，2007年）等。

浙江一地虽然在中古时期远离中原王朝，其墓志整理也没有大部头的资料汇编出版，但是也不乏地方特色。厉祖浩整理《越窑瓷墓志》（上海古籍出版社，2013年），收录瓷质墓志89方，该批墓志对研究越窑青瓷发展、古代墓志形态变化都有较高价值。其余按地市编辑的碑志资料汇编，则沿袭传统做法，或拓本附介绍，或拓本附录文，或直接录文。如章国庆编《宁波历代碑碣墓志汇编》（上海古籍出版社，2012年），金柏东主编《温州历代碑刻集》（上海社会科学院出版社，2002年），《衢州墓志碑刻集录》（浙江人民美术出版社，2006年），章国庆编著《天一阁明州碑林集录》（上海古籍出版社，2008年）等。

甘肃省的碑志整理也是按照地市进行，但是由于地域特色，在甘肃省的金石资料汇编中，墓志并不占主流，如郑炳林著《敦煌碑铭赞辑释》（甘肃教育出版社，1992年），吴景山著《甘南藏族自治州金石录》（甘肃人民出版社，2001年），王其英主编《武威金石录》（兰州大学出版社，

2001 年）等。其余各省整理出来的墓志成果相对较少，以墓志为题者大致有贵州省博物馆编《贵州省墓志选集》（贵州人民出版社，1986 年），陈柏泉编《江西出土墓志选编》（江西教育出版社，1991 年）等，但著作中几乎没有或只有一两方中古时期墓志。

总之，以地域为核心进行的墓志整理，由于古代地域文化发展的差异，整理出来的墓志数量地域之间差异极大；河南、陕西最多，其次山西、河北（包括北京、天津），再次江苏、山东、浙江、新疆等地。反而离中原较近的湖北、安徽、湖南等地的墓志整理成果相对较少，究竟是地域文化差异造成的，还是其他？个中原因值得深思。

三

馆藏墓志并不局限于一地出土，这也是将其单独叙述的原因所在。民国时期，三大金石收藏家张钫、于右任、李根源在新中国成立后，其金石收藏皆捐赠给了政府，张钫所藏后来成立了千唐志斋博物馆；于右任的收藏捐赠给了西安碑林博物馆；李根源的收藏由后人捐赠给政府，后来这批墓志原石归南京博物院收藏。因此，新中国成立以来的部分馆藏墓志整理便与这三人有一定关系。张钫所藏由河南省文物研究所、河南省洛阳地区文管处编成《千唐志斋藏志》（文物出版社，1984 年），该书收录了张钫千唐志斋所藏墓志 1360 余方，以唐代为主（1209 方），为石刻精本图录。于右任所藏由赵力光编成《鸳鸯七志斋藏石》（三秦出版社，1995 年），刊登了于右任“鸳鸯七志斋”所收藏的汉至宋代石刻图版三百多种。李根源的部分所藏，由其子李希泌编成《曲石精庐藏唐墓志》（齐鲁书社，1986 年），收录唐代墓志 93 方。其余馆藏墓志整理大体都是由博物馆或图书馆进行的。

西安碑林是我国规模最大的石刻博物馆，高峡主编《西安碑林全集》（广东经济出版社，2000 年）对其馆藏石刻进行了系统清理，其第二部分“墓志”类则刊登了其馆藏墓志 800 种，为拓本图版加介绍说明。与之相配套的是陈忠凯等编《西安碑林博物馆藏碑刻总目提要》（线装书局，2006 年），该书以《西安碑林全集》为底本，新增了 20 世纪 90 年代中期至 2005 年 12 月新获藏石，全书收录墓志 1053 方，但只有提要介绍。2007 年出版的《西安碑林博物馆新藏墓志汇编》收录的则是 1980—2006 年 12

月期间西安碑林博物馆入藏的墓志 381 方，既有拓本图版，也有录文释读；2014 年陕西师范大学出版社出版的《西安碑林博物馆新藏墓志续编》收录的则是 2007—2013 年期间该博物馆收藏的西魏至元代墓志 231 种，编排体例也依照前书。这些书籍的出版，给我们展示了西安碑林博物馆馆藏墓志的大致情况。

河南省千唐志斋博物馆是收藏唐代墓志最多的一个博物馆，其馆藏志石以及拓片的整理从新中国成立初期就开始了。1953 年由北京石默斋出版的张钫编《千石斋藏志目录》收录其馆藏墓志 1346 件。随着馆藏的不断增加，1984 年文物出版社出版了由河南省文物研究所与洛阳地区文管处共同编著的《千唐志斋藏志》，共收录西晋至民国时期的墓志拓片 1360 件，志盖拓本 92 件，但是没有释读录文。2006 年，三秦出版社出版了由吴钢主编《全唐文补遗》（千唐志斋新藏专辑），该书收录了 20 世纪 90 年代以来千唐志斋新收藏的墓志 600 余方，惜只有录文，没有拓片来源介绍。2008 年文物出版社又出版了《新中国出土墓志》河南（叁）千唐志斋（壹），收录了 20 世纪 90 年代以来千唐志斋新收藏墓志 350 方，拓本、录文和介绍并具，但与《全唐文补遗》（千唐志斋新藏墓志）多有重复，只是《新中国出土墓志》多出拓本图版部分，这也是其价值所在。西安碑林，河南千唐志斋所藏墓志中，中古时期墓志占了相当大的比重。

其余各省、地市的馆藏墓志出版者还有《辽宁省博物馆藏碑志精粹》（文物出版社，2000 年）、袁道俊编南京博物院藏《唐代墓志》（上海人民美术出版社，2003 年）、故宫博物院编《故宫博物院藏历代墓志汇编》（紫禁城出版社，2010 年）、刘雨茂等编彭州博物馆藏《李宗昉集北朝隋唐碑拓》（四川美术出版社，2010 年）、胡戟·荣新江编《大唐西市博物馆藏墓志》（北京大学出版社，2012 年）等，皆对馆藏墓志做了系统清理，甚至一些著作对馆藏墓志做了录文释读，如《大唐西市博物馆藏墓志》《李宗昉集北朝隋唐碑拓》《故宫博物院藏历代墓志汇编》等，皆是图版、录文兼具。其余一些馆藏碑志书籍，虽然所收不全是墓志，但也包含墓志在内，如刘之光编北京石刻艺术博物馆藏的《馆藏石刻目》（今日中国出版社，1996 年），《中国西南地区历代石刻汇编》之云南省博物馆卷 1 册、广西博物馆卷 5 册（天津古籍出版社，1998 年），俞苗荣、龚天力主编《绍兴图书馆馆藏地方碑拓选》（西泠印社出版社，2007 年），李龙文编《兰州碑林藏甘肃古代碑刻拓片菁华》（甘肃人民美术出版社，

2010 年）等，诸书皆涵括部分中古时期的部分墓志。

各省、市以及大学和研究机构图书馆也是墓志的主要收藏地。北京图书馆（现改名国家图书馆）金石组编《北京图书馆藏中国历代石刻拓本汇编》（中州古籍出版社，1989 年至 1991 年），该书收录从战国至民国时期的石刻拓本 15687 方，按时代顺序编排成 100 册，另编索引一册，书中收录大量的汉唐时期墓志。1990 年该馆金石组又编辑《北京图书馆藏墓志拓片目录》（中华书局，1990 年），共收录馆藏墓志拓本 4638 方，以元代以前为主。这两套书使我们对现今国家图书馆的馆藏墓志状况有一个大致了解。在此基础上，徐自强主编《北京图书馆藏北京石刻拓片目录》（书目文献出版社，1994 年），则是地域性的石刻拓本目录；王敏辑注《北京图书馆藏善拓题跋辑录》（文物出版社，1990 年），则是对馆藏善拓题跋进行了汇集。

北京大学图书馆也是碑志收藏的另一重要阵地。除 20 世纪 90 年代出版的《隋唐五代墓志汇编》北京大学卷 2 册外，胡海帆、汤燕等编《北京大学图书馆新藏金石拓本菁华》（北京大学出版社，2013 年）共收录 279 种金石拓本，为 1996 年至 2012 年期间的馆藏新品，"碑志"为其中的一类。胡海帆、汤燕等编《北京大学图书馆藏历代墓志拓片目录》（北京大学出版社，2013 年），收录了北京大学图书馆现藏的全部墓志，共 10194 种，从汉代到民国时期均有，包括部分砖志，以唐代为最大宗，达 6000 余种，使我们对北京大学图书馆藏墓志拓本有一个大致把握。

其余图书馆或研究机构所藏碑志整理著作，如郭郁烈主编《西北民族大学图书馆于右任旧藏金石拓片精选》（上海古籍出版社，2008 年），《中国科学院图书馆馆藏历代墓志草目》（油印本，1957 年），王鑫、程利主编《北京市文物研究所藏墓志拓片》（北京燕山出版社，2003 年），浙江图书馆编辑部编《浙江图书馆藏浙江金石拓片目录》（浙江图书馆线装油印本，1982 年）等。

海外大学或研究机构也纷纷整理来自中国大陆的古代墓志。如日本学者中滨慎昭编《淑德大学书学文化センタ——藏中国石刻拓本目录》（日本淑德大学出版社，2007 年），里面收录了该大学所藏从北魏到中华民国的 602 方墓志拓片目录，其中，中古时期墓志有 590 方，并有少数为大陆所不见者。《日本京都大学藏中国历代文字碑刻拓本汇编》（美国：克鲁格出版社，2015 年；新疆美术摄影出版社，2016 年）一书，共 10 册，按断代编排，中古时期占了 7 册。饶宗颐主编《唐宋墓志：远东学院藏拓片图录》（香港中文大学出版社，1981 年），收录法国远东学院所藏唐宋墓志拓片 388 件，其中唐代有 370 件，为整拓影印，无录文。周欣平主编《柏克莱加州大学东亚图书馆藏碑帖》2 册（上海古籍出版社，2008 年），收录美国柏克莱加州大学东亚图书馆收藏中国古代善本碑帖和金石拓本 2696 种，分善本碑帖图录和总目提要 2 册。中研院史语所佛教拓片研读小组编《中央研究院历史语言研究所藏北魏纪年佛教石刻拓本目录》（中研院史语所，2002 年），本书整理、收录中研院史语所傅斯年图书馆所藏北魏纪年佛教石刻拓片目录 254 通，包括僧人的墓志塔铭。

当今的馆藏虽然以国家博物馆、图书馆、研究单位为大宗，但仍存在少量的个人馆藏墓志，潘思源编《施蛰存北窗唐志选萃》（上海世纪出版社股份有限公司、上海古籍出版社，2014 年）便是其代表，编者选取施先生北山楼所藏唐代墓志之精粹 260 多件，编为是书出版。

四

近七十年来的墓志整理成果突出，但也存一些问题。

第一是系统清理不够。

由于新墓志的不断出土，当今很多学者都在忙着"追新"，一是收集新出土墓志拓本集结成书，以取得出版首发权，或新资料的刊布权；二是利用新出土墓志进行研究。我们在忙着追逐新墓志的同时，也应该对以前的墓志作系统清理。如《唐代墓志汇编》《唐代墓志汇编续集》和《全唐文补遗》究竟有多少重出墓志？日本学者气贺泽保规所编《唐代墓志所在总合目录》，大体能够看出同一方墓志在诸书中的著录情况，尽管该总和目录引用书籍有限，但也都是学界使用率较高的文献，故其学术价值不言自明。相较之下，国内学者的目录索引编撰主要是按照出土时间、出土地点和馆藏地进行的，唯毛远明《汉魏六朝碑刻校注·总目提要》做了相关方面的工作，但遗漏碑志较多。这些目录索引还存在一个共同问题，即我们从著录的书籍中，有时不能确切地知道哪本著作是著录的录文、拓本图版或题跋？而且著录的书籍相对较少，这与相关墓志考证或著录书籍繁多有关。日本学界也主要是对六朝至唐代的有录文或有拓本的墓志编撰了索引，对一些仅存碑目或题跋的墓志，没人进行系统清理，而这部分史料对于历史研究不能说毫无裨益。如《宝刻丛编》中有郭子仪的两位夫人墓志①，对研究郭子仪的婚姻有一定帮助；东莞将门臧氏，在《宝刻丛编》中也发现两方亡佚碑志，一是刻于开元十八年（730）、李邕撰并书的《臧怀亮碑》②；二是刻于大历年间，元载撰，张璪分书的《臧希让碑》③。这两块碑文，通过撰者、书者，可以发现唐代武将与社会文化名流或权臣之间的交往现象，或者说他们希望通过文化名流或权臣，来提高自己身份地位的心理。故碑目对历史研究仍然有所助益。题跋因为提供的资料信息多于碑目，故文献价值更高，更何况有的题跋还会有碑志的节文。因此，对现有碑志，包括仅存碑目和题跋者进行系统清理，显得尤为必要。

第二是分类整理不够。

当今的墓志整理，或按年代，或按地域，或按馆藏；在整理形式上，或整理拓本成书，或拓本附录文（有的还有考证或注释），或专门整理录文（有的也附以考证或注释）成书，或编排目录·题跋索引或墓志提要，少有对中古墓志进行严格的分类整理。敦煌文书在分类整理上取得了丰硕成就④，但中古墓志则缺乏这样一套行之有效的分类整理体系。

就现行的墓志分类整理而言，书法界按书法标准进行的墓志整理如赵际芳编著《墓志书法百品》（世界图书出版公司，2007 年），收录东晋至隋代墓志 100 通，比较系统地展现了中国墓志特别是北碑书法艺术和书体流变。许宝驯编《隋唐墓志百种》10 册（上海书画出版社，1995 年）、《隋唐墓志精粹》（上海书画出版社，2008 年）皆精选具有独特风格和书、刻艺术水准的墓志，代表隋唐书法水平，于书法史有重要价值。史学界如何提出一套有利于历史研究的分类体系，从而对中古墓志进行整理，也是当今学界面临的一个重大课题。

第三是数据库的建设不够。

---

① （宋）陈思纂辑：《宝刻丛编》卷八《唐霍国夫人王氏碑》，王氏，郭子仪之妻，碑以大历十三年（778）立，21a；《宝刻丛编》卷八《唐郭子仪夫人凉国李氏碑》，大历三年（768）五月立，18a。《石刻史料新编》第一辑第 24 册。

② 《宝刻丛编》卷一〇，18a，《石刻史料新编》第一辑第 24 册。

③ 《宝刻丛编》卷七，16b，《石刻史料新编》第一辑第 24 册。

④ 如 1996—1998 年江苏古籍出版社出版了一套敦煌文献的分类录校文书，共 10 种 12 册，其按学科和专题对敦煌文献进行系统分类整理，主要有宁可、郝春文：《敦煌社邑文书辑校》；邓文宽：《敦煌天文历法文书辑校》；马继兴、王淑民等：《敦煌医药文献辑校》；沙知：《敦煌契约文书辑校》等。

　　如果说当今的很多传统文献，如二十四史和《通典》《资治通鉴》等书籍都已经制成了可以检索的电子书，那么学界何时能够将中古时期的墓志，甚至整个中古时期的石刻资料都制作成电子书籍，且可以检索，则当是学界的又一重要贡献。

　　总之，近七十年来的中古时期墓志整理，有成就，也存在不足。只有不断地总结经验教训，大胆提出一些开创性想法，并借鉴相关学科的一些整理方法，才能将唐代墓志整理稳步地向前推进。

《全唐文》中碑志文的检索与整理

孟彦弘[*]

　　作为有唐一代文章总集的清人所编《全唐文》，收录了大量的碑志文。这些碑志文，有的来自于别集和总集，有的来自于金石著作和拓片。《全唐文》于所收文章，均不标出处；对这批资料，学术界没有进行过系统的清理。日本学者在 20 世纪 50 年代编撰《唐代研究指南》时，其中有《唐代的散文作品》[①]。他们对《全唐文》每篇文章进行了编号，并尽可能标出了见于《文苑英华》《唐文粹》等总集、别集以及金石著作中的相应篇目。从其标注来看，似乎是总集、别集中已有的，便不再标注金石著作。这是可以理解的。从史源的角度，他们也许认为，清人编《全唐文》，首先会采用总集和别集中已有的文章。事实上也确实如此。不少碑志文，虽见于金石著作的著录，却无录文，比如《全唐文》卷三四一颜真卿《颜允南神道碑》（10a，《作品》7326），《石刻题跋索引》所著录的欧阳棐《集古录目》《宝刻丛编》《京兆金石录》，均无录文[②]；此无疑是据颜真卿别集《颜鲁公文集》而来。金石著作有录文，文集也收的，往往文字也会有不同。如颜真卿《元结表墓碑铭》（《全唐文》卷三四四，16a，《作品》7343），王昶《金石萃编》卷九八有录文[③]，《颜鲁公文集》也收有该文，但二者即有不同；《全唐文》据文集收录，是自然之理，况且金石文字还

---

　　* 孟彦弘，中国社会科学院历史研究所，北京大学中国古代史研究中心（兼任）。
　　① 此据上海古籍出版社 1989 年影印本。以下简称《作品》，并附其编号。
　　② 杨殿珣著，增订版，商务印书馆 1990 年重印本，第 79 页。以下简称《题跋》。
　　③ 本文据《石刻史料新编》影印经训堂丛书本，新文丰出版公司 1982 年版。《唐代的散文作品》所标示的《金石萃编》乃扫叶山房本。

有残阙。但也有文章，《全唐文》却是舍文集而用金石著录。如《全唐文》卷三三一阳伯成《大智禅师碑阴记》（8a），《作品》7162 标出了《文苑英华》卷八二一（4b）。但《全唐文》此文下有注称"谨案碑刻严挺之大智禅师碑铭之下题河南少尹阳伯成撰"云云，疑据碑录。覆核《金石萃编》等，确非录自《文苑英华》；《文苑英华》作者题作"杨伯成"，系时也将开元廿九年误作开元十七年（《八琼室金石补正》误作开元廿四年）。

　　但是，我们还不太清楚，大概有多少碑志文，是仅见于文集又有多少篇是既见于文集又见于金石著作的著录，它们之间有无差异、是怎样的差异，《全唐文》究竟又是取自于何处。近年出土的墓志，有不少是与《全唐文》所收墓志文有对应关系的；但究竟有多少、二者具体关系如何，我们也不清楚。冯秉文主编《全唐文篇目分类索引》（中华书局，2001 年），其中"人物传记资料"占了一半的篇幅，这为我们查找《全唐文》中的传记资料提供了很大的便利，但该书没有比对金石著作和出土墓志的相关材料，而且其中有相当部分是对该人的任命制诏。傅璇琮等《唐五代人物传记资料综合索引》只收清人所撰《全唐文》作者的姓名，不收碑志主人物，对这个问题的解决，更是没有大的帮助。

　　碑志文并非都是上石的"实用"碑志。颜真卿《元结表墓碑铭》（《全唐文》卷三四四，16a，《作品》7343），称元结的故将故吏"感念恩旧，皆送哭以终葬，竭资鬻石，愿垂美以述诚。真卿不敏，常忝次山风义之末，尚存尽往，敢废无媿之辞"。这方碑，《题跋》有著录，显然是上石了。但颜真卿在碑里还说，"中书舍人杨炎、常衮皆作碑志，以抒君之志业"，断不会都勒石。《全唐文》卷七六四裴敬《翰林学士李白墓碑》（18b，《作品》15396），据其碑文，知作于会昌三年（843），而《全唐文》卷六一四范传正《赠左拾遗翰林学士李公新墓碑》（9b，《作品》12097），作于元和十二年（817），记其迁墓事；因迁墓而撰写此志，"今作新墓铭，辄刊二石，一置于泉扃，一表于道路"。事隔不到三十年，裴敬所撰志于范氏所撰志，一言未及。我很怀疑，裴敬所撰碑，不过徒撰碑文一通而已，并未勒石。当然，不勒石，并不影响其作为人物传记资记的史料价值（具体到裴敬这篇碑文，价值倒并不大，疑即据范传正所撰志文改写）。

　　杨殿珣《题跋》是做得非常好的一部工具书。但它不标注作者，我们很难根据它来查《全唐文》中是否据金石著作收录了碑志。同时，《全唐文》即使据金石著作收录某文，也将立石的时间删去，而《题跋》是根据葬卒年或立石时间来排列的。《题跋》书末的索引与正文在配合上也有做得不到位之处。这就使查核起来颇不方便。比如，《全唐文》卷三五一贾彦璿《大唐故忠武将军行薛王府典军上柱国平棘县开国男李府君墓志铭》（11a，《作品》7466）。我们读志文，知志主"讳无虑，字思眷"；按说《题跋》末附索引，应以"李无虑"为词条，但实际是以"李府君墓志（忠武将军）"来立条的。也有因未看到较全的文章，而使年代排列不准确的。如李邕《长安县尉赠陇州刺史王府君神道碑》，端方据残缺之字，依《新唐书宰相世系表》"王晙"条，考订其世系；但因不知此碑立于何时，故《题跋》附之于开元末。其实《全唐文》卷二六四（13a，《作品》6008）即收有此碑全文；此乃因王晙而追赠其父王果官爵，立于开元十一年九月追赠时。王行果夫妇有墓志，见《新版唐代墓志所在总合目录》2487[①]；行果字洛诚，卒于咸亨三年六月十八日。再如《大智禅师姜义福碑铭》，有两通，一通严挺之撰，收入《全唐文》卷二八〇；另一通杜昱撰，收入《全唐文拾遗》卷一九。《题跋》则未作标识，读者极易混淆。元静（靖）先生李含光碑，颜真卿和柳识都写过，前者收在《全唐文》卷三四〇（3b，《作品》7320），后者收在《全唐文》卷七三七（7b，《作品》7942）。《题跋》见第 84 页，未作标识。——覆核，方知所有题跋均是对柳识撰、张从申所书的这方碑的题跋，没有一条涉及颜真卿所撰的那方碑。再如《全唐文》卷三〇三崔琪《唐少林寺灵运禅师塔碑》（18a，《作品》6659），武亿作两跋，分置不同卷中，疑其误一为二；《题跋》亦分作两条收入（分见 68 页和 76 页）。

　　《题跋》对宋以来的金石学著作，特别是清代中后期大为繁盛的金石著作收罗殆尽。也可能如其书名所示，他主要着意于题跋，故对方志中的金石志，收罗不多。近年出土的墓志及传世拓片的收集、整理、编目、影印和研究，均取得了很多成果。气贺泽保规《总合》，为我们检索相关墓志提供了极大的便利（该书还标注了《题跋》的内容）。但这些新出墓志，究竟有多少方与《全唐文》所收墓志文有对应关系，是否只是上石文与收入文集文的区别以及区别有多大、可否用以校勘，等等，我们并不很清楚。

---

　　① ［日］气贺泽保规编，增订版，汲古书院，2009 年。以下简称《总合》。

　　《全唐文》卷二五九收颜惟贞《朝议郎行雍州长安县丞上柱国萧府君墓志铭并序》（12b），《作品》5931 号，标出了《金石萃编》卷六九；《题跋》第 181 页列出了金石著作的著录情况，共十四条。我们检《总合》，萧思亮志见 2534 号，知有出土墓志拓片流传。这对我们校对、审核《全唐文》所收志文，就很有意义。

　　《全唐文》卷二一六陈子昂《故宣议郎骑都尉行曹州离狐县丞高府君墓志铭》（6a，《作品》5094），称君讳某字某。曾祖某，祖钦仁，父相。因其葬年，我们检得其墓志，见《总合》1880，由墓志知其名讳、字。此文与墓志基本相同，间有不同处，可互校。知志文即取此上石。

　　神道碑，就目前所知，大多是事隔多年后，子孙发达，得到追赠，才又树碑的。与入葬时的墓志又有不同。但就内容而言，二者往往又可以互校。但对墓碑、神道碑的重视却很不够。

　　以《全唐文》为基础，与相关金石著作和出土墓志相核校，编撰"唐代碑志传记资料综合索引"，也许不无意义。这可以全面清理《全唐文》中的碑志传记资料与金石著作、流传拓片、出土墓志之间的关系，能在已有《题跋》《总合》工作的基础上，全面反映唐代碑志传记资料的整体面貌，并能厘清文集中的碑志文与传世著录、出土墓志之间的关系。

　　墓志中常有志主名、字不清的情况，常泛称为讳某、字某。与出土墓志相比，墓志文在这方面表现得更为突出，也更为常见。当我们全面、系统整理碑志文材料时，便可得前后左右互证之效。如《全唐文》卷二九三张九龄《故许州长史赵公墓志铭并序》（5b，《作品》6474），公讳某，天水陇城人。曾祖某，隋尚书左右仆射。祖某，殿中监赠工尚。父某，符宝郎。子令则、令言。《全唐文》卷三九二独孤及《唐故虢州宏农县令天水赵府君墓志》（9b，《作品》8245），府君讳令则，字某，天水人也。曾祖赵元楷，隋殿中监工部尚书淮安公。祖赵崇基，国朝岐州郿县令符宝郎右卫长史。烈考赵庆逸，正议大夫许州长史。家世、履历合若符节，绝无同姓同名而致混淆之可能。张九龄笔下的赵公，非此赵庆逸莫属。

　　根据其履历、家世，利用目前已有的学术成果，来考订这些未知志主的名讳，《唐代的散文作品》《全唐文篇目分类索引》已做过不少工作。我们希望在广泛利用如徐松《登科记考》（中华书局，1984 年），劳格《唐尚书省郎官石柱题史考》（中华书局，1992 年）、《唐御史台精舍题名考》（中华书局，1997 年），吴廷燮《唐方镇年表》（中华书局，1980

年），严耕望《唐仆尚丞郎表》（中研院史语所专刊之三十六，1956 年），
岑仲勉《元和姓纂》（中华书局，1994 年）、《郎官石柱题史新考订》（上
海古籍出版社，1984 年），傅璇琮、张忱石、许逸民《唐五代人物传记资
料综合索引》（中华书局，1982 年），方积六、吴冬秀《唐五代五十二种
笔记小说人名索引》（中华书局，1992 年），赵超《新唐书宰相世系表集
校》（中华书局，1998 年），郁贤皓《唐刺史考全编》（安徽大学出版社，
2000 年）、郁贤皓和胡可先《唐九卿考》（中国社会科学出版社，2003
年）等研究成果的基础上，进一步利用近年出土的大量墓志，还能有更多
的发现，并对志中所涉及的不清楚的人物，也能有所确认。这无疑会大大
方便研究者的使用。

　　《全唐文》卷二一五陈子昂《唐故循州司马申国公高君墓志》（17b，
《作品》5088），君讳某、字某，但知其曾祖励字敬德，祖宗俭字士廉，父
慜字履行。据《新书宰相表集校》，高履行之子为高琁；此高府君即高琁。
再如，《全唐文》卷二九三张九龄《故太仆卿上柱国华容县男王府君墓志
铭并序》（1a，《作品》6472），通篇未言其名字。据其履历，检《唐刺史
考全编》，知为王希傅。又如，《全唐文》卷二五七苏颋《司农卿刘公神
道碑》（13b，《作品》5914），公讳某字某，彭城人也。曾祖讳某，我大
父讳某，我先君讳某。据其履历，检《唐刺史考全编》《唐九卿考》，知
为刘仁景。

　　我们还可以利用金石论著及出土墓志，来校订《全唐文》。如《全唐
文》卷二六五李邕《云麾将军碑》（22a，《作品》6017），不知何人；检
《题跋》，知为李秀碑。《全唐文》卷二三六任知古《宁义寺经藏碑》，《作
品》未作标识；检《题跋》，著录的是严可均《铁桥金石题跋》和洪颐煊
《平津馆读碑记》。这两部书，均不录文。我们从民国《寿光县志》的
"金石志"中找到这篇碑的录文，且录文质量较《全唐文》为优。

　　自赵明诚《金石录》以来，碑志的排列，一般都是以葬年、卒年或立
石时间为序。《题跋》、《总合》，即如此。《全唐文篇目分类索引》的人物
传记部分，是以姓氏笔划、名字依字数为序（先二字后三字）来排列。我
们似乎可以采用学术界常用的姓氏四角号码的排列方式。这样的排列，很
容易发现人物之间的关系。比如，《全唐文》卷二三一张说《元州司户上
柱国吕君墓志铭》（13b，《作品》5335），《全唐文》卷二九二张九龄《唐
赠庆王友东平吕府君碑铭并序》（3a，《作品》6464），排在一起，马上即

知为同一人（《全唐文篇目分类索引》即分作两个人，分别排在人名二字类和人名三字类）。又如《全唐文》卷二三一张说《故吏部侍郎元公碑铭》（7a，《作品》5327）、《邠王府长史阴府君碑铭》（7b，《作品》5328），都只是铭，当然不会有碑主名讳等资料。我们在用四角号码来排制索引，很容易就能发现，元公碑，即《全唐文》二八〇崔湜《故吏部侍郎元公碑》（7b，《作品》6200。碑文中已指出，铭由张说撰）；元公，即元希声。阴氏碑，即《全唐文》卷四〇八张均《邠王府长史阴府君碑》（17b，《作品》8643）；另据《元和姓纂》，知阴氏即阴行光（或作阴行先）。

为与《全唐文》原来的篇名相衔接，索引主条，仍以用原来的称谓为宜。一般不知名男子，可作"某某"，不知名女子，编作"某氏"；在括号中注明已经考订的名字，并另出参见条。这样，既能顺原题名找到，也能用考订后的参见条名字检得。比如，上举王希偁例，主条仍是"王某"，括注王希偁及相应作品号；同时，又立"王希偁"为参见条。每条后，设"说明"一项，主要摘录世系、卒年、葬地等相关内容，以弥补不按葬地卒年编排的不足，也方便检索碑志中涉及的人物（周绍良主编《唐代墓志汇编》及《唐代墓志汇编续编》，末均附人名索引，收录志主及其五代以内亲属名，十分方便使用。如能将志主作一标识，则更为完善）。同时，也标注《题跋》和《总合》的相关信息，尽可能指出该碑志与其他碑志人物的关系。当然，索引收集的范围，应扩大至墓碑、纪功碑、德政碑、遗爱碑、纪孝碑、宗庙碑等传记性的石刻资料，以期全面反映有唐一代的石刻类传记资料的全貌。

总之，我们希望首先能编制一个索引，纳入以前为大家所忽视的作为传记资料的碑的部分，增加方志中的碑志材料，以方便大家与金石著作、出土墓志相核订；同时也能对《全唐文》的碑志文进行一些必要的考订、校勘。我们希望在此基础上，将来能进一步梳理《全唐文》所收文章的资料来源，廓清《全唐文》的史源，更准确地把握其史料价值。

《温经楼年谱》

孔广林撰　林存阳　李文昌整理

引　言

　　作为编年体史籍的别支，年谱具有不可忽视的作用，诚如清儒钱大昕所强调的："读古人之书，必知其人而论其世，则年谱要矣。"① 年谱之学，昉于宋而盛于清。仅据来新夏先生《近三百年人物年谱知见录》（增订本）所载清人年谱，就有 1581 种，涉及谱主 1252 人②。这些或为谱主自撰或为后人整理的年谱，无论对于研究谱主的生平学行，还是探讨其所处时代的变迁、学术交往等，皆是难得而宝贵的文献。然其中不少仅以稿本、抄本传世，流传不广，甚而罕见。因此，有必要对这些年谱大力发掘，予以整理。乾嘉时期孔广林自撰的《温经楼年谱》，就是一部值得关注和发掘的年谱。

　　孔广林，原名广枋，字丛伯，别号幼髯，晚年自号赘翁，山东曲阜人，孔子第七十代裔孙。生于乾隆十一年正月初一（1746 年 1 月 22 日）辰时，嘉庆十九年四月二十三日（1814 年 6 月 11 日）亥时去世，享年六十九岁③。乾隆年间廪贡生，署太常寺博士，晚年因其弟广廉之请而赐封刑部广东司候补主事。尽管广林不如其弟广森声名彰显，但他早年便绝意

---

　　* 林存阳，中国社会科学院历史研究所；李文昌，中国社会科学院研究生院历史系（博士研究生）。

　　① 钱大昕：《潜研堂文集》卷二六《郑康成年谱序》，《潜研堂集》，上海古籍出版社 2009 年版，上册 446 页。

　　② 来新夏：《〈近三百年人物年谱知见录〉（增订本）》序言，中华书局 2010 年版，第 2 页。

　　③ 详参林存阳、李文昌《清儒孔广林生卒年考》，《中国史研究》2014 年第 3 期。

棘闱，而覃研《三礼》，著有《孔丛伯说经五稿》37 卷，颇得礼学之要；又以搜辑郑玄著述为志，汇 18 种而成《通德遗书所见录》72 卷。阮元尝称誉孔广林道："海内治经之人，留心郑学者，如常博，斯可谓专且勤矣！"① 此外，广林晚年还对戏剧学投入了很大精力，将所作汇编为《温经楼游戏翰墨》20 卷《续》1 卷，在清代戏剧学史上占有一席之地。综观孔广林一生，几与乾隆、嘉庆两朝相始终，其为学为人，皆颇有可称述者。

　　然而，不唯关于孔广林的生平正史无传，各种清人传记亦鲜有提及者，而且其著作亦因"卷帙浩繁，屡刊不成"②，流传不广，遂导致其学行暗然不彰。但值得庆幸的是，其自撰的《温经楼年谱》，为学人探讨有关问题提供了直接依据。是谱始作于嘉庆十一年（1806）谱主六十一岁时③，以后历年又续有增订，至嘉庆十九年止。广林虽以记家事为主，但对于当时的政治、学术、社会等情形皆有所关注；而每年之下，首记节气之气象资料，为其他年谱所罕见。通过《温经楼年谱》，我们不仅可以更清晰地了解孔广林的生平学行、孔氏家学的传承等问题，而且也可藉以考察当时的学术与社会演进状况等。因此，为便于学界同仁利用，很有必要对这部稀见且颇具价值的年谱加以整理。

　　据笔者所见，目前存世的《温经楼年谱》（署名题"阙党赘翁自叙"），有清稿本、抄本两个版本，均藏于首都图书馆，然编次与文字略有异同。经初步比对，我们认为稿本当为谱主自书，而抄本系后人据之而成，但何人于何时所抄，尚待做进一步探究。

　　此次整理，我们做了如下处理：以清稿本为底本，参以抄本，对两者不同之处，略加校勘；采用新式标点，并于干支纪年后标注公元纪年。凡因政治避忌缺笔或改字者，皆径改本字，其他古体、异体字，亦改为常用字，均不出校语；限于学力，疏漏之处，敬请方家指正。

　　　高宗纯皇帝乾隆十一年丙寅（1746）正月戊辰朔辰时，予生于圣公府一贯堂之后院。

　　　年前十二月二十④七日五元甲子翼火直日。二十九日丙寅巳初三刻十四分大

------

① 阮元：《小沧浪笔谈》卷四，中华书局 1985 年版，第 123 页。

② 桂文灿：《经学博采录》，华东师范大学出版社 2010 年版，第 70 页。

③ 孔广林《温经楼年谱》嘉庆十二年丁卯六十二岁条称："予自去秋追忆六十年来少而壮，壮而衰，中间事实，自叙《年谱》，录示诸儿。"

④ 二十，抄本作"廿"。

寒。本年正月十四日辛巳寅正二刻立春。予生大寒第三日，故为乙丑金命。是年闰三月。星太阳直年，正月角木直月，元旦氐土直日。时为丙辰，亦氐土直时。二月二十八日六元甲子氐土，闰三月二十八日七元甲子箕水，五月二十九日一元甲子虚太阳，八月朔二元甲子奎木，十月二日三元甲子毕太阴，十二月三日四元甲子鬼金。

元日昧爽，继曾祖母黄太夫人出坐中堂，祖母徐太夫人以下将拜贺。仆妇以我母许太宜人将坐蓐报。黄太夫人曰："且莫拜，得孙孙后同贺。"徐太夫人退适东院。甫至屏门，闻啼声，问左右知生男，未及入视，即走谒黄太夫人。黄太夫人曰："双喜也，拜贺者须再。"先大夫因黄太夫人"得孙孙同贺"语，命予小字曰同。

十二年丁卯（1747）　二岁

年前十二月十日辛未申初三刻四分大寒。二十五日丙戌巳正一刻五分立春。是年二月四日五元甲子，四月五日六元甲子，六月五日七元甲子，八月六日一元甲子，十月七日二元甲子，十二月八日三元甲子。

元旦贺新年后，为试儿会。诸尊长环视，予首取笔就书涂抹。徐太夫人谓十二叔父曰："此儿必可学字，他日尔善教之。"徐太夫人望予甚殷，孰意学之无成，仅作一抄胥耶。

十三年戊辰（1748）　三岁

年前十二月二十日丙子亥初二刻九分大寒。正月六日辛卯申正初刻十分立春。是年闰七月。二月十日四元甲子，四月十一日五元甲子，六月十一日六元甲子，闰月十二日七元甲子，九月十三日一元甲子，十一月十四日二元甲子。

二月，予与兄京任同出痘。往岁秋，兄患痢，医人误用黑丑，元气受伤。至是又误投参剂，遂至不治。痛哉！予痘甚剧，医亦令服参，已煎成，先太宜人曰："中儿死于参，同儿誓不令服参矣，不服参死亦无悔。"取而挥之。比夜分，痘即有起色。太宜人每以参莫轻用为训。予原名广枋，伯母王太夫人谓太宜人曰："枋有方、柄二音，俱不佳，我为更之名曰广林。"是月也，恭逢高宗纯皇帝幸鲁释奠，先大夫以导驾讲书，蒙恩以中书用。三月，随宗子七十一代公赴阙陈谢，遂留官京师。秋，太宜人携予入都。

十四年己巳（1749）　四岁

年前十二月二日壬午寅初一刻十三分大寒。十六日丙申亥初三刻十四分分立春。是年正月十五日三元甲子，三月十六日四元甲子，五月十七日五元甲子，七月十八日六元甲子，九月十九日七元甲子，十一月十九日一元甲子。

先大夫手抄《孝经》，先太宜人口授之。

十五年庚午（1750）　五岁

年前十二月十三日丁亥巳初一刻四分大寒。二十八日壬寅寅初三刻四分立春。是年正月二十日二元甲子，三月二十一日三元甲子，五月二十三日四元甲子，七月二十四日五元甲子，九月二十五日六元甲子，十一月二十五日七元甲子。

从仁和何夫子_{讳恺}夫子_{讳恺}读四子书。

十六年辛未（1751）　六岁

年前十二月二十三日壬辰申初初刻八分大寒。正月九日丁未巳初二刻八分立春。是年闰五月。正月二十六日一元甲子，三月二十七日二元甲子，五月二十八日三元甲子，六月二十九日四元甲子，九月朔五元甲子，十一月朔六元甲子。

六月，予患痢甚剧，遍延京师医，皆不肯下药。时先大夫在军机处，早入暮出，不暇顾私。徐太夫人、先太宜人心甚焦虑。太宜人知前门关圣庙极灵验，取诸医姓名书阄向神祷之，拈得王姓医。_{忘其名及①乡贯，貌甚陋，京师人皆呼为牛魔王。}强请救治，王君固辞。徐太夫人泣而请曰："神所命也，生则拜德，死不子怨。"王君感徐太夫人言，竭心调治，予得以生。至十二月初旬，始能扶床而立。王君将归里，留调补药方及宜忌食单而后去。行至涿州，暴卒。其子返，哭诉诸先大夫，先大夫厚赙之。予请于先大夫曰："大人虽已致礼，儿不可不报救命恩，望为儿送之十金。"先大夫许诺，遂如数赙焉。噫！其有夙缘耶，抑天特使拯吾命也。

十七年壬申（1752）　七岁

年前十二月五日丁酉戌正三刻十四分大寒。二十日壬子申初一刻十三分立春。是年正月二日七元甲子，三月三日一元甲子，五月四日二元甲子，七月六日三元甲子，九月七日四元甲子，十一月七日五元甲子。

夏，聘王宜人。宜人，字瑞存，福山人，建昌道加按察使衔讳柔公孙女，原任安徽布政使讳显绪公长女。宜人时年八岁。

十八年癸酉（1753）　八岁

年前十二月十七日癸卯巳正三刻二分大寒。正月丁巳朔亥初一刻四分立春。是年正月八日六元甲子，三月八日七元甲子，五月九日一元甲子，七月十一日二元甲子，九月十二日三元甲子，十一月十三日四元甲子。

读《诗经》。每晚自塾归，先太宜人口授唐人诗数首。

---

① 及，抄本作"与"。

十九年甲戌（1754） 九岁

年前十二月二十①八日戊申辰正二刻八分大寒。正月十三日癸亥寅初初刻八分立春。是年闰四月。正月十四日五元甲子，三月十四日六元甲子，闰月十五日七元甲子，六月十六日一元甲子，八月十七日二元甲子，十月十九日三元甲子，十二月二十日四元甲子。

读《易》《书》二经。先大夫以户部主事随诸城刘文正公筹饷肃州，予奉徐太夫人、先太宜人回里。

二十年乙亥（1755） 十岁

年前十二月九日癸丑未正一刻十三分大寒。二十四日戊辰辰正三刻十二分立春。是年二月二十日五元甲子，四月二十一日六元甲子，六月二十二日七元甲子，八月二十三日一元甲子，十月二十四日二元甲子，十二月二十五日三元甲子。已上十年，凡四闰月，六十一甲子，三千六百六十一日。第一六元甲子前赢五十六日，第六十一三元甲子得五日。

读《礼记》《左传》。秋九月，予患伤寒，勺饮不能下、目不能开者九日。湖州郑佑可先生名启宗针之而愈。十月，先大夫自肃还京，请假回里。

二十一年丙子（1756） 十一岁

年前十二月十九日戊午戌正一刻二分大寒。正月五日癸酉未正三刻二分立春。是年闰九月。二月二十六日四元甲子，四月二十七日五元甲子，六月二十八日六元甲子，八月二十八日七元甲子，闰月二十九日一元甲子，十二月朔二元甲子。

学为举子业。承十二叔父命作《孟子见梁惠王》，破承云："时君以礼招贤，欲行道者斯见之矣。夫孟子非不见诸侯，恶不由其道耳。有下士之君，行道之机也，岂得不见哉？"

二十二年丁丑（1757） 十二岁

年前十二月甲子朔丑正初刻六分大寒。十五日戊寅戌正二刻七分立春。是年二月二日三元甲子，四月三日四元甲子，六月四日五元甲子，八月五日六元甲子，十月五日七元甲子，十二月六日一元甲子。

先大夫分宅在东门大街之北，至是修葺告竣。夏，迁于新宅。

二十三年戊寅（1758） 十三岁

年前十二月十一日己巳辰初三刻十二分大寒。二十六日甲申丑正一刻十一分立春。是年二月八日二元甲子，四月九日三元甲子，六月十日四元甲子，八月十一日五元甲子，十月十一日六元甲子，十二月十二日七元甲子。

---

① 二十，抄本作"廿"。

读《文选》及诗古文。先大夫撰《阙里文献考》，不时命予抄录，心窃慕焉。因仿史例纂《春秋通志》百二十卷。先大夫见之，曰："尔既能撰此，何不潜心帖括图上进耶？"词若憾焉，心盖许之。书已成帙，后自悔妄劳心费笔墨，不足与前贤竞优劣也，削其稿矣。

二十四年己卯（1759）　十四岁

年前十二月二十二日甲戌未初三刻二分大寒。正月七日己丑辰正一刻立春。是年闰六月。二月十三日一元甲子，四月十四日二元甲子，六月十五日三元甲子，七月十六日四元甲子，九月十七日五元甲子，十一月十八日六元甲子。

从钱塘张夫子学。讳柩，号荪田，别号谷翁。文始就规矩。

二十五年庚辰（1760）　十五岁

年前十二月三日己卯戌初二刻六分大寒。十八日甲午未正初刻六分立春。正月十八日七元甲子，三月十九日一元甲子，五月二十一日二元甲子，七月二十二日三元甲子，九月二十三日四元甲子，十一月二十四日五元甲子。

予欲应县试，先大夫曰："尔犹未也，须一鸣惊人，方可就试耳。"予自是益加淬厉矣。

二十六年辛巳（1761）　十六岁

年前十二月十五日乙酉丑初一刻十分大寒。二十九日己亥戌初三刻十分立春。是年正月二十四日六元甲子，三月二十五日七元甲子，五月二十六日一元甲子，七月二十八日二元甲子，九月二十九日三元甲子，十一月三十日四元甲子。

先太宜人自生三弟广森后，气血大亏，时时抱恙。是夏，随徐太夫人侍黄太夫人疾，积劳十余旬，卧病床蓐。先大夫虑有不测，谋娶长妇主中馈。外舅不允，约俟来年。

二十七年壬午（1762）　十七岁

年前十二月二十六日庚寅辰初一刻大寒。正月十一日乙巳丑初三刻立春。是年闰五月。正月三十日五元甲子，四月朔六元甲子，闰二日七元甲子，七月四日一元甲子，九月五日二元甲子，十一月六日三元甲子。

外舅出授云南开化府知府。先大夫请践前约，乃召予就婚京师。予以闰五月二十一日起程。阴雨连旬，河渠水溢。六月十二日，始抵德州。知北路车马难行，遂买棹北上。熟意河与大道一派汪洋，水不没树者不盈尺，舟人误入大道，舟缆挂树间，幸水势平且无风得不覆。予运之屯，即此已见矣。二十七日，入都。七月四日甲子，成婚礼。拟于十四日束装，适宗子续娶铅山程氏，省山三兄嘱予莅行纳征礼。九月初，始别外姑，仍由水路而归。十月十一日，抵家。十一月，县试，桐城张邑侯_{讳若本}拔置第一。

　　二十八年癸未（1763）　十八岁

　　年前十二月七日乙未未初初刻六分大寒。二十二日庚戌辰初二刻五分立春。是年正月六日四元甲子，三月七日五元甲子，五月八日六元甲子，七月九日七元甲子，九月十日一元甲子，十一月十一日二元甲子。

　　三月，郡试第二。予以二十六日赴兖郡，二十八日巳刻归，而王宜人于卯刻殁矣。八月乙酉朔，葬祖墓东北。十二月癸未朔，黄太宜人薨，在丧次二十一日。昼执丧，夜与三弟共读《周礼》。

　　二十九年甲申（1764）　十九岁

　　年前十二月十八日庚子酉正三刻十分大寒。正月三日乙卯未初一刻九分立春。是年正月十二日三元甲子，三月十三日四元甲子，五月十三日五元甲子，七月十四日六元甲子，九月十五日七元甲子，十一月十七日一元甲子。

　　二月，督学蒋时庵夫子_{讳元益}岁试，补四氏学弟子员。

　　三十年乙酉（1765）　二十岁

　　年前十二月二十九日丙午子正二刻十四分大寒。正月十四日庚申戌初初刻十三分立春。是年闰二月。正月十八日二元甲子，闰月十九日三元甲子，四月十九四元甲子，六月二十日五元甲子，八月二十一日六元甲子，十月二十二日七元甲子，十二月二十三日一元甲子。已上十年，凡四闰月，六十一甲子，三千六百六十二日。通前十年，凡八闰月，百二十二甲子，七千三百二十三日。第一六元甲子前赢五十六日，第百二十二一元甲子得七日。

　　正月，高宗纯皇帝南巡，遣官祭告文庙。宗子遵旨守制。二月二日，令族长率族人等赴泉林行在陈谢。广林随往，得与恩宴焉。退出，随先大夫谒大学士忠勇公。公谓先大夫曰："乃郎品貌端严，必非辕下驹，吾为尔喜。"予父子叩谢而退。五月，科试一等二名，补廪膳生员。应拔萃选，已得而失。时庵夫子曰："秋风不远，毋介介也。"是秋，荐而不售。发轫蹭蹬，心半灰矣。

　　三十一年丙戌（1766）　二十一岁

　　年前十二月十日辛亥卯正二刻五分大寒。二十五日丙寅丑初初刻四分立春。是年二月二十四日二元甲子，四月二十五日三元甲子，六月二十六日四元甲子，八月二十七日五元甲子，十月二十八日六元甲子，十二月二十八日七元甲子。

　　上年，续聘汪宜人。宜人，名德曜，桐乡人，中书科中书讳文桂公孙女，候选州同知讳绳煐公第四女也。至是先大夫命往迎。七月二十一日，诸父及昆弟选优，设酒以饯，饮至夜分，谢别诸尊长，从十二叔父乘小舟由府河达鲁①桥买棹而下。八月四日，抵苏，游玩旬余。十七日，别叔父行。十九日夜，至硖石，谒外祖父，遂寓焉。九月戊辰朔，往桐乡亲迎。四日辛未，旋硖石成婚礼。重阳之明日，予偕宜人赴桐乡见外舅姑，居数日而旋。外祖父患疟疾，予侍左右不忍离。虑重闱倚望，忍泪拜别。不意外祖父即以十二月即世也。予与叔父同行，抵镇江。叔父先渡，予舟入江口缆忽断，溜下二十余里，日暮始出瓜州渡口。叔父迓予舟不至，心甚忧，竟日未食。比见予，乃酌酒共饭。此又予一大厄也。十月既望，至家。十九日乙卯，率宜人赘见焉。

三十二年丁亥（1767）　二十二岁

年前十二月二十日丙辰午正一刻十分大寒。正月六日辛未卯正三刻八分立春。是年闰七月。二月三十日一元甲子，五月朔二元甲子，七月二日三元甲子，八月三日四元甲子，十月四日五元甲子，十二月四日六元甲子。

二月，督学张墨庄先生_{讳若淮}岁试，拔置第一。是岁，从海宁陈竹厂夫子学_{讳以纲}。夫子经史诸子，罗贯胸中，制义则理法细密，诗赋古文则典则古茂。予帖括余功，兼学古作，得负虚名于乡邑间者，皆夫子造就之力也。十一月二十六日丙辰，长女生。

三十三年戊子（1768）　二十三岁

年前十二月辛酉朔酉正初刻十四分大寒。十六日丙子午正二刻十三分立春。是年二月六日七元甲子，四月七日一元甲子，六月八日二元甲子，八月九日三元甲子，十月十日四元甲子，十二月十日五元甲子。

三月，科试第一。学师翰青族祖_{讳传遹}谓予曰："昔谢义洁称柳恽为宅南仪表，今子可为东家文表矣。"三弟亦以第一入泮。是秋，予不第，三弟中式。予贺两大人。太宜人曰："何以贺为，我为尔弟忧矣！"予请其故。太宜人曰："尔弟非长命人，甫入学即幸中，恐益促其年耳。"

三十四年己丑（1769）　二十四岁

年前十二月十三日丁卯子正初刻四分大寒。二十七日辛巳酉正二刻二分立春。是年二月十一日六元甲子，四月十二日七元甲子，六月十四日一元甲子，八月十五日二元甲子，十月十六日三元甲子，十二月十六日四元甲子。

予承宗子命抄录遗书，五月进呈，蒙恩赏葛纱一端、药锭四件。

---

① 达鲁，抄本作"鲁达"，应为传抄之误。

八月，督学韦药轩夫子讳谦恒岁试，古学、正场皆第一。九月七日庚戌，第二女生。予进取心渐衰，考订《三礼》，搜汉义，兼学篆。撰《说文形篇》，集《石鼓文诗》。竹厂夫子入都，索置行箧，后馆清苑署，遭回禄悉毁矣。

三十五年庚寅（1770）　二十五岁

年前十二月二十四日壬申卯初三刻九分大寒。正月九日丁亥子正一刻七分立春。是年闰五月。二月十七日五元甲子，四月十七日六元甲子，闰月十九日七元甲子，七月二十日一元甲子，九月二十一日二元甲子，十一月二十二日三元甲子。

科试以"亦教之孝悌而已矣"命题。出场，先大夫及竹厂夫子问予作法，予以"孝悌侧做"对。先大夫、竹厂夫子皆曰："得之矣。"命题以"平做"为是，故名列第二。古学仍为七学冠。明岁恭逢崇庆皇太后八旬万寿，奉旨来春东巡释奠阙里。宗子因庙庭执事不敷，欲署予太常寺博士，佐先大夫莅演乐舞。予名心未泯，请俟应万寿恩科乡试后。是秋又荐而不售，进取之心益淡然矣，乃应宗子命署太常寺博士。时药轩夫子援江浙例，将考取诸生迎銮。予出闱即驰归，药轩夫子屡易试期以待，凡三召。知已奉宗子委署，乃止。

三十六年辛卯（1771）　二十六岁

年前十二月五日丁丑午初二刻十三分大寒。二十日壬辰卯正初刻十一分立春。正月二十二日四元甲子，三月二十三日五元甲子，五月二十四日六元甲子，七月二十六日七元甲子，九月二十七日一元甲子，十一月二十八日二元甲子。

二月十四日，宗子率族人等恭迎驾于山东境上。三月四日乙巳，驾至曲阜，广林随宗子率衢童老叟恭迎圣驾于旧城东南，随驾入庙拈香，即从宗子赴行宫陈谢。有旨查庙中御碑及联额安置悬挂各处所，广林遵旨缮折恭进。越翼日丙午昧爽，行释奠礼，广林充复圣位捧帛官。礼成，随宗子赴行宫陈谢。颁赏赉于诗礼堂，广林领大缎一端，随宗子赴行宫叩谢。六日丁未，随宗子侍恩宴。七日戊申启銮，随宗子恭送驾于苗孔村，即随赴八里庄行宫叩谢。九日庚戌驾启銮，恭送驾于济宁西，遂旋里。二十三日甲子，第三女生。四月，三弟捷礼闱。五月，以三甲进士授庶吉士。予甚喜，贺两大人。先太宜人曰："更莫贺我，雄儿真不永年矣。"先大夫曰："尔今科得中，乃母与吾俱喜矣。"予乘间请于两大人曰："儿今秋自当应试，中与不中只此一举，落第决不再试矣。应试，求仕进耳，儿自分非官材，且多病。三弟未通籍，儿不敢出此言。今三弟已列馆职，可以显亲扬名。儿依两大人膝下，侍奉晨昏，退则研心《三礼》，训诲诸幼弟读书成名，视与时髦争进取，觉更有乐趣也。"两大人相视而笑。先大夫徐言曰："人各有志，亦不尔强。吾知尔恐他日作汝弟小门生耳，姑俟场后再商。"比省试归，予已得失付之度外，先大夫见试艺，拍掌大笑曰："中矣！若再不中，原可不必作此想也。"既又被黜。予志已灰，尽弃帖括之业，究心《三礼》。十月，先大夫虑三弟年幼不谙世务，徐太夫人年高多病，身不敢远离，乃令先太宜人入都董振焉。予送至兖郡，一宿而还。十一月，缀《吉凶服名用》八篇。

三十七年壬辰（1772）　二十七岁

年前十二月十六日壬午酉初二刻四分大寒。正月丁酉朔午正初刻二分立春。是年正月二十八日三元甲子，三月二十九日四元甲子，五月三十日五元甲子，八月二日六元甲子，十月三日七元甲子，十二月四日一元甲子。

汪宜人体素孱弱，自生第三女后，血气渐亏。先太宜人入都后，代理家事，夙兴夜寝，精力益惫。去冬忽得晕眩疾，然犹勉自支持，不肯言病。四月七日，为先太宜人五旬诞辰。昔外高祖宗伯公未通籍时，曾于四月初旬三餐不给者数日，故太宜人从不令贺生辰。是岁，太宜人在都中，先大夫恐徐太夫人不乐，选优置酒，为生日宴，娱徐太夫人心。中外一切，皆宜人督理之，扶病积劳，渐不可支。先大夫见其形神憔悴，命之曰："嗣后无甚事，可房内安养，毋过劳。"虽遵命息肩，而病势已成，有增无减。六月十八日，第三女殇。此女宜人钟爱，悲伤不免。幸自知病躯不可过痛，贻堂上忧，得无害。不意七月中，生外姑蒋孺人凶问至，恸几欲绝，自是病不可为矣。十月二十日夜，自分不起，执予手泣言后事甚详。二十一日，医人误投参剂，加以附桂，遂致热入血室，邪火攻心。二十二日晨刻，徐太夫人将来吾家。宜人闻之，召仆妇谕以烹治早膳。言未毕，忽瞪目直视，睛如火赤，遂昏迷不省人事。至夜分，长叹一声，予犹望其苏也。乃痰喘甚急，延至二十三日甲申午刻而殁。先大夫痛失佳妇，治丧一切从丰。棺中实松香，葬用灰椁，皆依其遗嘱也。遗嘱未笔之书，殁后追忆，不忍没没，效《孔雀东南飞》体作《鸳鸯篇》述之。其词曰："梧桐何青青，中有鸳鸯栖。七岁知文字，十岁习礼仪。十二工刺绣，十四能裁衣。如彼兰蕙质，待嫁正及时。耶娘为相攸，云是瑾与瑜。

不得相轻许，二十闺中姝。邕邕者越鸟，英英者鲁云。鲁云逐越鸟，
相通如有神。相从六七年，有如水与鱼。未见荀家龙，已见谢家珠。
谓可誓白发，缱绻百岁俱。茑萝不相附，中道弃何如？如何弃中道，
戢翼鸣徘徊。凛冽朔风寒，音响一何哀。自为君家妇，荫我有萱椿。
本不堪驱使，何敢辞辛勤。感君遇我厚，云当卒大恩。俛仰内伤心，
羽翼行将乖。我自不忍君，鬼伯来相催。君毋太逼仄，急以煎中怀。
蚕有不尽丝，吐出未了缘。念我生母死，死去已一年。驱遣婢还乡，
再拜涕涟涟。致意白君母，致我中心①言。阿爷迫桑榆，鬒鬒已白颠。
同母弟与妹，无令忧饥寒。养之复教之，裕后而光前。莫使荒于嬉，
老大悔徒然。君母会顾复，无乃言太繁。但我区区怀，念之摧心肝。
仰视南风雁，相望不相见。尺素书寂寂，几回发长叹。日月相逼迫，
漏滴铜壶箭。天不许我待，目断肠亦断。会见舟回柁，君母书寄我。
其然岂其然，秉畀投烈火。更复乞君恩，相弃不我退。游鳞时往复，
毋忘丈人家。丈人家不富，奁赠不足夸。纤罗双蛱蝶，文锦凤穿花。
百籰夜明金，圆珠握灵蛇。斗帐络翡翠，香囊垂紫罗。纷纷豪家子，
各各斗奢华。寒家无长物，四壁有清风。箱笼朱漆饰，大半皆空空。
夸布为衣裙，越葛四五通。留此赠后人，后人笑我穷。君莫笑我穷，
留此表情悰。见物如见我，愿君完始终。物可作遗施，命不少延伫。
我无如命何，膝下怜阿女。大儿心胆怯，小儿骄且顽。不知又不识，
早违阿母颜。未知有母乐，安知无母单。乍亦索娘啼，仓皇谁为怜。
君善抚育之，当胜我生前。不胜我生前，亦当同一般。每事必关怀，
毋委村妪手。不得当风坐，日中勿令走。莫使意拂抑，食前与饭后。
姊妹相戏嬉，万勿令斗殴。两或不相下，泪渍面蒙垢。田田水面荷，
袅袅风中柳。无母胜无父，父难以代母。我有第七妹，大与我放怫。
意欲告阿爷，继我为君室。定当念同气，吾女不轻视。今作许家妇，
于君为舅氏。非君生前缘，此愿竟已矣。郎君别遣媒，遣媒求高门。
贵家多令女，淑惠岂无人。继母如因母，不翅如我存。勿以我为念，
早即尔新婚。慎勿为礼拘，孤琴久无弦。但不惑后妻，便感情万千。
言罢忽褰衣，气结不能语。泪滴郎君臂，咽咽三更鼓。残喘若一线，
太息心频拊。七岁习文字，十岁观礼仪。十二教刺绣，十四学裁衣。

---

① 中心，抄本作"心中"，应为传抄之误。

惭彼兰蕙质，二十闺中姝。离家事君子，倏忽七年期。孝敬循公姥，宫事无敢违。阿公不我嫌，阿姥绝怜之。娇鸟为风飘，阿公心劳劳。阿姥留上京，不知鸟离巢。寄言告阿姥，妇作不孝妇。妇道既不终，承欢难再得。不图辛卯冬，一别生死隔。誓不负阿姥，梦中望颜色。弟妇贤且能，小姑女中特。服勤在左右，毋念薄命息。君善事公姥，子职兼妇职。彩云稽凤毛，回风颎鹏翮。以此挠心意，日夜愁煎迫。仁者必有后，郎君其无忧。杨家有少女，我已为君求。色如桃李媚，性与芝兰幽。俾荐君枕席，以为种玉谋。便复可抱子，韶光不我留。郎君文藻富，伯仲班与扬。性乃戆以直，涉世恐不臧。才不如德优，居官非所长。屡屡不胜衣，况更餐风霜。名山可不朽，何必政事堂。努力当自爱，作计胡不量。我更有所求，所求事两端。望怜七载恩，听我将死言。棺木毋以美，衣衾亦苟完。但求敛我时，松脂实我棺。我闻藏身穴，不宜砖与石。磨砖既弗巩，甃石亦有隙。更求瘗我时，灰椁遵前哲。四周泯孔罅，坚致多年历。我亦笑我痴，乞君怜我意。我病三月来，累君心形瘁。情绪如连环，夜夜不得寐。岂不怜我死，悠悠郎君思。百草总无情，莫救伤弓翅。归鸟无命留，多负缠绵意。我在君如此，我死更何似。我亦死不瞑，怯怯多情子。慎莫太悲摧，重贻公姥累。勉旃无多谈，多谢从此逝。郎君默无声，只恐伤尔情。淅淅严风急，淡淡寒月清。侧耳听鸣鸡，凄清啼五更。鸳鸯梦以远，飞去紫山岭。赋此鸳鸯曲，当我朝飞吟。"先太宜人前在京生三弟时病垂危，先大夫往关圣庙祈得第三十九签云："北山门下好安居，若问终时慎厥初。堪笑包藏许多事，鳞鸿虽便莫修书。"至是太宜人忽患腰腿拘挛之疾，忆及签语，急欲回东，令三弟传谕召予往迎。接谕时已十二月二十九日矣。

三十八年癸巳（1773）　二十八岁

年前十二月二十七日丁亥夜子初一刻八分大寒。正月十二日壬寅酉初三刻六分立春。是年闰三月。二月五日二元甲子，闰月五日三元甲子，五月六日四元甲子，七月七日五元甲子，九月八日六元甲子，十一月九日七元甲子。

正月七日丁酉，束装北上。十六日丙午，入都。请问病由，知因气郁兼受寒湿所致。时予偕儒医陈述庵名颛同行，服药十余剂稍安，乃东归。二月十一日庚午，抵家。调治渐差，然腰不能伸，右胯骨凸起，不能立，坐亦需伏几矣。上年，汪宜人请于先大夫，嘱梁氏妹为予买妾。后得妹书，知已选仁和杨氏女。宜人遣人往迎，病中每虑不及相见。杨氏来，宜人殁已四十三日矣。至是逾百日，以二月二十五日甲申令荐衾枕。予口占七律云："再裂冰弦痛未停，况当今夕识兰馨。琴怀旧调肠几断，花绽新枝眼倦经。初夜定情凝烛泪，残更入梦会湘灵。怜他慧绝西泠子，也恨无缘淑女型。"闰三月二十六日乙酉，厝宜人于防阴山庄。予上年得怔忡症，服药已痊矣。比两女失母，昼则牵衣索母，夜间睡醒即号泣呼予。模存悼亡，情实难堪。旧症复发，亦未以为意。六月三日辛卯，率两女往哭厝所。将返，风雨交作，予冒雨而归，遂感寒疾。数日后，外邪去而元气伤，乍寒乍热，昼夜不能寐，渐成尫羸。延医救治，如水投石耳。先大夫延郑君遵铨为予灸，亦无效。见予时，强言劝慰，暗自饮泣。恐予不起，密为予置备后事，勒家人勿令予知。先太宜人终日隐几，亦心疑予病危。先大夫曰："同儿无害，但弱极须令静养耳，毋过念。"

三十九年甲午（1774）　二十九岁

年前十二月九日癸巳卯初初刻十三分大寒。二十三日丁未夜子初二刻十一分立春。是年正月十日一元甲子，三月十一日二元甲子，五月十二日三元甲子，七月十三日四元甲子，九月十四日五元甲子，十一月十五日六元甲子。

二月，予寒热渐止。每日晡后，神气稍清，亦可略进食饮。鸡三唱，复五中烦热，或沉闷昏睡，兼自汗不止，喉失音。服陈述庵药，喉渐出声，汗亦差减。然遍体不汗，专注于左额，每汗出辄心中烦躁。视前已病去其半矣。五月，始诣堂上问安，两大人谆谆以养静为谕。但终日兀居，无以排遣，取向所录《郑志》重校付梓。先大夫见之，叱曰："尔不惜乃命，惜乃父若母乎?"予泣受命。自是凡翻阅经典，或偶有撰述，皆不敢与先大人知。七月，予小愈。两大人心始稍纾。先大夫为予援例捐贡，绝志进取矣。先大夫将校刊《三礼》，予请任校雠。先大夫曰："初有起色，不可劳心。吾校一次，尔复校可也。"予复之下，撰《周官肊测》七篇、《仪礼肊测》十八篇。八月，王伦乱寿张。九月四日甲寅，曲阜戒严。先大夫佐张邑侯名万贯守陴，虑太宜人及予皆病体不耐受惊，令乡居暂避。太宜人居华店庄，予居齐王庄。予在庄曾赋《乡居秋兴》云："乍作四乡行，心闲病觉轻。疏篱淡白日，野犬静秋声。自适林泉趣，谁惊草木兵。话谈偕父老，鸥鸟恰忘情。"汪宜人将以十月十四日甲午葬，予以二日壬午移居防阴山庄，苉筑灰椁。十日己丑，筑成。时逆伦伏诛，太宜人已于四日甲申入城。予奉太宜人命亦不俟葬而归，遣两女往送葬焉。杨氏时有身已七月，随太宜人归自华店，胎忽不安，服药得无恙。十一月十六日乙丑，生第四女，仍未弥厥月也。先大夫喜曰："尔以九死一生，犹能生女，亦足慰我心。"乃取子孙逢吉之义名曰逢孙。十二月，长女、次女同出痘。长女火盛，狂躁昏迷几死，赵文运投以生大黄二两始苏。然痘症甚险，延济宁汪丕承先生治之，幸得全其命焉。

四十年乙未（1775）　　三十岁

年前十二月十九日戊戌午初初刻四分大寒。正月五日癸丑卯初二刻立春。是年闰十月。正月十六日七元甲子，三月十七日一元甲子，五月十八日二元甲子，七月十九日三元甲子，九月十九日四元甲子，闰月二十日五元甲子，十二月二十一日六元甲子。已上十年，凡四闰月，六十一甲子，三千六百六十二日。通前二十①年，凡十二闰月，百八十三甲子，万有九百八十五日。第一六元甲子前赢五十六日，百八十三六元甲子得九日。

予校雠之下，搜辑郑学各种，又自撰《禘祫觿解》二十篇。十一月十一日甲申，第五女生，即日而殇。

四十一年丙申（1776）　　三十一岁

年前十一月三十日癸卯申正三刻七分大寒。十二月十五日戊午午初一刻五分立春。是年二月二十二日七元甲子，四月二十三日一元甲子，六月二十五日二元甲子，八月二十五日三元甲子，十月二十六日四元甲子，十二月二十七日五元甲子。

二月四日丙午，索诺木就俘，两金川平。九日辛亥，高宗纯皇帝启銮。三月二十四日乙未，驾至曲阜。二十五日丙申，亲释奠告功。广林承宗子命撰《阙里陈风颂德诗》，依乡乐谱之，令乐舞生于毓粹门外奏迎圣驾，并缮册恭进，奉旨留览。礼成，蒙赐银五两，随宗子侍宴行宫。是时，大妹随妹夫梁处素名履绳来省太宜人，朝夕与处素讨论经史。一日谈及古今稗说，处素以所作《东城老父长歌》示予，且曰："《老父传》与《长恨传》并传，《长恨》传奇杂剧，作者不一，此传无闻。吾谓老父事大可劝戒，倘有谱之宫商者，又增一大戏文，应不让《杀狗》《琵琶》矣。"予曰："然。"既作歌和之。窃不自揣，于校经之暇，随兴填词，藉遣帘外天涯之闷。

---

① 二十，抄本作"廿"。

四十二年丁酉（1777）　三十二岁

年前十二月十一日①戊申亥正二刻十二分大寒。二十六日癸亥酉初初刻九分立春。是年正月戊辰朔。二月二十八日六元甲子，四月二十九日七元甲子，七月朔一元甲子，九月二日二元甲子，十一月二日三元甲子。

正月十四日辛巳，第六女生。予自己丑岁（1769）辑郑康成《六艺论》《易注》《书注》《书大传注》《书中候注》《毛诗谱》《三礼目录》《答周礼难》《鲁礼禘袷义》《丧服变除》《箴膏肓》《发墨守》《释废疾》《论语注》《论语篇目弟子》《驳五经异义》《郑志》《孝经注》，凡十八种。至是粗有考较，叙而录之，为七十二卷，备增订焉。上年，续聘韩宜人。宜人，名美玉，合州人，贵州提督谥果壮讳勋公孙女、刑部广东司员外郎讳仁基公长女。娶期原择于三月，值孝圣宪皇后大丧，改卜九月。予久病不任跋涉，先太宜人入夏后病势日增，亦不敢离左右。外姑俞太宜人来致女。九月二十日壬午，成婚。时先太宜人已偃侧在床，不能出堂受新妇贽见矣。不数日，病益剧。宜人侍汤药，浣涤厕窬，寸晷不离，绝不似新嫁娘。先太宜人执其手泣曰：“好新妇，惜来迟，我不克受尔孝养矣。”又呼予曰：“同儿前，吾语汝。我一生只办得‘吃亏’两字，此尔外祖父所以教我也。尔须效我，凡人吃得一分亏，得十分便宜不止。要占便宜，便吃亏不尽了，工夫只在一忍字。我不及见雄儿，尔务以我言告之，令勿忘。”予泣受命。十月十八日庚戌子正，先太宜人卒。韩宜人居丧致哀，已形毁瘠。而外舅涂山公亦以是月二十三日殁于京邸，讣至，痛益不胜，始兆病矣。先大夫念其侍先太宜人疾恪尽妇职，因于前宅厅事设外舅位，治丧一日，诸亲俱致奠，俾宜人得尽哀。盖异数也。先大夫亦欲以励后之为子妇者焉。十二月十七日己酉，第六女殇于痘。宜人哀之如己出，人咸称之。

四十三年戊戌（1778）　三十三岁

年前十二月二十二日甲寅寅正二刻二分大寒。正月七日戊辰夜子初初刻立春。是年闰六月。正月三日四元甲子，三月四日五元甲子，五月五日六元甲子，闰月六日七元甲子，八月七日一元甲子，十月八日二元甲子，十二月八日三元甲子。

四月二十日庚戌日中，葬先太宜人于防阴新阡。闰六月二日庚

---

① 十一日，抄本作“二十一日”，误。

申，四弟广懋卒。十月十八日甲戌，行小祥礼。

四十四年己亥（1779）　三十四岁

年前十二月三日己未巳正一刻七分大寒。十八日甲戌寅正三刻四分立春。是年二月九日四元甲子，四月十日五元甲子，六月十二日六元甲子，八月十三日七元甲子，十月十四日一元甲子，十二月十四日二元甲子。

十月十八日戊辰，行大祥礼。予居丧读礼，念郑注《仪礼》最略，乃仿郑笺《毛诗》例作《仪礼笺》。至是《士冠礼笺》始脱稿，是月二十三日癸酉也。二十六日丙子，奉太宜人主于厅事，行祫礼。二十七日丁丑，奉安敦本堂祔室而举肇祀焉。

四十五年庚子（1780）　三十五岁

年前十二月十四日甲子申正初刻十一分大寒。二十九日己卯巳正二刻八分立春。是年二月十五日三元甲子，四月十六日四元甲子，六月十七日五元甲子，八月十八日六元甲子，十月十九日七元甲子，十二月二十日一元甲子。

正月十八日丁酉，举禫月告终祭于敦本堂。翼日戊戌，释服。十月二十日乙丑，杨氏生第七女，产甚难。韩宜人时亦有身，遍体浮肿，犹亲为杨氏煎参药。先大夫称为贤新妇。十一月，宜人肿益甚，十二月五日己酉，儿死腹中，夜分而下。宜人昏晕，比晓乃苏，知生女不成，心戚然。予劝慰之，望可无恙。乃元气下陷，风邪入心，延至初十日甲寅申刻而殁。予命之屯，尚可[①]言哉？自此誓不复娶矣。

四十六年辛丑（1781）　三十六岁

年前十二月二十五日己巳亥正初刻一分大寒。正月十一日甲申申正一刻十三分立春。是年闰五月。二月二十一日二元甲子，四月二十一日三元甲子，闰月二十二日四元甲子，七月二十四日五元甲子，九月二十五日六元甲子，十一月二十六日七元甲子。

正月八日辛巳，举宜人殡与汪宜人合葬防阴。二月，三弟亦丧偶，予赋诗唁之。结句云："未必达观真胜我，苏瑰有子破愁围。"时三弟有子昭虔，方七岁，予未有子，故云。然吾子之不若弟之子，此诗已为之兆矣。六月，盛暑酷热，每日午倦辄酣睡。十一日壬午，梦集唐人句成《悲遣》七律十四章，长叹而寤，觉后忆而录之，历历不忘，心窃自疑。检《全唐诗》，悉有其句。噫！天幻我耶？情自幻耳？

---

① 可，抄本作"何"。

填注姓氏，手抄成帙，待丁巳（1797）寓杭，恳梁山舟年伯合此诗与《鸳鸯篇》书一册留示子孙焉。十一月二十七日乙丑巳正，杨氏生子昭薪。徐太夫人、先大夫咸为予喜，予亦自幸得读书种子也。比三日，杨氏忽昏眩谵语，面唇俱白。时溧阳彭心泉盟兄_{名诏祚}馆曲阜，延请诊视。曰："血脱矣，姑以当归补血汤加益母草，煎一大钵，陆续饮之，唇得微红，尚可有望。"予如其言，俾饮尽。第四日朝，唇淡红色，谵语亦止。心泉曰："虽有生机，治大不易。"心泉竭心调治，杨氏得不死，虽曰有命，然非心泉之力不为功。宜人渴葬，不忍即祔，奉主于寝。既练，乃祔食于先太宜人。祔之日，十二月二十三日辛卯也。

四十七年壬寅（1782）　　三十七岁

年前十二月七日乙亥寅初三刻六分大寒。二十一日己丑亥正一刻四分立春。是年正月二十七日一元甲子，三月二十七日二元甲子，五月二十八日三元甲子，七月二十九日四元甲子，十月朔五元甲子，十二月二日六元甲子。

二月，第七女及薪儿同出痘。七女七日而痂落。薪儿初未知其为痘也，既而见其痂乃知之，家中人咸为予庆。

四十八年癸卯（1783）　　三十八岁

年前十二月十八日庚辰巳初二刻十一分大寒。正月三日乙未寅正初刻八分立春。是年二月三日七元甲子，四月四日一元甲子，六月四日二元甲子，八月五日三元甲子，十月六日四元甲子，十二月七日五元甲子。

自去年以来，日与三弟讨论经义，奉先大夫命教六弟广衡读古文，颇有联萼之乐，乃一生佳趣也。

四十九年甲辰（1784）　　三十九岁

年前十二月二十八日乙酉申初二刻一分大寒。正月十四日庚子巳初三刻十二分立春。是年闰三月。二月八日六元甲子，闰月九日七元甲子，五月十日一元甲子，七月十一日二元甲子，九月十二日三元甲子，十一月十三日四元甲子。

三月，高宗纯皇帝幸鲁。承宗子七十二代公命撰《迎銮曲》二章恭迎圣驾，并缮呈御览。六月，薪儿患结胸症几死，服保婴丹得活。予与杨氏不能安寝者半月。先大夫既爱孙，更怜子，日夜焦忧。呜呼！儿岂易言成立哉！七月十八日辛未，徐太夫人薨。先是，太夫人筑生藏启圣林东偏，薨后，宗子仍欲合葬于六十八代公，先大夫援遗命力争。宗子惑于浮言，白抚军劾奏。奉旨：着自议罚银，交豫工充用。先大夫为亲受罚，自认五万，遂弃产业竭力措办焉。

五十年乙巳（1785）　四十岁

年前十二月九日庚寅亥初一刻五分大寒。二十四日乙巳申初三刻二分立春。正月十四日五元甲子，三月十五日六元甲子，五月十六日七元甲子，七月十七日一元甲子，九月十八日二元甲子，十一月十八日三元甲子。已上十年，凡三闰月，六十甲子，三千六百三十六日。通前三十年，凡十五闰月，二百四十三甲子，万四千六百一十八日。第一六元甲子前赢五十六日，第二百四十三三元甲子得四十二日。

去冬十一月，有挟嫌以先大夫所撰《孔氏家仪》语涉悖逆，诬控于藩者，藩白诸抚，抚军被人怂恿，不敢决。三月，奏闻。奉旨交刑部严讯，举家凛惧。后恭闻纯皇帝有"好好的问，不要难为他"口旨，仰荷天恩，感悚无地。当事者多劝供明逸构实情，先大夫尊祖敬宗，恐累宗子，坚执不肯。仰蒙睿鉴，书中实无悖违，仅以撰述沽名交部议发伊犁。十二叔父不忍先大夫万里奔波，请交银万五千代赎，得旨：报可。先大夫念豫项急难措办，欲乞援于江浙诸亲友，遂南行。八月二十日丁酉，至高吴桥，予率诸弟驰觐。次日，迁舍育德楼。家奴陈德本素服先大夫役，请假回家。先大夫知其不愿从而南，恐不复来，令三弟劝之。三弟曰："惟兄可使之来。"先大夫命予归家敦促，且曰："豫项限迫，尔归急办，不必再来送我。"予不获已，忍泪拜辞，孰知兖郡瞻依之日，即来年痛承凶问之日。下笔至此，心如割矣。予奉命归，为先大夫增置衣装。召陈德本，理谕之，情动之，再三乃应命，促赴育德楼。二十三日庚子，先大夫束装就道，六弟广衡、七弟广廉随侍而南。予与三弟共筹豫项，逾限是忧，又虑先大夫春秋高，且多病，不服江南水土，予昆仲时相对饮泣。十月之末，奉到手谕，知先大夫于九月十七日癸亥抵杭，风帆无恙，湖寓平宁，始稍慰。然念先大夫素畏湿，常恐江乡水国易遘湿疾，时萦痌瘝焉。

五十一年丙午（1786）　四十一岁

年前十二月二十一日丙申寅初初刻十分大寒。正月五日庚戌亥初二刻七分立春。是年闰七月。正月十九日四元甲子，三月二十日五元甲子，五月二十二日六元甲子，七月二十三日七元甲子，八月二十四日一元甲子，十月二十四日二元甲子，十二月二十五日三元甲子。

甲辰冬至是年五月，三次交豫项三万两，未解者止凑得七千，尚缺万三千两。先大夫忧之，传谕召三弟速赴杭面议。时三弟解银未返，得谕即自汴南行。先大夫令三弟呈恳豫抚奏请展限。七月，三弟归，传谕虽请展限，总上紧筹措为要。三弟以七月四日乙巳自杭起程，先大夫即于是日感受风邪，误服生脉饮，以致外邪内秘，遂成疟痢，痛于八月六日丙午戌刻，终于梁氏宅。衣衾棺敛，皆山舟年伯及大妹夫妇经理之。既敛，停柩于梁宅清勤堂。山舟年伯之敦古道，没齿不忘，而广林罪通于天，终身莫赎也。二十日庚申，讣至，得妹手札云："临终无他嘱，惟嘱赶办豫项。"仰见先大夫公而忘私，虽殁犹生矣。将往扶柩，十二叔父曰："尔筹办豫项不可往，尔三弟病卧又不能往，我率尔五弟赴杭扶柩可也。"予兄弟叩头泣谢。十月二十四日甲子，柩归，奉安正寝，遂行丧事。十年之中，丧我二亲，棘人栾栾，痛心曷极！孰意又继以三弟之变耶？三弟自甲辰冬赴汴解银，归即从先大夫赴省。乙巳春，随侍刑部。秋，送先大夫南行，还即解银河南。本年夏，又往解银，自汴赴杭，南北奔驰，心力交瘁。自杭归，中途得病，已不可支。闻讣，病益甚。十一月八日戊寅，殉先大夫于地下矣。予恸其死于家难，立主祠之左厢，岁时从食焉。

五十二年丁未（1787） 四十二岁

年前十二月二日辛丑巳初初刻大寒。十七日丙辰寅初一刻十一分立春。是年二月二十六日四元甲子，四月二十七日五元甲子，六月二十八日六元甲子，八月二十九日七元甲子，十一月朔一元甲子。

八月二十日乙卯，练。甲辰十一月至是年九月，六次共交豫工银四万二千两，其未完银八千。虽有地价可指，而屡索不获。具呈豫抚毕秋帆先生，恳奏请缓至来年。毕公曰："已逾限，不可请，吾为尔别图之。"既而以未完银应否行文本省咨追奏请。十一月十五日戊寅，奉上谕："未完银八千两，着加恩宽免，无庸追缴，钦此。"二十日癸未，本省抚军传示谕旨，跪聆之下，感激难名，恭捧恩旨莫告先灵。具呈抚军，恳具折代谢天恩。

五十三年戊申（1788） 四十三岁

年前十二月十三日丙午未正三刻四分大寒。二十八日辛酉巳初一刻一分立春。是年正月朔二元甲子，三月二日三元甲子，五月三日四元甲子，七月四日五元甲子，九月六日六元甲子，十一月六日七元甲子。

杨氏自生薪儿后为废疾人，予又置潘氏、辛氏二妾，已三年矣。四月二十一日癸丑，潘氏病死，瘗之古城村。第四女自春初患干血劳，百治不效。七月二十六日丙戌殇，予痛惜之，取先大夫为予所置棺木敛而殡之。八月二十日己酉，祥。十一月二十日戊寅，禫。翼日释服。十二月十日丁酉，以中殇礼葬第四女于殇冢，立石表其墓。凡殇与无后者，从食敦本堂右厢。葬后三日，告先太宜人及先室毕，书纸主安殇主祐前，行祔祭。祔祭毕，乃焚纸主而书其字于女殇主之背焉。

五十四年己酉（1789）　四十四岁

年前十二月二十四日辛亥戌正二刻九分大寒。正月九日丙寅申初初刻五分立春。是年闰五月。正月七日一元甲子，三月七日二元甲子，五月八日三元甲子，六月十日四元甲子，八月十一日五元甲子，十月十二日六元甲子，十二月十三日七元甲子。

徐太夫人既与六十八代公合葬，先大夫召予命之曰："吾卜防阴，为依我太夫人也，太夫人不果往，吾将改卜。当吾世而不克改卜，尔其善成吾志，勿谓尔母葬久，惮于改迁，违吾今日言。"予泣受命曰："唯！弗敢忘。"先大夫见背，以豫项未完无暇卜地。上年冬，始卜得华店之原，并卜得葬日。是年正月十九日丙子，启先太宜人圹，停枢于防阴山庄。四月二十日丙午，奉迁于华店新兆丙舍以俟。二十一日丁未，启先大夫殡。二十二日戊申日晡，合葬先大夫、先太宜人于新兆焉。五月十六日壬申，奉先大夫主祔先太宜人，遂行祔祭。六月二十日甲戌，释改葬缌服。第三妾辛氏生第九女后即病。十一月六日戊子，九女殇。十五日丁酉，辛氏亦殁。以汪宜人、韩宜人尚未启迁，故厝之古城庄宅。是月，置第四妾屈氏。屈氏，同邑人也。初，予嘱妹夫梁处素为长女择婿，处素之来送葬也，与其同年钱塘赵馥田名晶偕，欲予相其人也。予见而悦之，留之斋舍，令薪儿往学。朝夕晤谈，知其为读书正直君子人也。喜曰："得佳婿矣。"遂订婚。十二月二十八日己卯，就予家成婚礼。

五十五年庚戌（1790）　四十五岁

年前十二月六日丁巳丑正一刻十四分大寒。二十日辛未戌正三刻十分立春。是年二月十三日一元甲子，四月十四日二元甲子，六月十五日三元甲子，八月十六日四元甲子，十月十七日五元甲子，十二月十八日六元甲子。

无锡嵇养田名承孟，八伯母胞侄也，上年摄大名府篆，从弟文若时令长垣。养田嘱为其次子文烺原名文度，后改今名聘予次女，三而许之。是年六月六日乙卯，婿赘予家。居五月而归。十二叔父以四月南游，九月东旋，道病甚剧。比至家，察其神色，心窃忧危。时心泉盟兄又来曲阜，叔父欲款之医治。心泉知疾不可为，坚欲辞去。叔父知予与订兰交，命予谆留之。予聘之课八弟广规及三弟子昭虔，始许诺。心泉竭心力调治，然病入膏肓，延至十二月二十三日己巳午刻殁，遗命以七弟广廉为嗣。叔父之归也，召予至床前，笑曰："吾与汝有前约，未践吾言，今得一佳人矣，赠汝成其五美何如？"予力辞不允。叔父呼左右召出见予，笑问予曰："佳否？"予以叔父在病中，恐拂叔父意，不得已拜受。十月十四日辛酉，迎至予家，即第五妾姑苏刘氏也。①

五十六年辛亥（1791）　　四十六岁

年前十二月十六日壬戌辰正一刻四分大寒。正月二日丁丑丑正三刻立春。是年二月十九日七元甲子，四月二十日一元甲子，六月二十一日二元甲子，八月二十二日三元甲子，十月二十三日四元甲子，十二月二十四日五元甲子。

四弟殁十四年矣，未立嗣。八月十五日丁巳，以五弟第三子昭访为之后。告祭先大夫、先太宜人曰："痛惟广懋夭丧，因无可嗣者，久未为立后。更十四载，时用怅然。昔昭诚之生，谕令出痘后议立。不幸昭诚往岁痘殇，厥弟昭访出痘无恙，李庶母欲立为广懋嗣。广林等亦佥谓：'莫宜昭访也。'仰惟显考有训：'尔等析产，广懋无分，自我立法，范尔后人，用杜与为人后之弊。毋违我言。'广林敢不体显考垂训后昆之深意，勖诸兄弟佩服弗忘，恪遵分析，鉴在先灵矣。窃念我显考为敦本支祖，田园庐舍，几费诒谋。凡我诸昆，皆仰藉遗产得谋生理。而广懋无禄，竟不获沾先泽，虽为之后者本房亦自有分田，究非广懋身受。每一念及，辄伤心饮痛焉。是用申手足之情，设变通之法，自广林以下，各出所分田产若干，共得地三顷五十八亩有奇，助广懋祠墓之需，备昭访室家之计。广林等意欲令祖泽均沾，作此创举，上不背夫严训，下亦克尽私情。并谆饬诸弟侄，异日倘更有无子立嗣者，不得藉为口实，自蹈罪戾。惟我显考、显妣其俯鉴之。诹今日立合同，率昭访见于广懋，敢以尹祭清酌，用申虔告。"二十二日甲子，屈氏生第二子昭若。十月，迁防阴故兆，诸枢以次改葬新茔。予之生藏，以是月二十日辛酉成，自作穿中文志之。越三日癸亥，迁汪宜人、韩宜人改葬焉。

---

① 按：抄本至此处之后无句读，而稿本自始至终皆有句读。

五十七年壬子（1792） 四十七岁

年前十二月二十七日丁卯未正初刻九分大寒。正月十二日壬午辰正二刻四分立春。是年闰四月。二月二十五日六元甲子，四月二十六日七元甲子，五月二十七日一元甲子，七月二十七日二元甲子，九月二十八日三元甲子，十一月二十九日四元甲子。

庚子（1780）夏，三弟以星术推杨氏运限云："今岁得女，来岁生男。此后有十年好运。三十三岁须慎起居，过后亦无好运。"三十三果以寿终，则为全福人矣。上年来病势渐重，每向予言及三弟语，予虽屡以不足凭慰之，不能破其疑也。是年二月，增咳嗽寒热症，延至四月二十五日癸亥寅时殁。七月十九日丙辰，第二子昭若殇。二十日丁巳，瘗之华店新兆之坤隅。十一月，予将迁居状元坊西南。十二日丁未，告祭于先大人、先太宜人曰："我父遗宅，广林子子孙孙，理宜世守弗替。前因六弟广衡将授室，既弗克亟其乘屋，而购买居廛，亦大非易事。广林惟妾与子女数人，无需广厦。视广衡上有生母侍奉，下更生育正蕃者，卜居较易。遂与诸弟议，将所受遗宅与广衡应分宅址，互相更易，载在析产议条，久承先鉴矣。孰意遭家不造，囊橐萧然，弃祖居者亦有其人，而广林无力得之。日复一日，迁延至今，虽昆弟同居，礼无不可，而前约昭然，义宜急践。况我显考有训云：'古来以同居传者，张公艺及义门郑氏耳，同居岂易言哉？吾愿尔等有九世同居之实，不愿尔等慕九世同居之名，同居不若同心。'申戒谆谆，广林岂敢忘命？今岁十月，张梦鬐先生挈眷南归，厥宅转售玉虹楼。广林还观厥宅，于广林宜，爰请于叔母，依原值乞售。承叔母允诺，广林栖身有所矣。惟是广林忝为继祢，轻离宗祠，惶悚负衍，无可自遣，伏冀在天之灵默鉴而曲宥焉。诹来日往即新宅，敢具脯醢，用申虔告。"翼日戊申，予迁于新宅，以杨氏在殡，故子女及诸妾俱未从迁。

五十八年癸丑（1793） 四十八岁

年前十二月八日壬申戌初三刻十三分大寒。二十三日丁亥未正一刻九分立春。是年二月朔五元甲子，四月二日六元甲子，六月三日七元甲子，八月四日一元甲子，十月四日二元甲子，十二月五日三元甲子。

三月七日庚子，葬杨氏于华店新阡，与第三妾辛氏共垄焉。四月十一日癸酉，十二叔母以泰安张氏女畀予为第六妾。十二日甲戌子正，屈氏生第三子昭蔼。予新宅在西南，取"西南得朋"之义，命之小字曰朋孙，此心泉盟兄之所命也。二十七日己丑，令薪儿奉杨氏主于故宅厅事，予为文饯之。翼日庚寅，纳主于新宅后室，辛氏亦附食焉，徇杨氏病中之请也。八月，子女俱移居新宅。[①]

五十九年甲寅（1794）　四十九岁

年前十二月十九日戊寅丑初三刻三分大寒。正月四日壬辰戌正初刻十四分立春。是年二月六日四元甲子，四月八日五元甲子，六月九日六元甲子，八月十日七元甲子，十月十日一元甲子，十二月十一日二元甲子。

上年十二月，得处素妹夫凶问。正月六日甲午，予束装赴武林，吊处素丧，且谢山舟年伯德也。纡道溧阳，往晤心泉盟兄。约二月同舟北上。二十六日甲寅，至杭，为文哭奠处素曰："呜呼处素！去岁二月五日与君为长夜之饮，孰意竟成与君长诀之酒耶。我长于君二岁耳。君善自爱，精神强固，不啻少我十余年者，即不敢谓寿享期颐，而耆耋固意中事耳。呜呼！君竟先我去矣，天道茫茫，尚可问乎？忆总角时，我与君俱随宦京师，往来嬉戏，即甚相得。己丑（1769），君来就婚，居旬余，固钦君笃实君子人也。乙未（1775），重来阙里，联榻经年，析疑问难，尤钦君真读书淹雅人也。乙巳（1785），先君子游武林，丙午（1786）见背。我以筹豫项故，生弗克随侍，殁弗获视含敛。幼弟广衡虽侍左右，诸事未谙，君以东床之谊，悉心经理，必信必诚，非笃实资济之以读书力，能如是乎？每一念及，汗未尝不浃背沾衣。欲报君大德，而末由也。呜呼痛哉！君通《左氏》学，我习《三礼》，合志异趋。每以'《仪礼》坑'嘲我，性所嗜不能强也。君所著已属稿，我尘务倥偬，未能就绪。去春君以脱稿后互相勘订为约，呜呼已矣！不可得矣！君之子性敏勤读，有造小子也。所虑傲气陵人，少阅历耳。学与年进，气质自可化也。嗟我两儿襁褓者，未知成人与否，大者年十四，顽钝无知，恐不复能绍我世业。我素少交游，今而后更谁与相质？将焚笔砚，不复理前业矣。视君有子可守遗经者，痛心更何如哉！呜呼！君可无憾矣。虽然，君之憾与我之憾固相埒也。我家属望者扢约，而扢约夭亡。其子昭虔，恐不能承厥父志，我又不善教诲，俾我先君子与扢约含恨九泉，我生一日，即抱憾一日也。君昆仲高出我昆仲奚翅什伯，而君所处即扢约所处境也。君才学

[①]　按：《温经楼年谱》稿本一函两册，以上为第一册；抄本一函一册。

久当展经纶、作柱石，时运未来，沉埋牖下。戊申（1788）贤书之报，知君者咸称愿然望以经术显当世，乃竟以瀛海才赴玉楼召。呜呼！憾何如哉！研邻舅氏赴杭，以十一月十五日。前一日为君作札，计君当以十二月中与舅氏相晤。乃十二月十五日，退馥忽报君凶问，惊且疑。翼日，寅晟人来，得妹手书。呜呼！信矣！我与君相去几二千里，音问綦难，讵知作札时君殁已旬有二日耶。札中无它谈，惟道儿辈读书事，非君不可与语，非我与君亦断不作此生语。九原不可作，黄泉未必不相见也，有心人自相领会耳。夫何言哉！夫何言哉！呜呼！南来之约，为君言之屡矣，我既不果，君亦数阻我行。今来矣，君又作泉下人矣。我与君心契神孚，固不以生死隔，然登君之堂，不见君之形，空瞻遗像，闻孤号擗，我非木石，何以为情耶！呜呼！我作此文，非拘牵俗例饰殡官观瞻也，实抒我哀悰，俾我甥知我与君相契之深，可使触目惊心，毋坠家业，君之福也，幼髫之愿也。呜呼处素！尚鉴之哉。"予寓大妹家十日，二月六日甲子，别而行。越三日丙寅，抵苏。心泉亦至，遂同舟北上。二十二日庚辰，至王家营，家中人在旅舍候两日矣。得家书，知妾张氏于二月十二日庚午亥刻生第四子昭黄。二十九日丁亥，抵家。予自丙申感处素之言作《东城老父传奇》，未脱稿，遭家多故，束置高阁。至是年往吊处素，读其遗稿，至《老父歌》，不禁心怦怦动也。归后，检旧稿补缀成之，名曰《东城老父斗鸡忏》，惜未与处素相商榷也。噫！

　　六十年乙卯（1795）　　五十岁

　　年前十二月三十日癸未辰初二刻八分大寒。正月十五日戊戌丑正初刻四分立春。是年闰二月。二月十二日三元甲子，三月十三日四元甲子，五月十四日五元甲子，七月十五日六元甲子，九月十六日七元甲子，十一月十七日一元甲子。已上十年，凡四闰月，六十一甲子，三千六百六十二日。通前四十年，凡十九闰月，三百有四甲子，万八千二百八十日。第一六元甲子前赢五十六日，第三百有四甲子得四十四日。

　　心泉自上年馆七弟家，予命薪儿从学。至是冬，心泉回溧阳，予忝为敦本小宗，凡祠墓祭祀，必敬甚肃斋。虽朔望，亦鸡鸣夙兴诣祠，恭候族众行礼。年来痰湿成疾，跪拜股栗，惟陨越贻羞是惧。念薪儿于先大夫为长孙，年已十五，亦可摄行祀事。是冬时祭，敬告于先大夫、先太宜人而命之代。至于牲牢醴酒，洁粢丰盛①，不以筋力为礼者，予仍身亲②莅之，弗敢怠。

今上嘉庆元年丙辰（1796）　　**五十一岁**

年前十二月十一日戊子未初一刻十二分大寒。二十六日癸卯辰初三刻八分立春。是年正月十七日二元甲子，三月十八日三元甲子，五月二十日四元甲子，七月二十一日五元甲子，九月二十二日六元甲子，十一月二十三日七元甲子。

曲阜既乏湖山之胜，予更少朋友之交，兀兀穷年，面墙何异？无惑乎处素以"困于《仪礼》坑"笑我也。心泉别后，亦复无聊，忽忆甲寅在杭，归期促迫，未获畅游，遂动泛湖之兴，且藉以访名师课薪儿，为第七女择佳婿也。二月十二日戊子，挈眷赴杭。三月九日乙卯，与大妹相见，遂寓梁氏葛林园楼上。北眺葛岭，南对孤山，左断桥而右西泠，终日游舫不绝，心为旷、神为怡焉。山舟年伯荐孙小屏先生名麟级课薪儿，予令家奴送孙君而东，盖四月二十二日丁酉也。曾侄孙婿③阮芸台名元时督学浙江，闻予在湖上，常于公余过访。予引嫌不敢轻造其署。时与丁小山名杰、臧镛堂名在东、陈仲渔名鳣诸君子往复辨证郑学，颇闻所未闻。杭城有张楚珩者，善种痘，予延之为两儿种痘，大妹留心调养，俱无恙。五月，予赴硖石谒五舅父，遂至桐乡与内弟上基相见。呜呼！不到此者三十年耳，两家景况，感慨系之矣。初，予与心泉约共泛圣湖。六月十三日丁亥，予自杭赴溧阳，邀之偕来，而心泉家中有事不得赴约。予居数日而别。别后一月，心泉应七弟聘北上。二十五日己亥，予旋武林，馥田婿时已回里，不时来湖上，谈心揽胜，亦客中人一乐也。九月九日辛亥，阮芸台集同人招予登高灵隐，畅游竟日。芸台嘱予为之记。曰："嘉庆元年九月九日，阮子芸台招徐子惕庵、陈子桂堂、陈子然囿、何子梦华，偕予泛舟圣湖。微云淡布，清风徐来。遵断桥而南，放乎金沙港畔。阮子曰：'登高可乎？'予曰：'诺。'乃与诸君子舍舟，而徒步至灵隐。苍松修竹，蓊郁阴森，曲径逶迤，出入诸洞。珑玲奇峻，秀绝群山。小憩冷

---

①　盛，抄本作"成"，应为传抄之误。

②　身亲，抄本作"亲身"，应为传抄之误。

③　按：阮元继室孔璐华，乃孔子第七十三代长孙女，衍圣公孔庆镕（第七十二代、衍圣公孔宪培无子，以其胞弟宪增之子庆镕为嗣，璐华亦为宪增之女）之姊，而广林为孔子第七十代孙，故称阮元为曾侄孙婿。

泉，清流汩汩。山与目谋，水与耳谋，涤我胸襟，翛然世外。予徘徊冷泉亭下，诸君子已往访志安上人矣。乃蹑踪而上。比至山门，回望冷泉已俯而瞰，竟不知身陟山巅也。与上人相见，得观名流翰墨，目为一新。上人复引至借秋阁观贝叶经，更喜出望外。我闻在昔，得见于今，生平一大快事也。寻辞出，二里许至永福寺。石磴盘旋，缓步以上。登楼远眺，江湖在目，又行数武，见巍然屹立一奇石焉。僧曰：'石笋峰也。'惜为俗人刮苔藓加丹膜，虽有识者涤去之，真面目不可复见。呜呼！天下坏于庸夫竖子者比比皆是，独石笋也与哉？太息者久之。惕庵曰：'此游乐哉，日云旰矣，吾侪其归。'乃返乎舟中。坐定，惕庵出诗集示予。还观全什，众妙毕臻，不啻重游灵隐矣。顾读至'何处能容老客星'句，不禁喟然曰：'噫！子何见之执耶？斯日也，斯地也，吾侪把臂携壶，有山登之，有泉听之，竟日游嬉，乐而忘倦，视彼牵于利名营营奔走者何如哉？此天之爱吾侪也，即天所以容吾侪也。子知今日之乐，即无日不可作今日观，亦无地不可作此地观，况身作客星，可容此身者更何处非是。噫！子何见之执耶！'阮子曰：'善！今日之游，不可无诗，诸君子咸赋诗纪游。'予援笔而为之记。记成，又歌《北黄钟》小套，云：[愿成双]重九日，秋兴饶，望朝暾葛岭登高，下山亲友更来招，灵隐去云松径窈。[么篇]冷泉不得闻猿啸，听泉声涤洗尘嚣。借秋阁主远来邀，观贝叶咸平秘宝。[出队子]志安前导，同看石笋峣，山僧果是法修超，馆主全无矜气骄，满座中皆久朋非面交。[么篇]欢情未罄金乌落，回舟会断桥。怀文抱质一时豪，横制颓流百卷标，畅咏心同天地遥。[尾声]醉后相携苏堤绕，忽耳畔听得吹箫，寻声去，早又月沉鸡唤晓。"予二妹家徽郡浯溪村，妹夫朱榆圃名芜星殁已十三年矣。长甥文翰官京师，四甥承鲁尚幼。家计萧然，况味甚苦，予欲偕之东上。十月，自杭赴浯溪，相见问无恙后，即道予来意，二妹不允。予曰："汝不欲东，偕我到杭，与大妹一叙何如？"乃束装率四甥偕行。十二月①二十三日甲子，至杭。予与大妹同劝之，心稍动。孰意四甥得喉痹症，百治不效，以十二月十一日壬午殇于梁氏宅。予恸且悔，而二妹不肯东行之意益决矣。十七日戊子，予为哀文哭告四甥曰："呜呼！吾家子

---

① 十二月，按上下文意，应为"十一月"。

弟皆惷愚弗帅教，无可望矣。幸我之自出可望者，有尔与常甥焉。性聪颖，又克励学，每愿尔二人发奋有成，用彰宅相。而尔二人中，吾尤切切戒尔，非故与尔作难也，亦非薄于常甥厚于尔也。常甥长大，已列胶庠，入有贤父兄，出有良师友，进步有基，升阶较易。尔冲龄未有造，处境又异常甥，非刻苦奋勉，努力自成，何以报尔母之苦？更何以妥尔父之灵？我与尔相见，即以此谆谆训尔，拱立敬听，似有会心，吾深庆尔父有令嗣，尔母能教子，尤自幸可翘足而待尔成立矣。我挈尔来杭，固为尔母东归计，实亦念吾侪读书，不可以方隅囿，湖山泉石，假我文章，阅历登临，无非学问。冀随时领悟发心机、助笔趣，或不负吾望耳。孰意甫抵武林，顿撄鬼竖，东帆未挂，西乌先飞。呜呼！尔孱弱不胜辛苦，一至此耶。我早知之，决不携尔而来也。虽死生有命，尔不我怨，乃母原情，亦不我责，然怨我有人，责我有人，我亦何尝不自怨而自责。自今以往，几不复见尔诸父昆弟矣！呜呼！尔母子相依为命，夫人知之，尔念乃母痛尔，虽死不瞑。乃兄读《诗》《书》①，知礼义，自必曲体亲心，倍加孝养。乃母素颇达观，尔勿以为念。惟是渺渺孤魂，望乡莫见；茫茫泉路，旅馆难寻。谁为为之，我之罪也。我独何心，能不痛悔？腊日我来视尔，尔泣而言曰：'二舅行期有日，甥必随二舅而东。'吾应曰：'携尔来杭，岂忍舍尔而独归？'呜呼！讵料尔乃与我永诀之言耶！尔魂有知，可附我归舟，庶见尔外祖父母于华店之原耳。呜呼！尔命何如？我运何如？相依两月，死别千秋。伤哉伤哉！夫何至于此极也，吾其问诸天。"

二年丁巳（1797）　五十二岁

年前十二月二十二日癸巳戌初一刻二分大寒。正月七日戊申未初二刻十三分立春。是年闰六月。正月二十三日一元甲子，三月二十四日二元甲子，五月二十五日三元甲子，闰月二十六日四元甲子，八月二十八日五元甲子，十月二十九日六元甲子，十二月二十九日七元甲子。

予居杭，有以绍兴书院山长约予者，予辞不就。适诸弟念予出门久，令家人迎予。予遂以四月十四日甲申别妹东归。五月十八日丁巳夜，抵家。是冬，孙小屏辞归。心泉荐其弟仲献_{名昭禧}课薪儿。十一月，

---

① 《诗》《书》，抄本作"《书》《诗》"，应为传抄之误。

遣使往聘焉。予在杭得见前辈诸君子所辑汉义，自愧不能竞胜，前志渐衰。年老多病，家况非昔，无可消日，惟取南北十七宫调排闷而已。

三年戊午（1798） 五十三岁

年前十二月二十四日己亥丑初初刻七分大寒。十八日癸丑戌初二刻三分立春。是年二月三十日一元甲子，五月朔二元甲子，七月二日三元甲子，九月四日四月甲子，十一月五日五元甲子。

刘氏以上年六月有身，因气郁又受惊，十二月中，胎不安，服药得无害。元日，胎气上冲益甚。六日辛未，生第十女，未逾时而殇。刘氏赖心泉调治得以不死。然病根已兆，又为一废疾人矣。二月七日辛丑卯刻，张氏生第五子昭华。予以畀刘氏，使育为己子。命之小字曰稻孙，取"再生"之义也。二月，彭仲献至自溧阳。心泉阅家书即有不豫色，越三日，寒热大作。予往问之，询其病由，长叹不言，自是兴致不复如前矣。五月，欲南归。予见其精神不可支，再三劝之宁心息气，俟小愈再作归计。又念昆弟相依，或可谈心祛病，劝之移居予家。心泉不可，盖周旋七弟也。八月九日庚子，屈氏生第十一女。心泉素嗜酒，谓予曰："得掌上珠，盍惠我杯中物。"予奉之酒而不能饮，心窃忧其病不可为矣。中秋日，予邀研邻叔母舅陪彭仲献饮酒。席间出予所作《斗鸡忏》求正，既而各为予题咏焉。后二日，予往邀心泉来居予温经室，朝夕调护，然自是加以脾泄，病益深。心泉决意南旋，予亦不敢力阻。九月十三日癸酉，用软舆送至济宁登舟，仲献奉以归。不数日，未过宿迁关而殁。伤哉！心泉之将行也，以羔裘赠予曰："吾弟冬衣似不足御寒，此裘虽旧，服之尚暖，幸勿却。"予泣而受之。心泉与予相与之情，亦可见一端矣。予每冬常服之，用志故人之谊。凶问至，予欲往哭而弗果，作《南调》小套以述哀云："〔金络索〕区区少侣俦，只此知心友。一自与子同袍，真是云霞偶。晨昏过我庐，两情投，锦是你心儿绣是口。有时节看花遣兴新词就，有时节踏月陶情总是相携手。东篱秀，喜风神端的是洒落占高秋。谁知他南雁来游，南雁来游。刚三日躔灾宿。〔前腔〕从春直到秋，二竖膏肓守，未识为甚牵缠，空费神针灸，曾将受病因，问根由，君总是含胡未细剖。只见归心驶马和悬溜，你又病体郎当只得相遛逗。重阳后，理行装任多般难得再遮留。却谁知日促途修，日促途修。才别去罡风骤。［前腔］伤心痛好仇，畅道联床久，煞怪风伯无情，吹散如兰臭。通家溯老彭，有源流，君见我急时肯袖手。感君扶危济困雷陈厚，便是酷暑严寒不避奔波走，垂危候。到临行尚兀自挥泪赠羔裘，真教人魂断肠抽，魂断肠抽。青衫上啼痕透。［前腔］年来事远游，两度浮山阜，曾约引我栖霞，同访渔樵叟。蹉跎竟到今，愿谁酬。我再泛洮湖少素友，从今安心养静帘垂昼，我的妙散还丹只是春酿酒，还追旧，说游魂定把那冥况诉从头。君如今先得通幽，先得通幽。应开我然疑窦。［刘泼帽］忆君早把容描就，厕群仙共度瀛洲。而今果会蟠桃否，不系舟，何用挹陵阳溜。［前腔］眼前笑貌浑如旧，最难忘文采风流，相逢恰好三更漏，话未休，窗外儿鸡啼又。［前腔］梦中指点承开牖，要游心百尺竿头，年华有甚迟和骤。任去留，素履往终无咎。［前腔］瑟居感叹，怀孤幼。想从今冷你门楼，堪怜两辈谁駢覆，度新讴，痛得我肝肠呕。_{盟兄二子，长鄂，字元铧，次栴，字季铧}。"十一月十八日丁丑，薪儿娶泰安宋氏。

四年己未（1799）　五十四岁

年前十二月十五日甲辰卯正三刻十二分大寒。三十日己未丑初一刻七分立春。是年正月五日六元甲子，三月六日七元甲子，五月七日一元甲子，七月八日二元甲子，九月九日三元甲子，十一月十日四元甲子。

正月三日壬戌，高宗纯皇帝龙驭上宾。广林有足疾，不获随宗子哭于公府之庭。伏念广林父子，仰荷天恩，宠优格外，遥望鼎湖，雪涕如雨。就私第向阙设香案，哭临二十七日。二月九日丁酉，张氏生第六子昭芑，生百一十三日而殇，盖六月二日己丑也。

五年庚申（1800）　五十五岁

年前十二月二十六日己酉午正三刻二分大寒。正月十一日甲子辰初初刻十二分立春。是年闰四月。正月十一日五元甲子，三月十二日六元甲子，闰月十二日七元甲子，六月十三日一元甲子，八月十四日二元甲子，十月十五日三元甲子，十二月十六日四元甲子。

春日闲居，偶阅浙中闺媛《天雨花弹词》，兴之所至，摘取其刺贼一事，撰《女专诸》杂剧。三月三日乙卯脱稿，录而存之。闰四月十日壬子，张氏生第十二女，八弟夫妇取而育之为己女。五月十六日丁酉，华儿以痘殇。越七日癸卯，瘗之华店，予填《南高平》小套哀之。其词曰："［十二时］恨苍天无端灾降，殇爱子怎禁心怆。想前年此儿诞生，看形容甚熟难名状。抱怀中，频注目，深裁量，因缘顿觉顿觉来心上。敢是甥印多情，恋我魂投阙党。朱氏四甥病危，向予云：'二舅东归，甥必偕往。' 予哀文中有 '魂而有知，可附我归舟，见尔外祖父母于华店之原' 语。今此儿貌极相似，故云。试啼声音清韵长，验相貌头圆口方，更气概魁梧没两，顾我群儿，都不赛华儿模样。才离绣褓，镇相依呼爹喊娘，耍嬉也自非凡相，尽说是成器儿郎。灾生无妄，竟早遇刚风横冲竖撞，病来无几日，倏地燕离梁，为甚的天公闪我苍浪，缅想，泪珠流漾，恨今和伊分阴判阳，肠回日九，怎得阿龙偎傍。便是情不断，意难忘，梦儿中把你抱胸膛①，醒来怎当，偷生鬼投难命长。华儿不似三岁亡，早知珠难养，亦何心擎夜光，昏暮时分外恓惶，昏暮时分外恓惶。怕步进娇儿旧卧房，把杯儿点上琼浆，把杯儿点上琼浆。只少个人牵衣劝引觞，丝丝情万缕，点点泪千行，困眼蒙眬②才推放。早梦里又啼痕盈两眶。[有结果煞] 相逢正自心欢畅，怎知是镜花轮相，你何不把因果梦中明讲。"二女以二月来宁，未归。嵇养田以永定河道告终养旋里，过曲阜，与予约回家部署来迎予女。归甫逾月，病殁。十月，讣音至，而未来召孝妇也。十一月十日戊子，予送女南行奔丧，二十二日庚子，渡河。翼日，自臧家渡放棹而下。是夕，舟伤于河澌几沉，泊三铺补漏，未竣而河冻不可行。二十八日丙午，始离三铺。十二月六日甲寅，抵无锡。欲谒嵇太翁，太翁辞以疾，未得见也。寿光李鳌，予前继祖母李太夫人之曾侄孙也。今年春，欲聘予第七女为继室。七弟妇，其胞姑也，为言于予。予许之。已纳吉矣，将以来春迎娶。予乘送二女南归之便，为七女办置奁赠，遂以是月九日丁巳，别二女往苏州，寓阊门内吴氏家。居十二日，奁具粗就。二十日戊辰早，假寐楼上，梦华儿急告予曰："将有灾，速行也。"予惊寤，回思舟将沉之日，刘氏曾梦华儿，今又入予梦，必非无因。遂买棹河干，约舟人来日北上，盖以今日为四绝日故。不意是夜阊关大火，延烧将逾城，予率家人奔避僻所，什物几为灰烬。是晚，火渐熄。二十一日己巳，束装登舟。二十三日辛未，旋无锡，嵇太翁终不获见，予太息而行。二十九日丁丑，抵京口。水浅船多，不得渡，乃守岁江口焉。予姑苏遇火之日，大妹遣人来约予往杭城过岁。予因七女嫁期将及，欲岁内抵王家营，不及

---

① 抄本中凡 "膛" 俱作 "堂"。
② 蒙眬，抄本作 "曚眬"。

赴杭。噫！早知阻舟京口，断不忍却吾妹之招也。且悔且恨！

六年辛酉（1801）　五十六岁

年前十二月六日甲寅酉正二刻七分大寒。二十一日己巳未初初刻一分立春。是年二月十八日五元甲子，四月十八日六元甲子，六月十九日七元甲子，八月二十日一元甲子，十月二十一日二元甲子，十二月二十二日三元甲子。

正月三日庚辰卯刻，渡江。午刻，抵扬关。将过关，有铜船断缆顺流直下，溜予舟之左，相距不能以尺。幸予舟早为之备，得无害。噫！险矣哉！七日甲申，至清江，与从弟广桂晤叙一日。十日丁亥，渡河。十一日戊子，登车北上。连日大雪，沟路几不可辨。至十八日乙未日中，始抵家。呜呼！此行也，计程不过千三百有余里，计日亦不过六十有八，而险阻艰难，备尝苦况，且濒于死者再而三。壬午以后，南帆北辙，跋涉者非一次，未有若是其尴尬者也。乃运之不辰，逆境叠遭。归未周月，而第四妾屈氏忽得痰迷之疾。二月十七日癸亥，几至自裁。虽令人伺守，余亦不能无顾虑焉。自是似癫似痴，若明若昧。一日忽泣而请于予，欲以蔼儿畀刘氏为子，盖自分病不能愈也。予怜而许之，曰："汝病不治，此儿无母而有母，汝幸得生，此儿有生母，有慈母，亦无不可。"乃命蔼儿拜刘氏为慈母。时蔼儿读《毛诗》甫毕，将授以《周易》。予怜其生母之为废人也，令侍坐予侧而自督课之。三月十二日戊子，七女归李氏。予命长女及薪儿往寿光致女焉。三弟之子昭虔，以戊午中本省乡试，至是成进士，留庶常馆肄业。亲知咸贺予，谓予造就之得有成劳也。然此子成名，实天所以报施先大夫、先太宜人也，亦以报三弟之死于家难也，予何劳之有哉？十月五日戊申，馥田婿之长女殇于痘，瘗之古城第二妾潘氏墓左。

七年壬戌（1802）　五十七岁

年前十二月十八日庚申子正一刻十一分大寒。正月二日甲戌酉正三刻六分立春。是年二月二十三日四元甲子，四月二十四日五元甲子，六月二十五日六元甲子，八月二十六日七元甲子，十月二十六日一元甲子，十二月二十七日二元甲子。

蔼儿读四子书、《尚书》，予仍自课之，延族祖伯同先生名毓昆课黄儿及外孙赵仍。予课儿之暇，仍游心词曲。取所撰《斗鸡忏传奇》，以钮少雅《九宫正始》及《九宫谱》《定北词广正谱》、徐灵昭注《长生殿谱》参互勘订，改窜谬讹，录成清本，并附注各调所本体格。

自甲寅脱稿以来，至是稿已九易矣。

八年癸亥（1803） 五十八岁

年前十二月二十八日乙丑卯正一刻一分大寒。正月十四日庚辰子正二刻十一分立春。是年闰二月。二月二十八日三元甲子，三月三十日四元甲子，六月朔五元甲子，八月二日六元甲子，十月三日七元甲子，十二月三日一元甲子。

蔼儿出就家塾，从伯同先生受《四书》讲义，予时教之读先正《四书》文。予既录《斗鸡忏传奇》，所作杂剧、散套、小令未入录。薪儿请并录之。予因取《璇玑锦》《女专诸》两杂剧及辛卯至辛酉所作散套、小令，重加勘订，与《斗鸡忏》合录之为一集，凡八卷，题曰《游戏翰墨集》。

九年甲子（1804） 五十九岁

年前十二月九日庚午午正初刻六分大寒。二十四日乙酉卯正二刻一分立春。是年二月四日二元甲子，四月六日三元甲子，六月七日四元甲子，八月八日五元甲子，十月九日六元甲子，十二月九日七元甲子。

予上年录《游戏翰墨集》，三月十一日庚子录成，予填南高平调《十二红》一曲题之卷尾。其词曰："想我想我无文藻，留意留意旧歌豪，元明前辈具才妙，私笑，笑从来假借挥毫，有的艳情殢媚，有的讽词厉阶，有的穷搜诡怪，有的声价榜标，把这歌楼宗旨顿然抛。歌楼格，旨深窈，为俗养心苗，非是夸蛛巧。一味穷工文绣，人岂尽腠析理昭，若是纯参鄙谚，又只是市曲路谣。侬今元不谙宫调，敢说我规摹便神和气肖，不过随时秉兴遣无聊。何必有意窥玄窍，只恐腔儿未尽调，空惹的知音诮。耆年届，素鬓萧，无心重复苦推敲，随心令，应手耳，风烟花柳仿渔樵，他年或遇赏心交，将画比雪中蕉。"予自韩宜人殁后，失贤内助，心戚戚焉。每念薪儿长大，早授之室，或得一佳妇，俾操持家政，庶予可得为闲散优游人也。孰意运途多舛，事与愿违，仔肩难息，拂意滋多。数年来，出则绝少朋好，居则长对愁山，辰非不良，苦无乐趣。除十七宫调外，与予共晨夕者，惟欢伯耳。然欢伯为益友，亦为损友，予于是又兆病矣。六月六日癸亥，予坐书室教蔼儿读文，忽大风雨，纸窗患为所破，予冒风雨趋归内室，遂感受寒气。翼日，胸腹胀急，不能坐卧，匀饮不下者凡五昼夜。幸族叔孝廉甫韩先生 名继英 投以附桂之剂，结痰悉下，凡泻三十三次，胸腹始纾，得安寝，而元神大惫。七十余日乃能扶杖而行。噫！

外境陵人，心疾无治法。自是精力益颓然矣。养疴至九月始离寝室。人咸以戒酒劝予，予亦知酒为身累，欲戒饮而未能也。歌《北后庭花》自哂①云："贪杯湿久滋，冲风寒不支。人困荷香月，身轻菊绽时。我也怕倾卮，松醪恋我，元石难与辞。"

十年乙丑（1805）　六十岁

年前十二月二十日乙亥酉初三刻十一分大寒。正月五日庚寅午正一刻五分立春。是年闰六月。二月十日一元甲子，四月十一日二元甲子，六月十二日三元甲子，七月十四日四元甲子，九月十五日五元甲子，十一月十五日六元甲子。已上十年，凡四闰月，六十一甲子，三千六百六十一日。通前五十年，凡二十三闰月，三百六十五甲子，二万一千九百四十一日。第一六元甲子前赢五十六日，第三百六十五六元甲子得四十五日。

予无孝友之行闻于宗党，又不克自树立成名显当世，徒以食粟之身，悉届指使之岁。玩时废日，衾影多惭，犬马之齿，何足道哉？乃诸昆弟子侄咸谓年周六甲，理宜称觞介寿，藉此杯酒，联合埙篪，亦可以稍除积闷。予固辞不获。正月九日申午，招予至八弟家，优觞相侑，欢饮数日。时馥田婿自中州、春岩婿自寿光来祝予，予心滋愧，歌北双调《水仙子》一阕以酬之。其词曰："生来资性本平常，岁晚无成自感伤。清歌美酝劳酬唱，愧髻翁怎地当。漫夸骨寿眉长。既是六十年云烟扬，便就一百岁隙驹忙，又何必逞老争强。"十四日己亥，返舍，又咏《前调》自叹曰："安心贫素躲风尘，畅好清闲自在身。无端却被冤牵混，要推开养净根。俺为宣圣云孙，既不敢缁流近，又难离鲁泗滨，只落个酒度穷辰。"予自弱冠闻先大夫说劳山之胜，心企慕焉，每以不得一游为憾。至是春岩夫妇归寿光，予偕往，盖欲为劳山之游也。比至婿家，李氏诸昆仲邀予游其家可园。忽忆己酉冬偕七弟饮于此园，不禁今昔之感，援笔题《北雁儿落兼清江引》一阕于壁，曰："名园风景幽，曲水传觞溜，石桥九折通，花径千香透，凉亭共斟百末酒，凭览酸心逗，星霜几度秋，老少多非旧，凝目对花羞皓首。"题罢，怅然者久之。予约春岩四月同登劳山，春岩阻予曰："登山必须徒步，恐陟降为难。又海风甚大，虑老年人不能当。"言之再四，予亦废然。噫！圣境无缘，可胜长叹。予既不果游，遂别而

---

① 哂，抄本作"洒"，应为传抄之误。

归。四月六日己未，抵家。居数日，劳山之想终不能置，乃取家藏小山点缀盆景，置温经书室，吟《北山坡羊》以遣兴，曰："拳石堪玩，终朝流盼，心头竟作劳山幻。树萦蟠，水潺湲，金鳞游泳谿谽畔，尘虑扫开浊医浣。闲，身自安；欢，心更宽。"是夏暑热特甚，心益懑烦，惟把杯对小山自遣，吟兴忽动，戏用一字至十字复十字至一字咏成小令一阕。其词曰："天，可怜，哀暮年，受尽熬煎，只想无闻见，藉图书自消遣，恨近日双睛昏眩，执笔临池那堪手战，寻芳睋阜又复行步艰，落了无冬无夏非酒即眠。若果无冬无夏任我醉眠，神恬气爽却也莫知艰，尘冗纷纷无端交战，弄的俺心迷魂眩，真无计来排遣，怎得逃闻见，越恁忧煎，日如年，谁怜，天。"吟毕，恰百一十字，名之曰《百一令》，依南商调度腔以消溽暑。

十一年丙寅（1806）　六十一岁

年前十二月朔①庚辰夜子初三刻大寒。十六日乙未酉正初刻十分立春。是年角木直年。正月参水直月，元旦觜火直日，虚日直辰时。正月十六日七元甲子，三月十六日一元甲子，五月十七日二元甲子，七月十九日三元甲子，九月二十日四元甲子，十一月二十一日五元甲子。

馥田婿自乾隆己酉赘予家，南北行踪莫定，未挈吾女归杭。嘉庆辛酉，试宰河南，补期尚远，亦未之迎也。外孙仍年十五矣。上年，馥田来召之，令往河南从师受业。二月十日戊子，予偕之赴中州。居汴旬日，别馥田父子而归。三月四日壬子，回里。嵇氏女自上年携其长女来依予。予归自汴，其女即患时疹，邪火内攻，遍体发瘢，以四月二日己卯殇，瘗诸古城赵氏外孙女之右焉。薪儿自彭仲献去后，未得师，废学几及十年矣。五月，忽请于予，欲应童子试。予命题试之，阅其文尚可造就，不忍阻上进心，许之。九月，补弟子员，亦差足为予老年一小快心事，因歌南高平调《锦玉普》三台新腔一阕以勖之。其词曰："忆垂髫，志昂昂蜚腾九霄。终岁卧书巢，干功名，常思展翅迁乔，含宫吮征谐声调，刓玉裁冰苦镂雕。非吾好，羡韩苏海潮。费推敲，只饶得博虚名东家文表，逢拔萃既垂冀难当猛鸟。将图南又培风频让秋雕。志灰颓玉韫珠藏避俊髦。身渐飘，心似枯，精神愁损消，只得委心凭运待儿曹。依命又逢枭，大孩儿无灵窍，两幼稚

---

① 朔，抄本无此字，应为漏抄。

痴和狡，书香歇气索神销，伤心暗恳传慈告。喜薪儿竟蒙垂荫耨心苗。如昏镜，先生曜，比长夜，鸡鸣晓。想以盆为沼，漫怀音，胜如翩彼飞鸦。步蟾步蟾秋风近，香迎吼地涛，烧尾烧尾春雷震，声惊跨海鳌，登云破浪远翔翱，你休把我来相效，一任天衢杳。振家声及锋儿先夺锦标，宗风一啸，还有祖鞭捎。掀髯笑，兄为玉树弟琳条。"癸亥二月，薪儿得子，生即毙。今年十月十七日庚寅，又得一子，予甚喜。三日，命之名曰宪猷，而告于祠。告祭甫毕而此儿即殇。命实为之，夫复何言！吟北中吕《十二月兼尧民歌》一阕以志恨。其词曰："俺年逾五旬，便想抱孙孙，要看他书田艺圃，史耨经耘。那想着渔翁太很，竟虚幻两度枯鳞。俺盈头霜雪魃为邻，老去孙枝下无根。莫说置书千卷丧吾存，想到疗目三朝痛声吞，销魂。总知夙世因，不必天公问。"

十二年丁卯（1807）　六十二岁

年前十二月十三日丙戌卯初二刻五分大寒。二十八日辛丑子正初刻立春。是年正月二十二日六元甲子，三月二十二日七元甲子，五月二十三日一元甲子，七月二十四日二元甲子，九月二十六日三元甲子，十一月二十七日四元甲子。

正月十九日辛酉子正，张氏生第七子昭萬。予念刘氏病深，不能再孕，此儿原欲以畀刘氏也。生三日，刘氏梦白发老叟授之莲实而命之食，受而食之。觉后以语予。予笑曰："是真尔子矣。"即以季莲为之字，岁在畺安，故小字安孙。命刘氏育为己子。薪儿生三女，长七岁殇，次二岁殇。幼者三岁，上年随其母往外家未归，以二月二十二日殇，遂于泰安瘗焉。予自去秋追忆六十年来少而壮，壮而衰，中间事实，自叙年谱，录示诸儿。录至此，不禁黯然而思，喟然而叹，乃浮大白而题《风云会四朝元》一阕，曰："双丸飞电，轮周五虎年，把从来行止，计日怀缅，悄怳如梦转。叹生平运际，叹生平运际。一自总角成童，壮岁华颠，孽障纷拏，愁云千变，佳境无多见。嗟，衰老更何言。兰艾荃茅，黯地心如剪，寻思镇可怜，穿裁故非炫。也只是含毫写照，衮衮影影自惭篱鹦。"四月癸酉朔，馥田婿奉委至济宁。公事毕来省予。夜将分，至予家。留憩再浃辰而别。往岁，馥田摄鲁山县篆，卸篆后为嵩山之游。比相晤，出《游嵩山记》示予，叙次胜境，觇缕如画。予读其文，恍若亲瞰卢岩之飞瀑、观阳城之测景台矣。昔人云"景固天设，赏由心别"，知馥田固独有会心也。予自壮年即心慕湖山之趣，每思购一深窈谷水云乡而托迹焉。丙辰在杭，张苏田夫子赐予联句云："千里重寻香月社，一生爱住水云乡。"知我者夫子乎。丁巳，心泉约予同卜居摄山栖霞岭，弗果。乙丑，与春岩约游劳山，又不克如愿。馥田以羁宦之身，两载中登泰山而蹑嵩顶，畅游揽胜，何乐如之！岂天之丰于馥田啬于予哉。予实自无缘于胜地耳。曲阜自上年十月后，不雨者七月。天气亢旱，予伤于水饮，卧病旬余，伏枕自惟：予年六十有二，百事无成，困于贫病，殊自愧此身之生于世之为赘也，因自号赘翁。而为之说曰："吾家伯叔昆仲，惟谷园叔父与予多须髯。予每侍叔父侧，叔父辄以胡子呼予，远近人识不识，皆知予之为髯也，故予别号幼髯。昔石室僧云：'留须表丈夫。'予故腼然丈夫也。巽软性成，非夫贻诮，髯不既赘矣乎。噫！岂独髯之为赘哉？予少无孝友之行闻于宗族乡党间，长不能及锋脱颖树功名为国家效犬马；退不能教子以义方，授一经传旧学，俾绍我祖父家声；下之又不能偕老农老圃，犁雨锄云，灌园治产，为后世子孙生理计，闭门却迹，忽忽终年，是予直宇宙中一大赘人耳。虽然，赘则赘矣，予一生事尚多未竟，徒以力不从心，有志莫逮。倘得策衰屝之躯，毕中心之愿，他日可见我先人于地下，固赘而不赘也。庸讵知天之厄我以贫贱忧戚，非天之厚我而玉我于成耶？梁山舟年伯号不翁，张苏田夫子号谷翁，予年甫逾耆，亦已成老翁矣。窃取其义，自号赘翁，作《赘翁说》，书之座右，自嘲云乎哉。自警也，亦以诫儿辈慎勿效乃翁为赘人焉。"十月十六日甲申戌刻，薪儿又得子，名之曰宪者。

十三年戊辰（1808）　六十三岁

年前十二月二十四日辛卯午初一刻十分大寒。正月九日丙午卯初三刻四分立春。是年闰五月。正月二十七日五元甲子，三月二十八日六元甲子，五月二十九日七元甲子，六月三十日一元甲子，九月朔二元甲子，十一月三日三元甲子。

宪者生而多病，予有监于前，未行告礼，至是三月矣。乃以正月十五日壬子，具脯醴告于先大夫、先太宜人，祈先灵佑之，得成立焉。三弟之子昭虔，前以翰林院编修蒙恩记名御史，今年正月二十二日己未引见，补授掌江西道监察御史。予闻之喜，然念其少不更事，恐弗胜任也，寄《碧玉箫》小令一阕，诲而勖之。其词曰："服豸金阶，秩进人知快，分查乌台，年少我牵怀。新篁箨刚半开，拂云竿须化裁，高议排，要把经术励，孩，武昌莫让独称介。十五代关内侯十九世孙桢，余不肖侯愉九世孙也，唐高祖时，登进士第，拜监察御史，门无宾谒，人称其介。高宗时为绛州刺史，封武昌县子，卒谥温。"予不禁有感矣。念吾家子侄，惟昭虔已通籍，其余博一衿者，予长子昭薪、勤叔四弟嗣子昭讽、季平六弟长子昭任三人而已，然皆不自淬厉，困踬场屋。夏，督学大司成帅公名承瀛，岁试阙里，予赋《北驻马听》小令以励三子。其词曰："横舍十春，忆我当年恒冠军。妙龄三俊，望伊今日步前尘。词源笔阵海云吞，析毫批却潜心运。空冀群，冲儿不必输先进。"既而俱不得列前茅，予又赋《折桂令》小令慰而勖之曰："少年郎幸列黉宫，志想凌云，翅未搏风，心静神融，神游象外，心运环中，炼灵机轻圆控纵，循短鑴科律齐同。凤起高翀，剑跃腾空，目骇文宗，手揽丹丛。"昭任弟昭佶，屡应童子试，今又被黜，予赋《南黄莺儿》小令诲之。其词曰："欣望泮宫池，再三番扫兴归，想来原未成章斐。金乌迅飞，补牢未迟，锐神只要勤摩砺，少荒嬉，先难后获，老天不负心期。""予望二三子者肫然，二三子幸勿漠然。欣遇恩科选士，尚其勉之，匪直云慰我心也。当念尔祖父在天之灵，望诸孙更切，二三子勖哉。"既以示诸子侄，遂录而存之。伯同族祖辞馆后，蔼儿无师，予年衰境舛，督课无心，从前一隙之明，今几茅塞。延师既无力，谋附馆又无成，心久忧之。今年七弟遣第三子昭炅随其母来家，延钱塘玉樵孙孝廉课之玉樵，名珣，字东美，龙光孙年伯胞侄，乾隆戊申科举人。既而寓书于予，有"十一侄可附学弟家"语，予欣然诺。闰五月十三日戊寅，命蔼儿往谒师受业焉，予亦可暂作数月之息矣。乃自四月杪，旧病复萌，饮食不甘，困顿思卧，勉自支持，冀不日可愈。闰月初旬，胸头痰结，腹中虚胀，至十一日丙子，汤饮不能下，家人悚惕，予亦自危。赖甫韩族叔知我病源，悉心调治，日服药三剂，至十七日壬午，始思粥食，而神衰气惫，未能离床也。十八日癸未，萬儿因受惊得病，心正焦急，忽闻宪耆以十七日殇于泰安，既悼我孙，益忧我老生子，天庶怜我而使之生乎！乃日益剧，竟成脾风。六月九日癸卯巳正，殇，即日瘗诸十八郎之西南。噫！甫再浹辰，哭一孙，又哭一子，天何酷我至于此极哉！自夏至秋，既困于病，更复哀死怜生，倚床时居多。九月十九日壬午，值萬儿殇后百日，心正恻然，忽又闻雁过声，益增凄怆，乃戏集南北调名《自度北商角调新腔》小令一曲消闷焉。词曰："初生月儿月儿弯，应时明月照山，小妇孩儿玉井莲，喜人心醉金盏。长生道引，好收因元卜算，胡十八香云转月，刮地风哨遍解连环。牧羊关，塞鸿秋歌满，棹角望乡，河传疏影，孤飞雁，雁儿落，雁儿舞，雁过南楼叫声，声声慢，恼杀人，琐窗寒，少不得罗帐里坐，清商七犯，长拍短拍拨不断。"集成，计调名凡三十有六，遂取"三十六宫都是春"之义，题曰《都是春》。七月中，七女闻予病欲来省予，羁于家务不得归宁，来召薪儿，薪儿应省试未克往。十一月九日庚午，遣薪儿赴寿光以慰其心。十二月二十四日乙卯，薪儿乃归。

十四年己巳（1809）　六十四岁

年前十二月五日丙申酉初一刻大寒。二十日辛亥午初二刻九分立春。是年正月四日四元甲子，三月四日五元甲子，五月五日六元甲子，七月六日七元甲子，九月七日一元甲子，十一月八日二元甲子。

今岁，甫韩族叔馆季方五弟家。二月十四日甲①辰，命薪儿、蔼儿同往受业焉。予上年病中，自念病所由来，酿于酒，成于气，非断此蟊贼，终戕我生。昔贾存道戒杨文忠诗有云："君宠母恩俱未报，酒如成病悔时迟。"予感乎其句，自誓不复与壶公商子游。曾作《好精神》二小令为座右箴，人咸执予甲子年所作《后庭花》小令嘲予，谓予仍是甓言耳，甚至有极言酒堪养老，老年人不必却酒，怂恿予饮者。噫！岂知我者哉？予乃咏《北寄生草》小令以答之。其词曰："多般糯，把舵牢，壮年原溺流觞乐，晚年已悟刳肠药，今番打透祛魔窍。全生知是二人恩，全归敢忘终身孝。"歌予此曲，庶亦可见予意之决，而信予今日言非甓矣。三月十四日甲戌，闻京仁从弟以二月殁于宝应工次。其子昭显已赴礼闱试，未得亲含敛，予恸甚。比昭显闻讣奔丧，不数日而捷音至，予又慰甚，吟《北满庭芳》小令慰而勖之。其词曰："南宫艺战，久望你神仙榜注，雁塔高镌，不料得椿庭惨遇榱崩变，可怜你梦断江天，俺正在哀老雁惊弓翅剪，忽喜的响新雷平地声宣，天从愿，充间庆衍，更莫忘忠孝答幽泉。"予最爱元人百种曲，而惜其择焉不精，因摘其尤者四十种，别录总目一帙，俟有与予同好者就正焉。元中书左丞吕思诚未显时，甚贫。一日晨炊不继，将携布袍贸米，妻有吝色，左丞戏作诗云："典却春衫办早厨，

---

① 甲，抄本作"申"，误。

老妻何必更踌躇。瓶中有醋堪烧菜，囊内无钱莫买鱼。不敢妄为些子事，只因曾读数行书。严霜烈日皆经过，次第春风到草庐。"予读之喟然，玩末二句，动予不伏老心。人生百岁为期，予今年六十有四，来日尚多，狂兴忽发，提笔而吟《六么遍》小令云："口中吟，心头噾，典春衫我命同乖，嗟予岂为自调排，漫张罗戚党儿侪，人道俺严霜酷日厮正揣，看星官老运交满称心怀，俺也想三十六番春信在，岂长教冷气侵阶。春风儿全不到草庐来。"吟毕，不禁投笔而起，鼓掌而笑曰："痴哉，赘翁也。"六月九日戊戌，蔿儿殇周年矣，遣家人往哭墓所，予填《北新水令》套以述哀。其词曰："〔新水令〕怕看菡萏溢芳洲，忆莲童朱仪难觏，千番情梦杳，九曲痛肠抽，电闪星流，到宿岁哭儿候。〔沉醉东风〕当日里心迷梦叟，满怀中认作珍球，早则不煞爱怜，常厮守，没昏朝挂我心头，便是情难一笔勾，他魂儿也少向三更缠纠。〔雁儿落〕忘不了风神含九秋，骨格呈三秀。咿呀劝引杯，索抱牵衣袖。〔得胜令〕最难忘俺病卧襁褓，举室动惊忧，你婴赤刚孩抱，也偏知不叫咻，难求。有福才消受，今休。谁能汝命留。〔锦上花〕老得佳儿，勤斯恩覆，一段因缘，从今完就。幻景迷茫，水上浮沤，握定拳珠等闲去手。〔么篇〕除是天见怜，天不怜者耆，一派云烟，害煞髯刘。欢伯相依，倒大忘愁，奈我如今，绝交玉友。〔清江引〕钟情赘翁方寸纽，超脱谁能彀。时闲强弃丢，倏地伤心又，泉下幼魂知恸否？〔收尾〕归藏日已三百六，恨暗吞目断荒畴，为甚不令朝亲往酹三瓯，怕的是纸染红鹃渍坟首。"秋八月，偶检书簏，自甲子以来所作散套、小令稿几盈箧。因并取前所录《游戏翰墨》及新稿，并按谱而重校之，其中纰缪正复不少，乃悉心勘正，涂窜改删，通新旧所作，分之以十六卷，都为一集而更录之。嗟乎！光岂易磨，垢不胜刮，腔日暮而未协，矩日步而难符。凡工夫进境，固靡有尽也。词曲小道且如此矣，况经史之学乎？况文章之奥乎？书此以示诸儿。十一月，甫韩族叔辞馆而归。噫！蔿儿何竟无读书缘耶。

十五年庚午（1810）　六十五岁

年前十二月十六日辛丑夜子初初刻四分大寒。正月丙辰朔酉初一刻十三分立春。是年正月九日三元甲子，三月十日四元甲子，五月十一日五元甲子，七月十二日六元甲子，九月十二日七元甲子，十一月十三日一元甲子。

上年恭逢今上五旬万寿覃恩，昭虔欲为予请封，因其封应贻赠祖父母而止。七弟广廉官刑部广东司主事，以其应得加级之封请貤封胞兄。仰蒙恩允，广林封奉直大夫刑部广东司候补主事加一级；妻王氏、汪氏、韩氏并得赠宜人。今年二月十四日戊戌，只领诰轴，谨向阙叩头谢恩讫，伏读制诰有曰："道足持躬，情殷训弟。经传诗礼，青缃扬雁序之辉；庆笃芝兰，丹绨焕龙章之丽。"广林草茅下士，樗栎庸材，萦褒逾分，赧悚交并。广林惟益饬身砥行，策弟移忠，期仰答天恩于万一焉。七弟素有腹痛疾，时时间发，亦酒与气酿之也。二月假归，见其癯瘦特甚，不闻其声几不识。心惊且悲，即以予所自戒者戒之，歌《北逍遥乐》一阕以赠。其词曰："俺年来消瘦，痛尔容颜，更输赘叟。你尽可林下优游，怎禁得上了竿头，一旦如何肯罢休。只奉劝勾销气酒，任风霜频历。寒暑无侵，劳勤何忧。"五月十三日丙寅，予录《温经楼游戏翰墨》十六卷既竣，识其颠末，作小引以弁其首。予非敢以此即可为定本也，徒以草稿不便翻阅，姑写成清本，备吟兴，来时陆续再勘云尔。昭虔以御史降调，应补部员，尚未得缺，亦以二月随七弟回家。未及三旬，别予北上。今三阅月未得补，予深悔未与多盘桓也，亦吟《北逍遥乐》一阕以寄之。其词曰："这相逢谁料，幸得归来，匆匆去了，有心儿将你遮邀，只为你宦兴方饶，恐误铨期补署遥。却不意班资尚早，恨一鞭风快，千里云迷，百梦魂劳。"今科秋闱获隽者，惟再从弟韵祖之嗣子昭恢一人而已，其余子侄皆被黜。予觇其咸有不豫色也，乃吟《北拨不断》小令一阕以广其志。其词曰："一任他谈天才，冠群侪，解名还落孙山外。况是制锦心粗欠剪裁，吞云势缓无风概，如何角胜，怎说冤埋。从今淬砺，尽力磨揩，神摹匠巧，气卷洪淮，到其间揽丹香易如拾芥。"九月，予患腹胀疾，闷愁一窖，抑塞无聊，人咸以寻欢相劝。二十二日甲戌，吟《北寨儿》令以遣怀。其词曰："境尉罗，兴消磨，宽怀几能一刹那，冤障眼界，愁渍心窝，不病待如何。口吟词无奈腾挪，手涂鸦消遣生活。人嘲心地窄，我苦孽缘多。咳！怎禁得夜更梦魂魔。"十月二十八日己酉，将赴任城，谒先大夫、先太宜人墓，遂宿华店丙舍。翼日五鼓乃行，申刻抵任城，客妹夫龚衍庭名庆祥宦寓。时从侄昭显亦寓焉，朝夕晤谈，几忘身之在客也。十一月二十三日甲戌，别而归，酉刻至家。是日雪后风甚，予既惫于车马，又感风寒，两腿木强者数日，步履益艰矣。

十六年辛未（1811）　六十六岁

年前十二月二十七日丁未寅正三刻九分大寒。正月十一日辛酉夜子初一刻三分立春。是年闰三月。正月十四日二元甲子，三月十六日三元甲子，四月十七日四元甲子，六月十八日五元甲子，八月十八日六元甲子，十月十九日七元甲子，十二月二十日一元甲子。

三月四日壬子，彭二郎季铧来予家，诉其近况，不胜恻然。其来也，望予为谋一营生所也。予相识者少，谋而无成，勉凑十余金以赠。临别，歌《北梅花酒》二小令示之。词曰："别来又一纪宽，日月梭揎，笑语缘悭，雁足蹒跚，喜相逢有者番，况味话多般，正心欢处转心酸。"其二曰："情知是范叔寒，枉结金兰。奈冷门阑，我也泥蟠，待推波怎助澜。抱恨泪流潸，想鸡坛誓负鸡坛。"不逾月重来曲阜，一似不谅予不能伙助者然。居八弟家两月乃辞予而南，予偕八弟及侄辈仍凑十余金助资斧焉。嗟乎！回忆心泉实怅怅不能置矣。五月二十六日癸卯，薪儿妇宋氏死。噫！予衰病之身，值惨伤之境，情难堪矣。乃贝锦无端，流言交斗，彼何人斯，仇予太甚。伤哉命也！夫复何言。上年，季方五弟延钱塘夏桐孙〔桐孙名璜，己巳进士〕课昭访侄，而任、佶两侄及从侄昭然、昭元并从学。今年二月二十日己亥，亦令蔼儿往附外馆学举子业。桐孙善诱，讲贯极精细，予深幸蔼儿得师矣。不意桐孙忽动乡思，辞季方暂回武林，约来春东上，未卜其果践约否。蔼儿颇以离师席为憾。予吟《南三十腔》小令一阕勖之云："意不尽为吾儿前后细注想，要伊蜚声艺场，奈何寻师空费东君力，难竟长依夫子墙。吾儿真个，自肯习上，岂假依函丈，满架诗书缥与缃，何用苦甚伥伥。从今后你只降六攘，又何忧歧路羊。潜心研析理微茫，体悟心源爽。《戴记》《毛诗》《春秋》《卦象》，便是幼龄勤读记心腔。还虑此日遗忘，虽时艺小文章，经酝酿，气华壮，总得醇浓宏畅。看将来不是枵腹空囊，更还穷搜锦心肠，翻新避他葫芦样。前人牙慧，固宜洗荡，我今炼意，更得细商。须要他妥帖多停当，气盘旋吐出晶芒，试及锋顿惊宗匠，定芹搴桂折云衢彷，赢得上苑流芳。荃溪兄〔荃溪，昭庚号〕你怎甘相让，何不先后埙篪作继响。想你从羁贯，我扶将，是你椿闱也半绛帐。蕊榜题名我增光。才算是吾家跨灶郎，心眼相期千仞翔，何日把赊愿偿。我是清寒相，盼你风云状，自古男儿贵自强，可信长风破鲸浪，看金乌暮驶云烟扬，爱分阴休傥恍，进境随时尺寸量，莫令可畏后生落个老大徒伤。侬今回首，扪胸怀已往。恨少年恁偏高望，痴心依附郑公乡，拼尔辈试飞黄，到今日成虚谎。我儿得作文坛将，鸾回凤翥青云抗。东家文表迈前声，髯翁老也心花放。"乾隆甲寅，予撰《斗鸡忏传奇》成，未及细勘，辄以示人。好事者竟付梨园搬演，予闻之愧悔不置。今稿已十有四易矣，谬讹虽陆续改正，究未敢自信也。徒以智尽能索，已穷乎技，而索观者颇多，姑录清本以应。世岂无孝穆哉，当为赘翁藏拙耳。

十七年壬申（1812）　六十七岁

年前十二月八日壬子己正二刻十四分大寒。二十三日丁卯卯初初刻八分立春。是年二月二十一日二元甲子，四月二十二日三元甲子，六月二十三日四元甲子，八月二十四日五元甲子，十月二十五日六元甲子，十二月二十五日七元甲子。

新正二日丙子，试笔。通录戊子以来所作传奇、杂剧、散套、小令，编为《游戏翰墨》二十卷。录竣之日，则三月十六日戊子也。今岁有吟，别为续录。三月之末，桐孙夏君重来季方家，予命薪儿、蔼儿偕往从学焉。余昔年研心《礼经》，搜辑郑学，其笔之书者，唯《仪礼笺》系草创散稿，多就遗失。他稿本成帙者，悉扃之书箧，三十年来久不复理前业矣。今年春，薪儿、蔼儿亟请于予，乞录清本。予年衰境逆，实不堪单厥心。然默自念半生心力，曷忍弃遗，乃徇儿辈之请，检阅箧中诸稿，得《周官肊测》七卷、《仪礼肊测》十八卷、《吉凶服名用篇》九卷、《禘祫觿解篇》一卷、《明堂亿》一卷、《仪礼笺》未失《士冠笺》一卷、《通德郑氏遗书编》七十二卷，凡百有九卷。《郑氏遗书》一编，卷帙差繁重，且次第补缀，尚多错杂，未惬于心。天假我年，当更加勘订，姑从缓录。以五月十三日甲申夏日至之辰，首录《周官肊测》，凡三十二日，以六月十四日乙卯成。丙辰，录《仪礼肊测》，凡七十日，以八月十五日乙丑成。丙寅，录《吉凶服名用篇》，凡二十八日，以九月二十四日癸巳成。甲午，录《禘祫觿解篇》，凡十四日，以十月八日丁未成。戊申，录《明堂亿》，凡十七日，以二十五日甲子成。既成五稿，乃录《士冠笺》一卷附《说经五稿》后，凡二十四日而蒇事，适当冬日至之辰，十一月十九日戊子也。既竣，都为一集，题曰《幼髯孔氏说经五稿》，吟《北中吕宫道和一》小令题诸卷尾，以示儿辈。其词曰："回头，回头，淹里苦冥搜，二十秋，面壁潜心候，忽地冤魔耨，愿卒业竟无由，空教人忆经袖。《拾遗记》云：‘汉郑康成人以为经袖。’枉思量梦神授，那些那些编完就。天应要我深藏丑，不教不教编完就。几曾痴想名山寿，家本儒流，世事无求，岁月悠悠，荒废堪羞，经义锄耰，乐志优柔，只索要无虚即墨管城侯。”

十八年癸酉（1813） 六十八岁

年前十二月十八日丁巳申正二刻四分大寒。正月初四日壬申巳正三刻十二分立春。是年二月二十六日一元甲子，四月二十七日二元甲子，六月二十九日三元甲子，九月朔四元甲子，十一月朔五元甲子。

上年既成《说经五稿》，乃取旧辑《通德遗书所见录》七十二卷细为审校，漏者增之，赘者削之，部居未当者详核而更正之。今岁人日乙亥，始录清本。首录《易注》《书注》《中候注》《大传注》，凡三十二卷，三月九日丙子竣。次录《论语注》《篇目弟子》《驳异义》《郑志》《孝经注》，凡三十卷，五月三日己巳竣。次录《六艺论》《毛诗谱》《三礼目录》《答周礼难》《鲁礼禘祫义》《丧服变除》《箴膏肓》《发墨守》《释废疾》，凡九卷，六月丙申朔竣。最后录《叙录》一卷并《后记》，告竣则六月九日甲辰也。录郑学既成，乃录予诗古文稿之存者为《延恩集》一卷、《幼髯韵语录存》一卷，以六月二十二日丁巳蒇事。通计生平所著，内集、外集凡百三十一卷，为字四十四万五千有奇，续录、外集一卷不在算。噫！卷帙虽多，类皆谫陋，不足当博学多识诸君子一盼。徒以心力云劳，不忍弃掷，录付儿辈，俾知人非读书无以操志砥行，况身为圣裔，更读书外无他事云尔，岂有心与前贤竞优劣哉！两年来幸无外侮，得遂我夙愿成诸稿，心甚快然，歌《南二郎神》一套志之。其词曰：“［二郎神］银髯叟，忆冲年在芸窗讨究，念上代遗文家学旧，渊源递溯，微参精证无休。还矜式先儒思尚友，终日儿经畬抖擞，乐志优游，屏尘交，凭人笑我骙头。［换头］春秋，严寒盛暑，功专可久，怎料着中年灾运遘，早怔忡症染，沉沉一病堪忧。我也想力自撑持得经绪抽，不改我闻鸡夜奋袖，奈我命仇谋，歹因缘，又更是无端暗里相投。［集贤听黄莺］风波万种腾海飔，可怜随事生疣，暗箭飞来穿户牖，病身躯整日坐危舟，瞻前顾后。早知暮肠回心纽，躲无由，乞灵礼窟，也难为我销愁。［前腔］天应妒我淹礼修，樗材强附儒流。三百六光阴遭蹦蹂，青箱满不得冥搜，针毡坐守，似槁木芦帘垂书，砚田收。兰膏省却，温经枉自题楼。[黄莺儿] 排恨醴泉侯，伴壶商几度秋。举帆遥访同心友，高贤共游，奇文共酬。自量难跨他人右，漫踌躇，相形敛迹，直教愧死髯刘。[前腔] 无兴转防鹦，悔从前海望浮，且将曲谱长携手，清歌趣幽，狂歌兴道，仗他宫调舒僁僁①。我何求，声谐谱协，自甘游戏忘忧。[琥珀猫儿坠] 六旬逾四，忽沐帝恩周，是我同胞情谊厚，请将封诰寄星邮，承庥，读到了道足持躬，不胜心怵。[前腔] 纶言伏诵，忽地悟根由，笑我名心争胜负，前贤谁是怕输筹。回头，只索是上答鸿慈，莫荒经薮。[尚绕梁煞] 业还寻故从今又，扫愁去天生神帛，须索知野马浮云，谁堪混妙有。"予昆季八人，伯兄京任早殇，予以次长为父后，有弟六人，众仲三弟、勤叔四弟、季平六弟俱早丧，今存者，季方五弟、季直七弟、季员八弟三人。每自叹同怀不少，半属夭亡。常默祝曰："此三季者，予三辅也。天庶假之长年，俾左右予乎。"季直官京师，多病，屡劝之归，不听。今年来，自度不支，始有归志。七月，昭熏侄来应省试，知季直将以九月束装，喜甚。八月十三日，都中人来，召季员及昭熏甚急，予心忧之，然未忍遽料其不克相见也。癸卯晦，凶问至，知以二十日甲寅殁。呜呼！又折予一臂矣。痛之甚！恨之甚！作《南怨别离》小令以述哀志恨，其词云："死别生离，良朋周戚情犹系。何堪孔怀三季辅，正荆枝并影，忽少虹楼弟，回忆庚春，目击仪容，情增恻悱，太息多憔悴，谆谆嘱尔还乡里。心毋执迷，身是亲遗，归軟偕我栖迟。嗟尔留稽。今番才想林泉憩，相逢可望，无端吹得罡风起。箴音哑，鸰音递，翡服难成队。^{陆士衡赠弟士龙诗云：'安得携手俱，契阔成翡服。'}有幸刚回味，无命早分飞，溯朔云长凝泪。"闻凶问后七日，得熏侄举乡荐报，且幸且悲，作《南一江风》小令焚示季直。其词曰："恨苍天，拆我成行雁，痛泪常流沔，正潸然，忽报茕孤，幸揽丹业，得遂鹏程愿，同堂四比肩^{谓薪儿、访侄、任侄、佶侄四人。}熏郎独占先，只伤心你未及泥金见。"今岁豫东两省荒旱，河南滑县有天理教匪倡逆。九月六日己巳，乱山东曹县。越三日，曲阜戒严，城中人咸凶惧。口占《北刮地风》小令慰而晓之，曰："一纸军书到兖州，绅士焦愁，通宵击柝绕城头，市井惊忧。鸱张枭聚，背

---

① 僁，抄本作"愁"，应为传抄之误。

恩为寇，有昊①难容，不时歼覆，同心严护守。何须苦沸啾，他只比撼树蚍蜉。"十五日戊寅，教匪通逆监犯禁城，入大内。非常之变，惊甚愤甚。十月十日癸卯，恭读我皇上《罪己诏》，痛心饮泣。居官者悉当仰承圣谕，力救因循息玩之弊，以图报效。因吟《前调》一阕，寄示虔侄、诚侄，俾夙夜黾勉，毋负天恩，以贻宗祖羞。词曰："堪恨群枭犯禁垣，怒发冲冠，仰钦中诏下金銮，愧煞朝班，臣应宣力，分忧宵旰，况我东家，荷恩无岸。而今墨绶绾，当知报答难，切不可阘茸偷安。"

十九年甲戌（1814）　六十九岁

年前十二月二十九日壬戌亥正一刻八分大寒。正月十五日丁丑申正三刻二分立春。是年闰二月。正月二日六元甲子，闰二月二日七元甲子，四月三日一元甲子，六月五日二元甲子，八月六日三元甲子，十月七日四元甲子，十二月八日五元甲子。

---

① 昊，抄本作"旱"，应为传抄之误。

儒家思想如何左右中国历史思维?
——读黄俊杰《儒家思想与中国历史思维》

孙卫国　李政君*

中国传统史学长期浸润于儒家思想之中，欲审明其特质，须先对儒学有相当把握。正如张之洞所言:"由经学而入史学者，其史学可信。"(《书目答问补正》附二《国朝著述诸家姓名略总目》，中华书局 1963 年影印版) 近年来，学界对中国古代历史与史学理论的研究，已取得不小成绩。如瞿林东主编《中国古代历史理论》(安徽人民出版社 2011 年版)、吴怀祺主编《中国史学思想通史》(黄山书社 2002 年版) 等。这些著述对中国古代的历史理论与史学理论，作了详尽的概括。不过，这些理论背后，蕴含了古人何种思维特质与核心价值理念? 其与儒家思想又存在何种关联? 以往中国史学史界探究并不多，黄俊杰新著《儒家思想与中国历史思维》(台湾大学出版中心 2014 年版。以下引及，随文注出页码) 则是一部探讨儒学与中国历史思维关系的专著，可以说填补了这一学术空白。

黄俊杰系海内外儒学研究的著名学者，著述等身。近年来，又聚焦于东亚视域下的儒学经典诠释传统，亦即经典解释方法论或解释策略等问题，撰出《东亚儒学史的新视野》《德川日本论语诠释史论》《东亚儒学:经典与诠释的辩证》等著作，成果丰硕，影响深远。其儒学研究不仅表现出系统性，而且具有较宏阔的视野。同时，作者对于中国历史思维问题也早有

* 孙卫国，南开大学历史学院;李政君，中国社会科学院近代史研究所博士后。

探索，如论文有《中国古代儒家历史思维的方法及其运用》（《中国文哲研究集刊》1993 年第 3 期）、编著有《中国古代思维方式探索》（正中书局 1996 年版）、撰著有《历史思维、历史知识与社会变迁》（时报出版社 2006 年版）等。可以说，作者对中国历史思维问题，同样经历了长期的探索。

　　正是基于对中国传统史学与儒学两方面的精深研究，使作者意识到，要深入把握中国历史思维的特质及相关问题，需从儒学本身出发。因此，便有了《儒家思想与中国历史思维》一书的结集出版。如本书"序论"所说："回顾中外有关中国史学之论著，均以中国史学为主体，或通论中国史学史发展，或分论中国史家之史著，或聚焦特定时代之史学及其问题，有意或无意间强调中国史学之独立自主性与独特性，较少探讨史学与其他学术传统（如儒学）之关系。本书踵继前修，特就中国历史思维与儒家思想之复杂关系详加探讨。"（第 20 页）这一立意，也就决定了本书的价值所在。目前，中国古代史学史的诸多著述，对儒学问题虽或多或少有所涉及，但系统、深入地探讨儒学与史学关系的，并不多见，因而本书值得学界关注。诚如本书作者所说，儒家思想与中国历史思维的关系颇具复杂性，因此，本文所述，仅为笔者阅读所得，不足之处，祈请方家指教。

一　中国传统历史思维的特质及其理论问题

　　《儒家思想与中国历史思维》一书，分三部分共七章，重点讨论了传统历史思维与儒家思想之间，既互相渗透又内在紧张的复杂关系。第一部分论述中国历史思维的核心及其在"史论"中的呈现；第二部分将中国历史思维置于儒学发展史中，剖析儒家思想对中国历史思维的影响及其演变历程；第三部分以钱穆为例，论述中国传统历史思维的现代转化。结构严整，思路明晰。

　　首先需要指出，本书侧重于探讨中国古人在思考历史、撰写史书等活动中展现出的思维方式。历史学在中国古代社会与学术上的地位举足轻重，古人对历史的思考也表现出如"天命观""循环论""正统论"等诸多面向。这些论说背后蕴含着古人何种思维方式？作者认为，这些观念大多可以统括在以"时间"为核心概念的历史思维中，亦即中国传统历史思维方式集中体现在古人对"时间"与"超时间"关系的处理上。

　　中国传统历史思维中的"时间"概念如何？作者指出，这种"时间"概念，既不同于现代科学"时间"，也与古代西方的"时间"观念内涵有别，它是具有显著的"具体性"与"人文性"的概念。所谓"具体性"，是指"时间"铭记刻画了人之居处之境况、时势的脉动以及历史中的个人的种种表现，而不是简单、机械式载录（第33页）。所谓"人文性"，主要指古人历史思考中具有强烈的价值关怀，"对中国史学家来说，处理并叙述人类历史经验是促进大道运行的一种必要的志业，它的背后预设了修齐治平的愿景与天人和谐的理想蓝图；'过去'与'当下'合一，时间概念被人文关怀深深地渗透"。作者认为，这就是"中国历史思维"的特质（第35—36页）。

那"超时间"又指什么？它与"时间"是何种关系？"超时间"其实就是"时间"之被赋予道德内涵而成为一种道德典范，从而彰显"历史中的意义"或"历史的意义"。具体说来，在中国传统历史思维中，通过"时间"的"会串、整合与分界"构成的是"时代"，"所谓'超时间'乃是从各时代提炼出的典律范型；而经由人们的描绘，'时间'会经由口语及文书而被转化成'历史'的发展"（第35页）。这便是作者所论述的"时间"与"超时间"的关系之一：从"时间"萃取"超时间"。

反过来看，古代史家思考历史，其重要目的在于匡扶时政，实现"修齐治平"的理想，这便不可避免地要赋"历史"以"意义"，即如司马迁所谓"善善恶恶，贤贤贱不肖"（《史记·太史公自序》），或后人对前朝为治乱兴衰之世的评定。正是在对过往具体的"时间""时代"褒贬不同的评价中，才能体现出史家追求的"超时间"的典律范型。因此，"在中国历史思维中，作为'超时间'的历史中的'道'或'理'，有其深厚而明确的具体性"（第50页）。此即作者所论述的"时间"与"超时间"的第二层关系："超时间"在"时间"中展现。

总之，作者认为："中国历史思维在'时间'与'超时间'之间往复震荡：一方面从具体的'时间'之中渗透出'超时间'；另一方面'超时间'又落实在'时间'之中，并在'时间'之中展现"（第53页）。二者具有不可分离的辩证关系，"传统中国文化中所谓'历史'，就在'时间'与'超时间'的互动之中逐渐被建构而成"（第39页）。这便是作者所说的中国古代历史思维的核心。中国古人历史思维的具体方面尚多，但作者对"时间"与"超时间"概念的诠释，主要着眼于"思维方式"。在此层面上，这一对概念所呈现出的辩证关系，具有较强的统摄性。

"时间"与"超时间"的关系，主要表现在古代史家撰述历史时，对

"事""理"关系的处理上，这在"史论"部分有集中体现。如作者所说，正是通过"史论"，"史学家在史'事'与史'理'中搭起会通的桥梁"（第 58 页）。对于"史论"在中国历史写作中的作用及其理论问题，作者指出了以下三点。

第一，从"殊相"中提炼"共相"。即传统中国史学家重建具体而特殊的历史事实，是为了提炼历史事实后面的抽象而普遍的原理，以作为经世之依据。在这里，作者批评了日本学者中村元等强调中国人知识具体性，抽象性思维不发达，只重视特殊性的观点。作者认为，中国历史学家从"殊相"的叙述迈向"共相"的提出，最重要的关键在于"通则化"的建立。这种"通则"，不是一种逻辑的定律，而是一种启发性的原则。"通过这种启发性的原则，读者可以追体验（re-enact）历史情境，体知（embody）古人之心"（第 67 页）。但同时，作者也指出在理论上，这种"通则"或"具体的共相"的哲学或道德的命题，并不能保证其普遍性与必然性（第 68 页）。

第二，以"今"释"古"，在"古"与"今"之间搭起会通的桥梁，使历史经验为现代读史者提供历史的教训。作者指出它在理论上同样存在问题，即如何避免过度凸显"现在"的主体性，以至于掩盖了"过去"史实的真相？在诸多史实中，仅聚焦在与"今"相关或至"今"仍余波荡漾之"古"事，所见不免以管窥豹，未见其小先遗其大，得失尚未易言也（第 72 页）。但作者认为，这两项挑战在传统中国史家看来，应该是可以解决的问题，因为中国史家虽然浸润在儒家价值理念之中，但他们都坚持对历史事实的尊重，不会因为考量"今"之压力或需求而扭曲"古"之事实（第 72 页）。

第三，融贯"事实判断"与"道德判断"。即将对历史事实与人物的判断，与对道德的判断融合为一。如作者指出："中国人对过往历史的学习，其实只是掌握'超时间'的基点，其究极目的实在将典律范型落实于当代时空中。"（第 34 页）亦即中国古人判断历史事实，其最终目的则在于作出"道德判断"。作者进一步指出，中国史论中的"道德批判"，可以分成对历史人物进行"道德批判"和对制度的"道德批判"。将"事实判断"与"道德判断"融为一体的史学传统，建立在对历史的行为者的"自由意志"的肯定之上。亦即"人必须为人的行为负担起道德责任，而帝国之兴衰，乃至历史之发展方向，都取决于历史的行为者的'心'"

（第 79 页）。这就形成了中国传统史学特别重视"人"与人的"自由意志"的特点。

"史论"在中国历史写作中所发挥的这些作用，形成了中国传统学术史哲合一的特质。如作者所说："中国历史学与哲学以舒解人间苦难，提升人类生命为其目的，所以既求'真'更求'善'，使中国史学成为'以个案建构的哲学'；而中国哲学则因具有强烈的时空性而有其历史的厚度与视野。"（第 83 页）这也就为儒家思想渗透、影响中国史学提供了平台。

二　儒家思想对中国历史思维的影响及其历史演变

如前所述，将中国古代历史思维的特质及其演变，置于儒学发展史的大背景下予以系统考察，深入探讨二者相互关系，这在学界并不多见。而本书的第二部分，正集中探讨了这一问题。

作者首先探讨的同样是古代儒家历史思维中的"时间"概念，指出其具有"往复性"和"'古'与'今'相互呈显"两项特质。

所谓"时间的往复性"，是指"古代儒家的'时间'在'过去'与'现在'这两极之间往返辩证地运动着。在'时间'的往返运动之下，'过去'与'现在'就形成一种既分离而又结合的关系"（第 90 页）。这使得古代儒家相信，"人站在'现在'的时空交错点上，对历史经验进行思考，赋历史上的'过去'以意义，并且透过历史思考对自己及自己的时代加以定位"。因此，儒家的历史解释"基本上是一种朝向意义建构的人文活动"，"自我"既是被"历史"塑造的客体，又是诠释"历史"的主体。因此，"'历史'与'自我'在古代儒家的眼中构成一种互渗的关系"（第 94 页）。所谓"古"与"今"的"相互呈显"是指儒家常为了批判"现在"或引导"未来"的方向，而回顾"过去"的历史经验。因此，儒家的历史思维常常表现出"历史"与"历史解释者"两者"互为主体"的状态。在这一个意义之下，"古"与"今"互为依存，互为创造与被创造（第 102 页）。总之，在古代儒家的"时间"观念下，"古"与"今"是互相交融的，而"古代儒家通过历史解释以拉近'古'、'今'距离的基本方法就是：从史事中创造史义"（第 106 页）。在这里，我们便看到了古代儒家与史家历史思维的相同之一。

作者进一步分析了"古代儒家从历史思考中创造意义的思维方式"，

即"以'譬喻'为其基本性质的'比兴式'思维方式"。这种思维方式，同样是从殊相的历史中解读或创造出"意义"。这种"意义"的标准或来源，主要集中在"三代""道""人文化成""圣王"四个概念上。在儒家思想中，这些概念具有明显的"反事实性"。他们出于评断现实的目的，不断美化这些概念，如作者所说："经由这种'反事实性的思考'，儒家将回顾性与前瞻性的思维活动完全融合为一体，并将'价值'与'事实'结合。正是在这个意义上，浸润在儒家价值理念中的传统中国史学，可以说是一种深具批判意识的历史学。"（第 126 页）这是儒家思想对中国历史思维影响的又一体现。

从本书的分析中，我们不难看出，儒家的历史叙事其实只是证立其"普遍理则"的一种手段。但如上述，这种历史叙事依循的是一种"反事实性"逻辑思考。当将这种反事实性"应然"世界的逻辑，运用于"实然"的历史世界时，理想与现实之间就会出现巨大的落差。"如此一来，儒家历史叙述就出现一个重大的问题：如何保证从历史叙述中所提炼的'道'或'理'之普遍必然性？"（第 136 页）另外，在儒家思想中，永恒的"道"或"理"具足于经典记载的圣人行谊之中。但问题是："经典却是特定时空条件的产物，因此，如何保证从经典所载的历史事实中证立的'道'或'理'有其普遍性？"（第 140 页）这是古代儒家历史叙述中需要克服的理论问题，也是古代史家"秉笔直书"的历史事实的"特殊性"与儒家道德理念所诉求的"普遍性"之间的紧张。在此，儒家思想与中国历史思维关系又显出了另一层面，即儒家思想不仅正面影响了传统历史思维，而且二者之间还存在紧张性。

古代儒家是如何解决这种紧张的？作者认为，他们的方法至少有两种：一是孟子所谓"以意逆志"，诉诸解经者个人生命的体认；二是透过文字训诂以疏证经典。在作者看来，这两种方法的相同之处是"将经典工具化"，不同之处则在于相对后者，前者对"解经者主体性之彰显"，即解经者与经典中的"道"互为主体。"这两种不同的解经方法，正是清代学术中汉宋之争的关键，两者有同有异，亦各有得失"（第 144—158 页）。这是儒家思想与中国历史思维的交互关系，在历史中展开的表现之一。

儒家历史思维的特质及其相关问题，在朱熹身上得到了深刻体现。因此，本书以较大篇幅剖析了朱熹的历史观，见解颇为深刻。其中，尤为重要的一点，是理学的兴起，造成了中国传统史学中"事""理"地位的转变。作者指出："大致说来，在公元第 10 世纪北宋立国以前，中国的史学写作中史'理'寄寓在史'事'之中……随着理学的发展，儒家的价值观逐渐影响甚至支配历史思考，所以，史'理'开始凌驾并超越于史'事'之上，并影响许多浸润于儒家价值中的史学家对历史变迁的解释。"（第58—59 页）换句话说，在作者看来，儒家思想对中国传统史学的影响，实际存在一个逐步加深的过程。这是儒家思想与中国历史思维关系在历史中展开的又一表现。

总之，本书不仅从横向比较了儒家思想与中国历史思维的异同及其内在紧张性，还从纵向剖析了它们在历史中逐步演变的过程。作者的分析为我们展示出中国传统史学的发展演变的动因，不仅来源于史学自身的内部变化，还来源于儒家思想的理论问题。

三　中国历史思维的现代转化以及关于本书的几点讨论

从本书内容看，作者专就"思维"问题讨论。从时间断限上，作者又表现出"通"的取向，即本书最后一部分专门讨论了"中国历史思维的现代转化"问题。在这一部分，作者以钱穆为例，重点论述了传统史学在 20世纪中国的延续。

作者分析钱穆"国史"观的内涵、历史背景、史学方法及其意义等，认为"国史"观具有两项内涵："第一项是要以'国史'创造国民的认同，整个民族有方向感，并为国民之生活方式赋予理论的基础"；"第二项内涵是以'国史'经验作为指引民族未来发展的指南针"（第 228 页）。在方法上，"有其以'主客交融'为特征之史学方法论，强调历史研究者与历史事实之间的情理交融；因此，钱宾四撰写'国史'，特别重视刻画'国史'的特殊'精神'"（第 234 页）。

钱穆"国史"观这些特征，与传统史学相比，表现出了很大的相似性。据此，作者归纳出了钱穆史学中的儒家因素，他说："钱先生对中国历史的解释之中，所呈现的儒家思想元素至少有以下两点：第一，钱先生强调史学是一种人事之学，必须从'人物奸贤'衡论'世运兴衰'。……第二，钱宾四解释中国历史之发展，特别重视知识阶层之发展，认为是中国历史发展之主要动力。"（第 261—263 页）"从中国史学史立场言，钱宾四史学可视为中国传统史学矩镬在 20（世）纪中国之延续与发皇"（第

268 页）。

我们可以看出，作者在这一部分中，试图说明传统史学在现代中国的境遇，这一点值得肯定。不过，在"中国历史思维的现代转化"的主题下，作者以钱穆为例的论述，展现传统史学的"延续"，比较充分，也较为合适；但对于"转变"，则多少显得不够充分。偶有涉及，如作者说：钱穆的"通史理念强调从'国'及'国民'之立场回顾本国历史，相对于传统史学以朝代为单位之史观，犹如石破天惊之大革命"（第 232 页）。平情而论，这种评价言过其实。《国史大纲》在 20 世纪中国史学史上，有其不可替代的价值与意义。但其主要贡献，似不在作者所谓"大革命"方面，该书"立"的价值要远在"破"之上。

作者在分析钱穆史学中"主客交融"的方法时，曾利用《中国历史研究法·序》（按，本文所引，据生活·读书·新知三联书店 2001 年版）的材料，内容如下：

> 近人治学，都知注重材料与方法。但做学问，当知先应有一番意义。意义不同，则所采用之材料与运用材料之方法，亦将随而不同。即如历史，材料无穷，若使治史者没有先决定一番意义，专一注重在方法上，专用一套方法来驾驭此无穷之材料，将使历史研究漫无止境，而亦更无意义可言。

作者分析道："钱宾四对于他所强调的'国史'研究中的'意义'一词并未明确加以定义，但是，我们从《国史大纲》以及其他相关著作中可以推测：钱宾四所谓的'意义'，是以读史者的主体性或读史者所身处时代的'历史性'，照映过去的历史经验所创造出来的'意义'。这种'意义'与司马迁以降中国史学家以'一家之言'通贯'古今之变'的传统一脉相承。"（第 236 页）这里，作者"推测"内容的本身，确实属于钱穆史学思想的特征，但却未必是引文中"意义"所指。我们继续看原文：

> 此书乃汇集八次讲演而成。在一九六一年，香港某一学术机构，邀我去作讲演。历史研究法之大总题，乃由此一机构所决定。我则在此讲题下，先决定一研究历史之意义，然后在从此一意义来讲研究方法。故我此书，实可另赋一名曰中国历史文化大义。

　　钱穆在其他著作中，对此是否有具体说明，笔者未见。若仅据此《序》，则"意义"更接近于我们今天所说的"主题""选题"或"问题意识"，而离儒家思想或传统中国史学的"道德""价值"等关怀较远。虽然《序》文紧接着说道：

　　　　研究历史，所最应注意者，乃为在此历史背后所蕴藏而完成至文化。历史乃其外表，文化则是其内容。

多少显出了本书作者所说的"主客交融"等迹象。但这两句话，主要是解释为何"决定（这）一研究历史之意义"，亦即为何选定"中国历史文化大义"这一"意义""主题"，而不关"意义"一词本身含义。

　　说到传统史学的现代转化，作者认为，钱穆"国史"观在现代中国史学史中的意义，恰可克服或弥补"史料"派与"史观"派的缺陷（第254—261页）。在一定程度上，有其合理性。但客观地说，所谓"史料""史观"两派才是推动传统史学现代转化的主要力量。

　　作者认为"史料"派治史，"没有'价值'的契入，则'事实'的检明将难以进行"，并引用了朱熹"不离不杂"一语。我们说，如果作者所谓契入"价值"以检明"事实"，即朱熹或儒家处理"事实"与"价值"的思维，那"史料"派抛弃这种"价值"也无妨。另外，我们必须明确，"史料"派在史学研究中，是真的没有"价值"诉求，还是与传统史学的"价值"诉求有别？傅斯年在《历史语言研究所工作之旨趣》中，反对的"国故"，其具体内涵是什么？"史料"派真的如作者所说"不对历史事件进行解释"？这些问题，学界讨论已多，无需展开论述。此处想指出的是，20世纪前期的中国学界变动较大，不少概念、主张虽看似相同，但却内涵有别，实际具有较强的指向性。因此，我们不宜采用经学家"以意逆志"的手段。

　　其实，即便在作者重点分析的、具有儒家思想因素的"国史"观中，为钱穆所最先强调的，也始终是"国史之真态""演进之真相"的重要，而后才是"价值"的发挥（《国史大纲·引论》，商务印书馆1996年版，第8页）。后来，他更明确地说道："根据已往史实，平心作客观之寻求，决不愿为一时某一运动某一势力之方便而歪曲事实，迁就当前。如是学术始可以独立，而知识始有真实之价值与效用。"（《国史新论·自序》，生活·读书·新知三联书店 2005 年版，第 2 页）这正是钱穆与所谓"史料"派，乃至大部分史家共守的基本理念。在此基础上，是否要契入史家个人关怀以及何种关怀，则应属史家选择的自由，不必强为整齐划一。

《国史大纲》中强烈的"民族主义"情绪，自然包含了钱穆特有的历史观。但"民族主义"的突显，则与特殊的时代环境密切相关，如余英时所说："抗战时期，要建立中华民族的信心，要讲中国的许多好处。"（彭国翔编：《学思问答：余英时访谈录》，北京大学出版社 2013 年版，第 159 页）实际上，这种情绪普遍存在于当时的中国学界，只是因学者个人治学背景不同，而表现方式有别。因而，我们在强调殊相的同时，应该充分考虑到学界的共相。

另外，作者指出"史观"派，包括梁启超在内，"隐隐然以中国历史的特殊性臣服于一般历史所提炼出之普遍性"（第 261 页），这一现象确实存在。但他们对中国史学的现代转化，同样功不可没。

需要指出的是，作者的分析，确实抓住了钱穆史学思想的一些主要特点。上述并无意与作者为难，而是想说明：在 20 世纪前期的中国学界，学术流派纷呈、优势与不足互显。中国史学正是在诸多观点、主张的交锋中，才形成一些基本共识，逐渐实现了"现代转化"。如何在这一命题下，合理勾勒出 20 世纪中国史学"新传统"，在不同学术主张互动中逐渐形成的脉络，避免"以长攻短"，是值得我们共同思考的问题。

最后，我们回到本书讨论的主体——儒家思想与中国传统历史思维。本书第一部分分析"中国历史思维"，第二部分主要分析"儒家的历史思维"，结论中作者提出了"儒家思想与传统中国历史思维中的人文精神"的四个方面（第 269—277 页）。整体上看，本书结论的得出，主要基于对史学与儒学共同特征的归纳。在儒家思想居主导地位的传统社会，史学深受儒学影响，这一点毋庸置疑。但问题是，从起源上看，这些观念在史学与儒学中的出现，孰先孰后？

近代以来，不少前辈学者试图通过"史"字，探究古代中国历史观念的起源（参见杜维运、黄进兴编《中国史学史论文选集》上册，华世出版社 1976 年版），其结论虽不一，但"史"的观念起源很早，则可以肯定。近年来，中国思想史与史学史的研究都表明：殷周之际，中国古人的思想世界，曾出现过一次重大变动。余英时在其新著《论天人之际：中国古代思想起源试探》（联经出版事业股份有限公司 2014 年版）中指出："周初以下礼乐已从宗教—政治扩展到伦理—社会的领域。'天道'向'人道'方面移动，迹象昭然。"（第 31 页）在史学方面，乔治忠《中国史学史》（中国人民大学出版社 2011 年版）也曾指出：殷周政权变革，导致了人们对历史的思考，其理念的概括就是"殷鉴"。而中国古代史学多以经世致用为根本宗旨，即可追溯到"殷鉴"给中国社会文化植入的思想根基（第28—32 页。另可参见乔治忠《中国先秦时期的史学观念》，《史学论集》第二集，天津社会科学院出版社 2001 年版）。这些研究说明，本书所提出的传统史学与儒学的共同特征，从起源上看，有些肯定先于史学与儒学出现，有些则几乎与史学相伴而生，未必受儒学影响。

这就提出了另外一些问题，即本书所论述的这些共同的特征，它们在古代中国如何起源？在史学与儒学中的出现，孰先孰后抑或各自发展？又如何汇流？此后，又发生了何种调整？当然，这些问题多少已溢出了本书的讨论主题。

总之，《儒家思想与中国历史思维》一书，主体内容在于论述传统中国史家与儒家的历史思维特质。作者以"时间"与"超时间"两个核心概念统摄全篇，既展示了儒家思想对中国传统史学的形塑，又揭示了二者思维方式的内在紧张，胜意颇多。作者又以钱穆为例，论述了传统史学在 20世纪中国的延续，颇具通局意识。至于上文所述，该书在传统史学现代转化方面论述不太充分，并无碍本书主题及其学术价值。

别开生面的《史通》研究之作读后联想
——王嘉川《清前〈史通〉学研究》

王曾瑜*

中国古文明素以史学发达著称，谈到名家，一般就说是两司马和一班。依我个人的偏见，应当说是两司马、一班和一刘，刘就是刘知幾。记得还在大学时代，老师辈提及中国古代的史学理论作家，一般就说有刘知幾、郑樵和章学诚。依我个人的偏见，只怕郑樵和章学诚还不足以与刘知幾相提并论。

郑樵的《通志》可取者只是二十略中的一部分，又如他在《总序》中主张的"会通之旨"，已如史家们所论述，不能说他对史学没有贡献，但贡献也确实不算大。仅就"会通"而言，其实还不如司马迁早已提出的"究天人之际，通古今之变"，更为深刻，更有哲理。使我特别反感者，是郑樵的人品。他主要生活在南宋初，在政治上投靠秦桧父子，其文集《夹漈遗稿》卷二《献皇帝书》，即上宋高宗书，卷三《上宰相书》，即上秦桧书，将荒淫无道的皇帝赞为亘古未有的圣君，把人莫予毒的权相尊为继周孔之业的真儒，确是达到了极其肉麻的程度，哪怕稍有一点自尊心，是难以落笔的。郑樵的史学理论和成就，显然无法与刘知幾相提并论。

章学诚与刘知幾生活在两个差别颇大的时代。刘知幾生活在盛唐，当华夏文明如日中天之际，而独领史学理论之风骚，为当时世界上之文化巨人而无疑。章学诚却处于西欧文明超越和压倒华夏文明之时，虽在史学理论有所建树，却只怕是当时世界上之文化矮子了，至少也无法进入当时世

---

* 王曾瑜，中国社会科学院历史研究所。

界上文化巨人之列。

记得个人大学刚毕业，就买了部《史通通释》，一气读完，也非常喜欢其对仗工整、精巧而流丽的骈文，感觉到一种文字美的享受。自己想接着通读章学诚的《文史通义》，只觉文字无味，难以卒读。两次试图通读，都告中辍。这次又重新检来了叶瑛先生的《文史通义校注》，翻了一遍，还是没有改变原先的印象和感受。《文史通义》当然并非单纯是谈史学理论的专著。人们提出章学诚诸如"六经皆史"等贡献（语见《文史通义》卷一《易教上》。正如人们早已指出，明代王守仁《王文成全书》卷一《传习录》上即有"五经亦史"之说。更早的，如刘知幾也将《尚书》和《春秋》作为史学的两家），但总的看来，此书虽然针砭性颇强，却还是在流传两千余年的儒经圈内考虑问题，陈词旧调颇多。《文史通义》是章学诚在不同时间所写，原本就没有著书的完整性和系统性，只是最终将此类札记式文字编辑成书，类似目前的论文集。相比之下，《史通》一书却有其史学理论的系统性和完整性，史学批评的深刻性，并且明显地表现了思想解放的锋芒。

近代以降，在古史辨思潮和考古学发展的推动下，确认了夏商周三代是古华夏族发展水平较低的时代，已成史界的普通常识，这是进化的史观。然而直到晚清，中国古代传统史学在儒家释经的影响下，普遍礼赞尧舜，膜拜三代，认为今不如古，是退化的史观。尽管有时代史料的限制，刘知幾却能在根本上否认尧舜和三代是圣明的黄金时代，表现了他十分超前的卓识，极为不易。

王嘉川先生著《清前〈史通〉学研究》（社会科学文献出版社 2013 年版），不仅对自清代之前所有对《史通》一书的研究和议论，下了极大的功力，网罗俱尽，也必然联系和援引清人和近代的许多解读和研究，一并论述。此书无疑是下了前人或他人未下的细密功夫，也并不是简单地介绍清代以前对《史通》的研究和评论，而是融入了作者本人的体会和史观。拜读之后，总的感觉是四个字——别开生面。在此之前，根本未曾设想应有人写此书；拜读之后，则又觉得此书不能不写，也写得扎实而成功。此书内容丰富而充实，可以研讨的论题和联想不少，在此只谈三点读后的联想。

一、古人将"道德文章"连结而并提，甚至提出"必先道德而后文学"（语见《全唐文》卷五一八梁肃《常州刺史独孤及集后序》），或是"先道德而后文艺"（见宋濂《文宪集》卷二五《凝熙先生闻人公行状》、王祎《王忠文集》卷二四《凝熙先生闻人公墓表》）。此处的"文学"或

"文艺"的词义与今不同，在此不必作什么解释。近年来的治史实践，使我逐渐体会到两者绝非无关，人品必定影响学问。其实，这方面的问题决不是时移世易，古今有异，而只能是古今一揆者。大凡治学，包括治史，无非是为探究事物的真理或真谛，不能蔽于势与利。如果有趋炎附势之心，长着一双势利眼，就必定会影响学问。东晋大诗人陶渊明在《归去来辞》中，终于大彻大悟："既自以心为形役，奚惆怅而独悲。悟已往之不谏，知来者之可追。实迷途其未远，觉今是而昨非。"（《陶渊明集》卷五）然而世上学人熙来攘往，又有多少人得此觉悟呢？又有多少人"以心为形役"，而甘之如饴呢？

其他不论，就以古代两部伟大的史学名著《史记》和《史通》而言，所以取得公认的成就，被视为中华古史学不朽的经典，都是与两位作者的人品有直接关连。王春瑜先生一次电话中说，史学家没有点正义感，是搞不好历史的。大凡自人类进入文明时代，即阶级社会后，社会不可能没有黑暗、罪恶之类，而按照事物发展的辨证规律，也不可能没有良知、正义之类。两位中国古代史家，并无随波逐流之心，更无吮痈舐痔之志，而对恶浊的阶级社会现实愤世嫉俗，这也许是他们成功的关键所在。

司马迁承受惨痛的宫刑后，方才看透了世道和人生，醒悟到自己的身份原来只是"固主上所戏弄，倡优畜之，流俗之所轻也"，"乃欲引节，斯不亦远乎！"（《汉书》卷六二《司马迁传》）他的《太史公书》与其说是呕心沥血之作，更不如说是血泪之作。没有惨痛的宫刑，又何以成就《史记》之伟大？

按刘知幾自述，"韦、武弄权，母媪预政，士有附丽之者，起家而绾朱紫，予以无所傅会，取摈当时"。"小人道长，纲纪日坏，仕于其间，忽忽不乐"。自己"少小从仕，早蹑通班"，"守兹介直，不附奸回，遂使官若土牛，弃同刍狗"（《史通通释》卷二〇《暗惑》）。他直面唐高宗和武则天以来残酷的统治阶级政争，对此显然十分厌恶和鄙视。推而广之，就宁愿相信《竹书纪年》等记载，将尧、舜、禹、汤、文、武等儒家称颂的圣人，都视为争权夺利之小人。此说引起历代儒学卫道士们的憎恶和批判，如清人浦起龙所评论："显斥古圣，罪无辞矣。"（《史通通释》卷一三《疑古》）其实正是从反面证明了刘知幾的思想解放，具有卓识。从最近山西陶寺城址和陕西石峁城址考古发现看，不仅是夏商周三代，过去认为纯属传说的尧舜时代，可能也已进入阶级社会，而《竹书纪年》"舜放尧于平阳，益为启所诛”（《史通通释》卷一三《疑古》所引）等记载，似非空穴来风，可能比儒家的传言近于史实。刘知幾对《史通》能否传之后世，悲愤和感恸之情，溢于言表：“将恐此书与粪土同捐，烟烬俱灭，后之识者无得而观。此予所以抚卷涟洏，泪尽而继之以血也。”（《史通通释》卷一〇《自叙》）《史通》同样是呕心沥血之作、血泪之作。毫无疑问，“守兹介直，不附奸回”，愤世嫉俗，成就了《史通》的伟大。

客观而公正的历史记载和研究，是维系社会良知和正义的重要舆论力量，亦非其他学科所能取代，至少是史学的重要功能之一。欲实践客观而公正的历史记载和研究，就必需有史家的良知和正义感，这是治史基础性和根本性的前提。一千三百年前，刘知幾提出并规范了“直书”和“曲笔”，“烈士殉名，壮夫重气，宁为兰摧玉折，不为瓦砾长存”（《史通通释》卷七《直书》《曲笔》）。此为刘知幾在一千三百年前掷地铿锵的心声，至今仍有巨大的现实意义，烛照着中华史学发展的正道。当然，随波逐流之辈，吮痈舐痔之徒，势与利迷了心窍，而自以为得计者，自不足以语此。但媚骨必然扼制史才，最明显的实例，就是前辈大才子郭沫若先生，我真为他惋惜和痛心。

人生道路，自然各行其是，不必相强。但是，一千三百年前的刘知幾，也确是为今日的中华史家树立一个有正义感、不受势与利所诱所胁的榜样。再说一点联系现实的题内话，就个人的接触，如张政烺师那样的纯学者，其学问之广博，固然非我们这些后辈所能望其项背。张先生当然也有他合理的私利，但只要谈及学问，就从来只知道按学问的需求说与做，至于势与利的考量，则从未牵连和掺杂到他的学术思考之中，这成了他数十年如一日的习惯，而不知有它。近代公认的大学问家陈垣先生提出“学术为公器”的理念（参张麇弓《“学术为公器”理念与“学术报国”之道》，《北京师范大学学报》2014 年第 6 期），张政烺先生从不对学生辈有何说教，至少不曾对我说过类似的话，但他的一生确是老老实实践履此种理念。故在我的脑海里就有了一个真切的、活生生的榜样，使自己惕然。人们可以各行其是，但榜样还是有客观需要的，有了规矩，才能成方圆。

二、人类史上出过多少高明的思想家、学问家、科学家等，但却不可能出现哪怕是一个完美的思想家、学问家、科学家等。其故非它，任何一个高明的思想家、学问家、科学家等，总是受自己的时代，甚至个人思路等局限，在取得公认的巨大成就的同时，总会有其缺陷和局限。除了少量精美绝伦的短诗外，任何长篇巨制的文字绝不可能是完美无缺的，并且随着时间的推移，后人可能对其缺陷和局限看得越发清楚。任何好的、高明的学者、学说和论著，若一旦被偶像化和宗教化，只能是其悲剧。就中国古典史学而论，堪称史家绝笔的《史记》《史通》《通鉴》等都是如此，史界已有不少论著，指摘它们的缺陷和局限。

《清前〈史通〉学研究》的一大优长，就是既赞颂《史通》，却又不将《史通》作为批评不得的偶像。正如作者所说："《史通》的观点，无论是宏观之论，还是对古来史书的具体评判，也并非完全是正确之论，因而后世学者们也不断对其观点进行辩难纠谬、订讹规过的工作。"（第129页）以下只说个人较有体会的三点。

（一）刘知幾论治史有才、学、识三长，已为治中国史者所熟知。此书说，明朝的"詹景凤则言简意赅地指出：'该核在学，删取在识，宣叙在才。'对三个概念的内涵及其表现给予了明确定位。在他看来，'才'主要是侧重史家的文笔表达能力，史家有'才'，则其书在表述方面就会流畅通达而无滞碍；'学'主要是侧重史书的内容方面，史家有'学'，则其书内容赅博、翔实而又准确；'识'主要是侧重史家的历史见识方面，史家有'识'，则其书就会取舍得当、主次分明、轻重得体、褒贬适当。我们不能不说，詹景凤对'史才三长'的阐释，是比较准确精到的"。（第425页）应当承认，詹景凤对刘知幾之说确实有了进一步的发明和提高。

但古人的阐释并非到此为止，此书又介绍了明朝胡应麟的说法，"在他看来，只有'三长'而无此'二善'并不足以称其为史家"，"二善"是指"公心"和"直笔"。"胡应麟或许是误解了刘知幾的'史识'论。不过，胡应麟的创获，并不在于提出了公心、直笔这两个范畴，而是在于他敏锐地注意到了史家心术（即公心与否）与直笔的关系"。"胡应麟以公心和直笔互为补充，互相发明，从两个方面共同制约和规范着史家的品德与撰著态度，这就比刘知幾单纯讨论'好是正直，善恶必书'及直书与曲笔更为丰富和深入，进一步拓展了讨论的广度和深度。因此，'二善'论的加入，无疑是对刘知幾'史家三长论'的重要补充和发展。"（第431—435页）依我个人的体会，胡应麟的"公心"说，与前引近代陈垣先生提出"学术为公器"的理念，至少是相通和相近的。

总结以上刘知幾"直书"和胡应麟的"二善"，用现代语说，治史须做到客观而公正，公正当然是史家主观方面的。

（二）关于历史记录繁简的讨论。此书详细论述"胡应麟对刘知幾史书繁简论的发挥"。说"刘知幾力主史书'文尚简要，语恶烦芜'"（《史通通释》卷三《表历》），而"以'妄载'和'缺书'与否，作为考察史书记事繁简的两个基本原则"。胡应麟则强调"繁简'各有攸当'，要具体问题具体分析，不可一概而论"（第435—438页）。

依现代史学的发展看来，除了客观和公正之外，详赡似可说是历史记录和研究的第三要旨。史实是一种客观存在，但通过人的大脑和手，予以记录和研究，就必须经由记录和研究者思维的过滤。除去有意掩盖真相，故作曲笔外，记录和研究者的视界和思维可能会存在局限和缺陷，他们可能看到历史变迁的某些问题和方面，又忽略了某些问题和方面。经常存在此类情况，当代人认为不重要，而不予记录；而后世人觉得重要，却又在史料中找不到前人的相关记录。故力求详赡而不简略，就是十分必要的。例如相传是孔子编写的《春秋》，古来固然视为神圣的儒家经典，王安石却敢说是"断烂朝报"（王安石"断烂朝报"一语，最早见《斐然集》卷二五《先公行狀》。应当承认，胡安国是宋时一个大儒，不至于无中生有，给王安石造谣）。今人看来，此说甚当，有史料价值的当然还是《左传》，其好处正在于记述远比《春秋》详细。当然，中国古人从来讲究惜墨如金，"文尚简要，语恶烦芜"是正确的，避免短话长说，也十分重要。但总的说来，还是可依司马光提出的"宁失于繁，毋失于略"（《司马文正公传家集》卷六三《答范梦得》）的原则。

（三）通史和断代史、国别史：关于《史记》和《汉书》之优劣，历来众说纷纭，莫衷一是。刘知幾在《史通》卷一《六家》中将儒家经典《尚书》和《春秋》也作为史学的两家，另外四家则是《左传》《国语》《史记》和《汉书》。他的结论是"所可祖述者，唯《左氏》及《汉书》二家而已"。人们认为他褒《汉书》而抑《史记》，倒不一定。由于史料一般五六十年后，不可能再生，故自《史记》以后，就不可能再有好的，超越断代记述的通史。唯一成功者，也只有刘知幾之后的司马光《资治通鉴》一书而已。故刘知幾认为，人们能够"祖述者"就是"《左氏》及《汉书》二家而已"，都是断代史。

显然，刘知幾对司马迁一句重要的话，即前引的"究天人之际，通古今之变"，没有引起足够的重视，这当然是其视界的不足。司马迁是站在当时汉代人的知识水平上说此。如果站在今天人类的知识水平上重新解读，就是要了解人类与自然、宇宙的关系，通晓上百万年人类史，特别是六千年文明史的演变，将来甚至会扩展为进一步了解外太空类地行星的智慧生物史，这是何等宏大的治史气魄！

中华古史太长，史料太丰富，现代人治中国史不能不分断代，但治断代史的缺陷也是明显的客观存在。目前发明的中国古籍计算机软件，大大有助于人们做贯通中华史的研究。然而按司马迁提出的治史标准，即使是贯通中国史，当然还是远远不够的。

但是，要实践司马迁倡议的治史总体格局，其难度就不必说了。光是人类文明史上自古巴比伦文、古埃及文以下的数十种重要的文字，当代的任何个人就无力全部通晓。前人不敢想象，而已成现实的有中国古籍计算机软件，目前还处于初级水平，很不完善。未来科学的发展，也可能会发明快速掌握任何种类语言的科学手段，如同在计算机中复制文件那样，将任何种类的语言直接输入人的大脑，这也许可以解决这个令现代史家苦恼的问题。

尽管如此，人们治史仍应胸怀司马迁倡议的治史总体格局，尽管做不到，也须有此眼界，往这个方向努力。

三、由古及今，研究和论述《史通》，当然是为了寻求当代中国史学的进步。决不能说今人事事处处都强于古人，但今天的史家毕竟是站在现代人类知识的水平上，其总体学识自应远胜于司马迁和班固，刘知幾和司马光。单纯地研究和学习中国古代史学经典，从中吸取营养，也不可能完全解决今日中国史学发展所面临的远为复杂的问题。

看过一篇文章，说西方近代自然科学的勃兴，非常得益于科学共同体的创建和发展，深受启发。今日史学的发展毕竟远离了司马迁和班固，刘知幾和司马光的时代，与他们不同者，是客观上存在着一个人数愈来愈多的史学共同体。史学的发展其实已不是封闭式、个体式的，而是开放式、集团式的。任何人只要参加史学研究，就意味着他已加入了史学共同体。学问的传承绝不是独门绝技、单线延续、只此一家、别无分店的手工艺，也不是朱熹所拟定，而又与事实有所不合的宋代理学道统。任何个人的学问，当然应有自己的独创，却又离不开前辈老师、同辈和后辈的学问的教益和滋养。史学的进步，愈来愈趋向于共同体的整体性进步，后退亦复如此。史学共同体与史家个人之间，自然存在着复杂的关系。特别是有一定名声的学者，不论从好的或坏的方面，肯定会对史学共同体的进步与后退产生较大的影响。

按照科学共同体的概念，先从我们这代人说起。从 1949 年到 1966 年的中国大陆大学生，一般称为五六十年代大学生，是一个特殊群体，粗略估算其总人数，肯定还不足如今每年招收大学生之半。个人当然也是这个群体中的一员。这个群体的特点，是经历了不应有的磨难，其专业学习又经历了不应有的严重冲击。其中也出现了如林昭、张春元等，他们无疑是必定会被载入史册的悲壮的启蒙者。待到"文革"结束，百废待举，这个专业知识缺失太多的群体，又勉为其难地支撑着中华民族发展教科文等重任。但是，这个群体所特有的痛苦、辛酸和奋斗，现在大致成了过去式，"访旧半为鬼"，很多活着的人也已离开工作或丧失工作能力。个人尚可维持工作，算是十分幸运的。

就缩小到 20 世纪五六十年代大学毕业的治史者而言，个人一直是承认我们这代人"先天不足，后天失调"的事实。并且多次强调，热切期望史界一代不如一代的情况，应到我们这一代终结，往后应是一代胜于一代。近年来，个人也多次说，与张政烺师相比，说自己是四分之一瓶醋，肯定还是过高抬举了自己的学问。不能说自己尚未入门，也正因为入了门，便知天高地厚了。

然而我们一代人也有其优势，这就是比较能熟悉和运用马克思主义的基本原理治史。依个人体会，如马克思主义的阶级论，及由此派生之国家与法的理论，依矛盾统一律的辩证思维，思考问题，要两点论，而不是一点论，考虑万事万物的一极，就须考虑与之对应或对立的另一极，区分表象与本质、支流与主流、个性与共性等，对研究历史尤其有用。当然不须将马克思主义偶像化或宗教化，但依个人的治史实践，马克思主义自有当前其他学说无可取代的优长。

但事物总是有两个方面，从另一方面看，一些自称为是信仰唯物史观的史家，其实却是脱离了"学术为公器"的正轨，以利己主义的心态，兼以实用主义的手段，对待马克思主义所阐发的真理和真谛。他们尽管也堪称熟读马克思主义的著作，然而他们的马克思主义知识，恰好成了其曲学阿世的工具。此种情况自另当别论。

以下不得不对当前中国大陆史学共同体和史学发展的某些负面情况，谈点也许是错误或偏颇的看法。就客观环境而论，工作条件同 1949 年前已经成名成家的前辈史家比，我们这一代强多了，其中包括图书条件，中国古籍计算机软件，没有恐怖的战祸，没有"白专"的政治帽子、政治运动和"劳动锻炼"对业务钻研的严重摧残，等等。然而从负面看，诸如趋炎附势风、拼抢名位风、空头主编风、剽窃风、浮躁风、吹牛风等之炽盛，又蛊惑人心，严重冲击着史学的正常发展。有的伪科学甚嚣尘上，如为了势与利之需求，不惜炮制诸如盛世修史之类伪科学，骗取成亿的人民血汗钱。

史学基本训练差，成了一个必须严重关注的问题。我看了不少博士论文、博士后报告及新出的专著。最感头疼的有三条。一是标点符号不准确，逗号和顿号不易区分，引证史料的引号与句号、逗号搭配乱了套。曾与张泽咸先生谈及此事，他感觉奇怪，说这应是上大学时就解决了的。二是当年在长官意志下错误的文字改革造成的对汉文化的破坏，在计算机中繁、简体字一转换，错别字一大堆，这是将原来繁体字胡乱归并的必然恶果。有位先生感叹说，凡六十岁以下，繁、简体转换造成的错别字就难于识别。这成了当前必须认真解决的史学基本功。三是凡难读的古文，标点往往出错，原因在于读不懂。但另一方面，却有若干治史者不知天高地厚，自视甚高。其实，如果不懂得明清之前不能称太监，只能称宦官，而如宋时太监即大监，是另一种官称；清之前不能称奏摺，只能称奏议等；清人为孔子避名讳，创"邱"字，故在清之前的古籍中见到"邱"字，必须改正为"丘"。诸如此类，表明因基本训练差，其才学尚在史学殿堂外徘徊，又如何能登堂入室，更遑论当什么名家、大家之类。

现代的高级产品，如飞机、火箭等，要求每个部件绝对精密，只要有一个小螺钉不合格，或组装不合规范，就会招致上天失败和灾难。在社会和人文诸学科中，自然以史学的基本训练要求最高和最难。组成历史作品的每条史料当然不能随便拿来就用，须经过史家头脑的校勘、考证等过滤，甚至须精细到一个字和一个标点。如"宣和间，西、南用兵"，"西"与"南"之间不加顿号，就错。最近有幸参加修订《辽史》标点本的部分审读。前辈陈述先生对《辽史》整理所下的深功夫，自不待论，刘浦江先生又对此书进一步下了水滴石穿式的功夫，使校点水平上了一层楼，极为不易，个人从中也得到一些教益。辽朝有个乙室己部族。在古文中，"己""已""巳"不分，而今人则须分辨。原标点本作"乙室巳"，我注意到刘浦江先生改为"乙室己"，就打电话向契丹文专家刘凤翥同学请教。他说，按近年契丹文的解读，读音应以"己"为准。挂完电话，我当即打开计算机和《辽朝军制稿》、《点滴编》的书本，将自己相关的作品中的原"乙室巳"，一律更正为"乙室己"。治史除了宏观方面的史识外，必须有微观方面一个字和一个标点的认真，力求引证的每条史料都经得住推敲，而决不允许马虎和随便。

中国古籍计算机软件的出现和发展，自然是史学研究手段的一次革命。研究中国古典文学的一个重要的基本功，就是文学典故。我敬服邓广铭师，他著《稼轩词编年笺注》，表明他既具备史学功力，也具备文学典故的功力，这固然也可借助于《佩文韵府》等工具书，而后一种功力是我个人基本上不具备者。但中国古籍计算机软件的出现，就使文学典故至少变得容易，并不一定需要有天长日久的学问积蓄。已故的漆侠大学长，他有学力可以研究中国古代思想史，研究宋学，这在于他对先秦典籍至少决不生疏。相比之下，我确实没有胆气研究什么思想史，因为自己对先秦典籍基本上处于无知状态。关于中国古代思想史，我过去只写了一篇谈宋朝尊孟的敲边鼓文章。但自己也不甘心，近年来，勉为其难地写了两篇谈宇宙、说阴阳的文字，篇幅不长，而费力极大，又全仗中国古籍计算机软件的帮助。写完之后，自己深深地感叹，依个人这点相当单薄的学力，尚可为此；那些拥有深厚功力的前辈，真有他们梦想不到的古籍计算机软件之助，则肯定是中华古史研究的任何选题也难不倒，纵横驰骋，无不如意了。

但中国古籍计算机软件的负面效应，则又使不少人懒于通读若干必读史籍。如有志于当中国史学大家、大师者，唯有通读前四史和《通鉴》，通晓先秦典籍，才算是过了两道入门的关卡。不能遍读辽、宋、金三史，《宋会要》《文献通考》《续资治通鉴长编》《建炎以来系年要录》《三朝北盟会编》八部书（《宋史·天文志》等除外），肯定当不成宋史大家。不能通读《明实录》，肯定当不成明史大家。不能下此苦功，企图走捷径，而又欲以名家自许，无非是自欺欺人。

与1966年前的史界相比，另有两件相当显著的现象，一是官迷；二是学术活动家，这当然与前述各种歪风相关。关于官迷问题，个人已写过一点，不再重复。"文革"刚结束，就发现我身边有位很有才华的学长，他追求的是满天飞，再也静不下心来做学问。成果寥寥，恰与"文革"后期数年的成果形成对照。孱弱的身体又经不住折腾，不幸早逝。又偶尔遇着一位先生，颇有名气。随便交谈，方知他连清人《四库全书》篡改古书的常识，竟是前所未闻。当然，公开的报道，说他"在国学方面造诣颇深"。一位编辑偶然对我说，欲为其父编全集，我说："他是个活动家，不是学问家，不能指望他坐下来，静心整理父亲的遗著。你如果真要编，就只能靠自己出力。"事后，那位编辑对我说："所料一点不差。"学术活动家的特点，无非是热衷于在各种场合中显示身份，风光体面，如此等等，事实上并不渴求在学识上不断长进。个人已年过七五，目前仍然一般每天工作四至六小时，并无星期六、日休息的规矩。一些年富力强的活动家，只怕就难以长期忍受此种单调、枯燥而寂寞的生涯。但并非所有的拥有相当学术身份的人都是如此。有的学者年富力强，完全可以当学术活动家，但他们十分珍惜工作时间，对于各种活动，能减则减，能砍则砍。作为史学共同体的一员，适量的学术活动是必需的，当然不宜过多过滥。按个人的治史经验，任何历史人物必须经得起反面揭发。现代记载发达，不实事求是地褒扬和吹嘘，不可能持久。不管有的人被吹成如何圣文神武，却不堪一揭，到头来还不是镜花水月、竹篮提水？按"学术为公器"的理念，对任何学者揭短，是好事，有利于学术的发展，这是普通常识。然而学术活动家们往往虚名之下，其实难副，自然不能承受。

　　人们都知道龟兔赛跑的寓言。如若将治史比喻为人生长跑的话，龟兔赛跑是完全不恰当的，参赛者都是快足健兔。按正常的生理规律，理应是由学步到慢行，再逐步进入快跑的佳境，然后是年老力衰，速度不断减慢，最终则是丧失体能而退场。最近，个人常感叹《诗经·大雅·荡之什》"靡不有初，鲜克有终"这句话。能够以最大的努力和毅力，坚持以尽可能的高速度跑到人生终点，看来比率不大。有的一度领先的快足健兔，中途退场或休憩，如此之类，而事实上成为学术竞争的落伍者。

　　个人曾提出了学术大师的标准是否可以有两条：第一，其学问确实在同时的众人之上，而为众所公认；第二，他能够开创方向性的正确的学术新路。例如中国近六七十年间，并无真正意义上的史学大师；但在贫弱的近代中国，却反而出现了无可争辩的、真正意义上的史学大师。如何对待这些大师，如今出现了一种偶像化甚至宗教化的倾向，这其实并不有利于史学的进展。个人一直真诚地祝愿在 21 世纪，中国史学和宋史界能够人才辈出，群星灿烂，而出现名副其实的史学大师。但单纯的祝愿是不可能解决任何问题的，需要的是对未能出现史学大师的情况，有深入思考和反省，如何衡量前辈大师们的优长和不足，又如何看待当代史界的各种问题和教训，长处和短处，择善而从，朝正确的方向努力。

择善而从，朝正确的方向努力其实也并不容易做到。依个人之偏见，如以士大夫群体精英论取代马克思主义的阶级论，皇帝与士大夫共治天下，目前已风靡到史界以外，这算不算是择善而从的正确方向呢？又如有人引进了时髦的顶层设计、分权制衡之类，说是古代皇帝的权力也受限制，是创新的真知灼见呢，还是根本上没有看透专制政治的本质呢？

伟大的、悠久的中华文明，确是走在复兴路上，其中当然也包括史学的复兴。重寻子长史笔旧，尽摭知几箴言新，对复兴伟大的中华史学，当然有重要的现实意义。热切地盼望华夏大地出现名副其实的史学大师，引领伟大的、悠久的中华史学，走向复兴和新的繁荣。

　　追记：此文刚大致完工，就传来刘浦江先生的噩耗。万万想不到，目前尚在阅读的修订《辽史》标点本稿，竟成遗著！个人近年对此类消息，感情已相当麻木，反正他人的今天，就是自己的明天。然而这个消息却使我倍感哀痛，这不仅是白发人送黑发人，更痛心于少了一位正当年富力强，本可大有作为而又孜孜于学问的同行。依我粗浅的观察，目前像刘浦江先生那样，不惮烦劳，真能最大限度地将时间和精力投入学问者，只怕比率不高，真是难能可贵。哀哉！痛哉！

《新资料与中古文史论稿》述评

孙　齐[*]

2014 年，由上海古籍出版社出版的《新资料与中古文史论稿》一书，是武汉大学刘安志教授继《敦煌吐鲁番文书与唐代西域史研究》（商务印书馆 2011 年版）之后出版的又一部论文集。与前书集中于唐代前期西域历史的研讨不同，本书所收 16 篇专题论文涉及中古制度史、礼制史、军事史、宗教史、学术史等一系列更为广阔的研究议题，更能够完整地展示作者在中古史诸多领域的精深修养。

本书将 16 篇论文按照议题分为上下两组，上编名为"礼仪·宗教·制度"，收入与中古礼制史、制度史和宗教史相关的 9 篇文章；下编名为"写本·知识·学术"，收入与写本研究和书籍史相关的 7 篇文章。这些文章涉及的领域不一，但都以相关的新材料为起点。这些新材料包括新近发布的敦煌吐鲁番文书，也包括地券、墓志、族谱及日藏汉籍等学界运用不广的材料。

在基于新出敦煌吐鲁番文献的论文中，《吐鲁番出土的几件佛典注疏残片》从日本所藏吐鲁番文书中爬梳出 4 种 8 件此前罕为人知的已佚中古佛典注疏残片，虽为精细的文献比对工作，但其中又能透过圆晖《俱舍论颂疏论本》序记注疏残片考证唐人贾晋任晋州刺史之时间，足纠《唐刺史考全编》之疏误。《吐鲁番出土〈驾幸温泉赋〉残卷考释》从大谷文书中找到 11 件《驾幸温泉赋》残片，并揭示出这些残片当系抄录《驾幸温泉赋》《枵子赋》等赋文的赋集残片。此后，张新鹏《吐鲁番出土〈驾幸温泉赋〉残片新考》（《文献》2014 年第 4 期）在此基础上又继续比对出 6 件残片，并提出大谷

* 孙齐，山东大学《文史哲》编辑部。

3173＋4359 号为该写本尾部，并存有尾题"永固城会胡汉二字判官僧律师张惠进本云尔"，值得进一步讨论。《〈太公家教〉成书年代新探——以吐鲁番出土文书为中心》也是以大谷文书中新发现的 5 件《太公家教》残片为基础，对该书成书年代这一老问题做出了新的估计。作者通过对吐鲁番所出该书写本特征的讨论，判断此书传入吐鲁番盆地应在唐统治西州时期（640—792），这样此前学界普遍所持的成书于安史之乱后的观点就值得重新审视了。作者继而通过对当时政局及《太公家教》"序言"所谓"生逢乱代，长值危时"等语的分析，提出《太公家教》的作者生于隋末大乱（611—628）之时，而成书时代当在 7 世纪下半叶。这一解释应当说更为通达、合理。

如果说上述文章的重点还是文书比对工作的话，书中《关于〈大唐开元礼〉的性质及行用问题》《唐代府兵简点及相关问题研究——以敦煌吐鲁番文书为中心》《伊西与北庭——唐先天、开元年间西域边防体制考论》三篇文章，则是作者藉由新出敦煌吐鲁番文献为引子，对唐代重要史事的精深探讨。《关于〈大唐开元礼〉的性质及行用问题》，在荣新江教授披露的国家图书馆藏《开元礼》残片之外，又揭示出大谷文书中的 2 件《开元礼》残片。在作为边地的沙、西二州发现被认为是"郁而未用"的《开元礼》传播的证据意味着什么？由此入手，作者首先指出《开元礼》的性质为"礼经"而非"仪注"，其中载录的乃是"一般性原则规定"，因此考察其在唐代是否行用，应当视其"基本原则和一般性规定是否得到遵行"。作者继而举出唐代释奠礼、祭五龙坛、立私庙等礼制活动确以《开元礼》为本的例证，还指出有些礼仪如养老礼可能并未实行，最后得出《开元礼》在唐代基本上是得到行用的观点。可以说作者的论断原原本本，足以服人，事实上现在也成为学界的共识（参吴丽娱《营造盛世：〈大唐开元礼〉的撰作缘起》，《中国史研究》2005 年第 3 期；《新制人礼：〈大唐开元礼〉的最后修订》，《燕京学报》新 19 期，2005 年；《礼用之辨：〈大唐开元礼〉的行用释疑》，《文史》2005 年第 2 辑等文章）。面对府兵制这一学界"深耕精作"的老问题，几乎再难有所成就。而作者在《唐代府兵简点及相关问题研究——以敦煌吐鲁番文书为中心》中，由吐鲁番所出《唐开元五年（717）后西州献之牒稿为被悬点入军事》入手，结合对其他敦煌吐鲁番文书的深入考察与细致分析，复原了唐代府兵简点制度的全貌，提出开元六年以前府兵简点为每年一次，开元七年之后则改为三年一次，由此圆满解决了学界争论已久的老问题，并对府兵制的崩溃过程提出了有益的启示。《伊西与北庭——唐先天、开元年间西域边防体制考论》一文，申说唐长孺先生提出的唐代在西域设立的第一个节度使伊西节度使的"伊西"是指"伊吾以西"的观点，进一步提出"伊西"统辖除北庭之外的伊州、西州和安西四镇地区，实即安西四镇节度使的同名异称，并详细讨论了唐先天、开元年间的西域形势及当时唐代西域边防体制的复杂演变，允为力作。最近，刘子凡《唐代伊西节度使考辨》（《昌吉学院学报》2016 年第 1 期）则重提伊西节度即北庭节度使的旧说，但说理似不如本文严密，读者可以参阅。

本书关于唐代史事的讨论，还有《关于唐代钟绍京五通告身的初步研究》《河南荥阳新出〈唐宋华墓志〉考释》二文。《关于唐代钟绍京五通告身的初步研究》以在赣州兴国县《钟氏族谱》中新发现 5 篇唐代制书为中心，判断其为唐代著名书法家钟绍京的五通告身抄件，并参照唐代告身格式，对其进行复原，为唐代告身制度和追赠制度的研究提供了不可多得的珍贵材料。《河南荥阳新出〈唐宋华墓志〉考释》介绍了 2005—2006 年出土于河南荥阳薛村的《宋华墓志》，并对志文中涉及的唐代武举、"十将"、河阳军之状况及大岯山所在等具体问题，做了简洁精悍的考证。

《中古衣物疏的源流演变》《六朝买地券研究二题》《从泰山到东海——中国中古时期民众冥世观念转变之一个侧面》三篇文章，是广泛运用衣物疏、买地券等丧葬材料讨论中古信仰变迁的力作。《从泰山到东海——中国中古时期民众冥世观念转变之一个侧面》注意到吐鲁番所出前秦至唐初衣物疏及湖北、江西等地所出的宋元买地券中都普遍存在以"东海"为死后归宿的表述，这与汉代以来"魂归泰山"的说法有很大差异，是中古时代民众冥世观念的一大转变。作者认为这种转变发源于南朝，而其原因则是西晋灭亡后泰山为异族所占，对南方的汉人来说已不适合作为死后的归宿。对于作者指出的这一变迁，魏斌在《仙堂与长生：六朝会稽海岛的信仰意义》（《唐研究》第 18 卷，北京大学出版社，2012 年）中续加申论，提出"东海"应是"会稽之东海"，是六朝时代北方侨民带来的信仰变迁，读者可以参看。

《中古衣物疏的源流演变》一文，纵论了从汉至宋这一广阔时空中，南北方丧葬文书的交融和演变。作者首先提出吐鲁番 6 世纪中叶开始出现的带有"敬移五道大神"之类语句的衣物疏，其实质是模仿同级官府机构间公文来往的"移文"。对此，作者举出《唐显庆元年（656）西州宋武欢移文》正以"移文"开头等实例，可谓确凿无疑。其后作者进一步指出吐鲁番地区所用丧葬"移文"，应该来自于南朝的传统。以宋元嘉十年（433）徐副地券为代表的南朝道教"买地券"，正是这类移文的源头。隋唐之后，北方高昌地区的移文逐渐演变为带有佛教色彩的"功德疏"，而南方地区的移文则逐渐演变为"买地券"。《六朝买地券研究二题》一文，则对南朝所出道教"买地券"的性质再加申论，确定其性质并非买地券或镇墓文，而是"移文"，并明确提出汉代衣物疏、买地券、镇墓文三类丧葬文书，分别在后世演化为"移文"、买地券和镇墓石文。该文还对其中出现的张坚固、李定度二神名加以讨论。这两篇文章是近年道教史研究的重要成果，言之成理，极具启发意义。在笔者看来，作者对于"移文"的认定是确切无误的，也能够启示我们对"道教文书学"的进一步思考，但是"移文"是从文体上的分类，买地券、衣物疏等称呼则是从内容上的分类，无论是购买墓地还是罗列随葬品，都可以运用"移文"的形式向阴间官府进行交待。因此，"移文"与衣物疏、买地券等称呼可能并非同一层次上的概念。还需要注意的是，南朝所出的10余件格式相近的道教买地券（"移文"），从地域分布来看，明显呈现出由北（湖北、江西）向南（湖南、广东、广西）传播的特征，而且其目的是要解决"从军乱以来"无法返葬故土的移民群体的焦虑。这就提示我们，此类道教买地券（"移文"）很可能是从中原地区的道教信仰群体中发展而来。吐鲁番所出的丧葬"移文"，从体例上看与南朝的道教买地券差别很大，且其物主又多为佛教徒，因此它们应该并非是受到了南方地区的直接影响，而更可能与后者一同是中原地区传统的辐射。再者，所谓的"军乱以来"，也有学者提出应该是指永嘉之乱，而不是指孙恩、卢循之乱（参孙齐《唐前道观研究》，山东大学博士论文，2014年，第36—39页；刘屹《移民与信仰——南朝墓券的历史与宗教背景研究》，"综合的六朝史研究"学术研讨会论文，首都师范大学，2015年）。对于这些问题，还需要进一步的讨论。

　　本书中另有5篇文章是别开生面的文献学领域的专题论文，运用日藏汉籍等新材料，主要针对《修文殿御览》和《括地志》两部已佚典籍加以考索，其材料引征之广泛，考辨之细密，持论之谨严，都令人赞叹。如《〈括地志〉与〈坤元录〉》，运用诸种手段论证《括地志》与《坤元录》并非一书，尤其是用日僧善珠《因明论疏明灯抄》所引《坤元录》卷七四所记江南道道州的佚文，与日本宫内厅所藏《括地志》残卷第一二三所记河南道兖州的遗文，非常精彩而巧妙地坐实了二书实乃卷数不同的两种书，在具体的结论之外，还能给人以智力上的愉悦。《关于〈括地志〉辑校的若干问题》则在前文基础上，对现有的《括地志》辑佚著作加以审视，具体指出因为误判书名而导致的疏误，以为更完善的辑佚工作参考。在此可附带提出的是，在《万历续道藏》所收明朱权编《天皇至道太清玉册》中，载有宋理宗赵昀（1225—1264 年在位）《御制化胡辩》一文，其中提及"《括地志·四夷部》"中载有老子化胡之事（参《一切道经音义妙门由起》引《括地志》），透露出《括地志》分部的情况。

《〈华林遍略〉乎？〈修文殿御览〉乎？——敦煌写本 P. 2526 号新探》《关于中古官修类书的源流问题》《〈修文殿御览〉佚文辑校》三篇文章，在全面搜集、整理目前所见《修文殿御览》佚文的基础上，比较其与 P. 2526 号写本及《太平御览》《艺文类聚》诸书所载之异同，确定了《修文殿御览》与《太平御览》、P. 2526 号写本与《艺文类聚》之间存在着两组不同的渊源承袭关系，从而认定 P. 2526 并非《修文殿御览》，而是《华林遍略》。这组文章运用的材料极为丰富，特别是从多种日本典籍中辑出《修文殿御览》佚文数十条，尤令人瞩目。作者不仅在此基础上指出了中古时代南北方官修类书不同的发展脉络，其中的一些小型论断，如认为《齐民要术》卷一〇内容源自《华林遍略》，也极具启发。作者对《修文殿御览》的辑佚，下探到明末清初的文献，并推测此时其书尚未散佚，并提到钱谦益《绛云楼书目》著录《修文殿御览》三百六十卷、一百六十四册为证。今按，乾隆中鄞县卢址《抱经楼书目》著录明抄本《修文殿御览》三百六十卷、一百六十三册，或即绛云楼旧藏。傅增湘曾入楼观书，判断为"伪书，以《文苑英华》伪为之"（《藏园订补郘亭知见传本书目》卷一〇下《子部·类书类》，中华书局 2009 年版，第 777 页）。此书在 1916 年散出，同年 7 月 22 日王国维致罗振玉信亦提到当时沈曾植、缪荃孙均已目验，"云是《文苑英华》，并《辨证》语亦录在内"（此书后归金陵大学，见汪辟疆《读常见书斋小记》"修文御览"条，《汪辟疆文集》，上海古籍出版社 1988 年版，第 773 页）。可知这部《修文殿御览》的传本实为伪书。明代以后，真正的《修文殿御览》是否存在，笔者认为还可讨论。

通观全书所收 16 篇文章，我们能够明显感觉到其中贯穿着一条显著的特色，即是对新材料的敏感与重视，继以对其价值不遗余力地深入考掘。以此为宗旨，作者不仅展示出深厚的功底和开阔的视野，也展示了严肃的态度和审慎的考论。唯其如此，作者的诸篇论文才能给人以既博大且精深的印象。在作者笔下，零碎的新出材料往往能映射出广大的历史面貌。例如从《大唐开元礼》残片的比定，延展为对其性质的定位和施行与否的讨论，进而对中古礼制史的研究有所启迪。再如对墓券和类书的研究，又都延展到中古时代南北方的交流宏观层面。而在具体的考证工作中，作者既尊重前人成果，又尊重反面证据，通过绵密、细致的考索，原原本本、质朴无华地将论述铺开，持论谨严，说服力强。凡此种种，都足为学者楷模。

张载诗云："愿学新心养新德，长随新叶起新知。"中古史研究的推进，说到底还是需要新史料的驱动。前人顾炎武曾以"采铜于山"与"买钱充铸"对喻，提示原创性的学术研究当从原始材料入手，而非由辗转旧说中来。我认为刘安志教授《新资料与中古文史论稿》一书，不仅是"采铜于山"的示范，更是"发掘新矿"的典型，足为当前给人"题无剩义"之感的中古史研究借鉴。

读《危机与重构——唐帝国及其地方诸侯》

陈烨轩*

在唐代政治史的研究中，藩镇问题一直是学界重点关注的领域。从陈寅恪以来，关于这一问题的著述，可谓层出不穷。但一个经过多次诠释的现象，由于研究理念和手段的转变，往往可以产生新的解释。藩镇问题也是一样的。因为唐代中叶之后的藩镇问题，其实是唐代政治和社会变迁所展现出来的一种现象，因之学者往往能够结合自己的所学，提出独到的见解。就近期而言，陈志坚的《唐代州郡制度研究》（上海古籍出版社 2005年版）、夏炎的《唐代州级官府与地方社会》（天津古籍出版社 2010年版）、张达志的《唐代后期的藩镇与州之关系研究》（中国社会科学出版社 2011 年版）都是相关研究的力作。

李碧妍《危机与重构——唐帝国及其地方诸侯》（北京师范大学出版社 2015 年版）出版期年，得益于近年出现的新媒体，我们能够从多种途径了解作者对该书的自我介绍，也可以更直观地知道作者写这样一本书的心路历程（比如可以参见澎湃网站"私家历史"栏目《对谈 | 仇鹿鸣、李碧妍：安史之乱为何没有导致唐朝灭亡》，http：//www. thepaper. cn/news-Detail_ forward_ 1397122，2015 年 11 月 21 日 10：40）。

这本书是根据作者 2011 年提交给复旦大学历史地理研究中心的博士论文改编而成的。但我们绝对不能仅仅将该书视为作者短短三年博士生涯的结晶。作者对相关问题的思考和诠释，可以追溯到她的本科生时代。这样的思考体现在本书的第四章"江淮：新旧交替的舞台"之中。作者在本

* 陈烨轩，北京大学历史系（硕士研究生）。

科和硕士研究生阶段，一直对韩滉和他的镇海军时代有持续的研究和思考。一个研究者如果能够连续十年追踪一个课题，那么这个课题的成果是可以想见的。所以作者没有让我们失望，她向我们奉献了这本厚达561页的巨作。而就思想性而言，这本书也足以堪称新近研究中的力作。作者博士阶段师从周振鹤先生。就其求学经历而言，有一个从历史学向历史地理学转化的过程。这使得作者能够更敏感地领会到空间和时间的关系。

另外，现代史学引入中国以来，已届百年。这其间，发生过"范式"的转移。特别是近三十年来，西方的"后现代主义""解构主义"对以往的学科分类体系、研究理念和方法，造成了巨大的冲击。为了应对这样的冲击，历史学者也比以往更加注重引进政治学、人类学、心理学、考古学等学科的理论与方法，这为历史学研究带来了新的命题。其实，仅就本书的书名"危机与重构"来看，作者显然受到了来自社会科学的影响。而作者在本书中，也尝试使用来自心理学的方法，对具体的人物和事件进行分析。这些都可以说明，作者从来都不是闭门造车，而是博采众家之长，也就是"跨学科研究"。事实上，在问题导向之下，一切研究都可能变成"跨学科"，这是当今学术研究的趋势。当然，关于这种研究方法的利弊问题，仍值得我们思考的。

作者在"绪论"部分，提出了本书所要达到的目标，那就是"希望通过对唐代后半期最为重要的这样一个政治实体（笔者按：藩镇势力）的实证性考察，来对唐帝国得以成功度过安史之乱这一波危机，并在由此创发的新兴藩镇体制下，成功建立其政治权威与统治力的问题，给予一个合理的历史解释"（第2页）。

出于这样的目的，作者希望能够具体论述四个方面，第一是"对安史之乱这场改变帝国政治走势的重大事件进行一次较为细致的梳理"（第2页）；第二是"对安史之乱结束后，藩镇与帝国的新政治对抗，以及帝国在此过程中所进行的艰辛而又成功的政治努力进行一番探讨"（第3页）；第三是"对帝国成功化解了朝藩矛盾后的控制力问题进行一些探讨"（第3页）；第四是"借助对过去一百年来藩镇研究成果的整理"，"对这一研究领域的现状及其思路进行一些总结与反省"（第3页）。

为了具体讨论这四个方面，作者将本书分为四章，即"河南：对峙开始的地方""关中：有关空间的命题""河北：'化外之地'的异同""江淮：新旧交替的舞台"。对于这样的篇章设计，有些读者可能会提出质疑：既然本书是想要论述唐帝国与藩镇关系的问题，那么为什么不采取问题导

向的篇章划分，以年代为顺序，进行分期叙述？按照自然地理的划分方式
进行叙述的话，会不会使该书的行文思路显得过于分散，使读者不能把握
住中心论点，而作者也不能不重复一些相同的论述？

其实笔者在初读本书时，也有这样的担心。不过现在看来，这样的担心
应该是多余的。而且，这样的篇章设计，恰好体现出了作者本身的学科特点。
同时，我们也要考虑到唐代藩镇问题的复杂性。张国刚《唐代藩镇研究》
（中国人民大学出版社 2010 年增订版）曾经将唐后期的藩镇分为四种类型
（第42—59页）。多类型藩镇的形成，固然更多地要考虑政治与社会因素。但
不可否认，地理的因素其实是非常重要的。地理对于历史有非常重要的影响，
这是毋庸多言的。但地理如何影响历史？历史地理学的研究者可能是最有体
会的。我们今天有一套非常重要的理论，即所谓 "地缘政治学"（Geopoli-
tics）。事实上，唐代的藩镇问题，是带有相当浓厚的 "地缘政治" 色彩的。
我们今天的学科划分恰好形成了 "术业有分工" 的结果。一名优秀的历史地
理学研究者，由于受到历史学和地理学双重的学科训练，往往更加能够体会
到由于地域差异所带来的政治难题的不同，以及帝国的当局是如何根据各个
地理区域的差异性，对症下药。应该讲，本书的作者正带有这样的敏感性。

尽管本书是按照地理的差异，分而论之的。但在具体的分述过程中，
作者还是很好地兼顾到空间、时间这两者之间的关系，而做到这一点的关
键，就是要有一系列相关问题，起到穿针引线的作用。

这些问题的核心，其实正体现了本书的书名，"危机与重构"。作者认
为，安史之乱爆发后，唐帝国存在三波危机，第一波是 "玄宗与肃宗间的
中枢矛盾"，"第二波危机来源于新兴的地方军将"，"第三波危机来源于
西部的异族"。三波危机其实就是三组矛盾，而所谓 "重构"，其实就是解
决这三组矛盾的过程。

作者是如何将这些问题嵌入具体的时空里面的呢？在第一章 "河南：
对峙开始的地方" 中，作者主要叙述了第二波危机，即因安史之乱带来的
朝廷和新兴地方军将的矛盾。而在第二波矛盾的背后，还夹杂着玄宗和肃
宗之间的矛盾，这体现在河南节度使的任命上。在安史之乱中，地方军将
拥兵自重，导致张巡等人不得不独守孤城，以至于杀身成仁。肃宗时期，
"安史之乱中新兴的地方军将集团逐渐退出河南"，"平卢系军阀为主体的
河朔军人集团"（第112页）逐渐主导了河南的大局。到了代宗时期，淄
青、汴宋、淮西三个平卢系藩镇坐大，并带有自立化的倾向。德宗锐意革

新，和平卢系藩镇进行了最后的摊牌，却换来了"四镇之乱"，最后仓皇移驾。直到宪宗元和时代，唐帝国才通过一系列的军事胜利，等来了河南的"顺地化"（第113页）。这就是河南"危机与重构"的过程。

在第二章"关中：有关空间的命题"中，作者重点论述了唐帝国和西北异族势力的矛盾。安史之乱后，唐帝国的势力退出西域，吐蕃乘机崛起，吞并了唐帝国的河西和陇右。这使得帝国的核心地带——关中面临着来自吐蕃、回纥等异族的巨大压力。为了化解这种压力，德宗构建了一个以京西北八镇为基础、旨在防御异族入侵的空间防御体系。京西北八镇的势力最初有三个来源，一是朔方军；二是四镇北庭军；三是幽州军。但德宗其实没有能够妥当地处理与京西北八镇之间的矛盾，矛盾最后以"奉天之难"的方式彻底爆发出来。由于认识到拥有自己军队的重要性，唐帝国开始着力栽培自己的嫡系军队——神策军，这自然带来了另一个大问题，即宦官专权。与此同时，神策军与京东藩镇的关系其实是一个被学界低估的问题。不过，随着边防压力的逐渐减轻，唐帝国的关中政策趋于保守。神策军最终在黄巢军队的冲击下溃不成军，这使唐帝国丧失了自己拥有的最后一支军队，而关中作为中国政治中心的时代也一去不复返了。

在第三章"河北：'化外之地'的异同"中，作者同样论述了唐帝国与地方藩镇之间的矛盾。但与第一章不同的是，作者在该章，更重点地分析了河朔三镇内部的区别。作者认为，成德、魏博、幽州分别代表了三个不同类型的藩镇。成德是继承安史叛军因子最多的藩镇，这"奠定了将领层为其权力中枢的性格"（第378页），这就是所谓"安史旧部型藩镇"（第331页），同样的藩镇还有淄青与淮西。魏博是所谓"新兴的地域型藩镇"，"由于兵士由节帅征募、直接对节帅负责，所以这样一个地方军人集团就成了这些藩镇的权力中坚"（第333页）。幽州可以说是真正的"化外之地"，作者认为，这里存在着一个具有强大实力的土著边豪集团，具有强烈的"兵农合一"色彩。性格决定命运，三个藩镇也有各自不同的命运。成德一开始家大业大，也经历了大起大落，但其命运"保障了成德此后帅位继承与当镇局势的长期稳定"（第379页）。魏博一开始根基薄弱，因而采取了发展牙军的策略，这固然促成了魏博势力的崛起，但也带来了"骄兵"问题，这导致了魏博的跋扈与动乱。幽州则存在着"将领集团逐渐从会府的牙将转变成属州或外镇的军将，并到中晚期形成山后宿将势力最强的局面"（第379页）。唐帝国对河北的策略，形成了所谓的"以承认河朔三镇帅位私相授受为核心的河朔旧事"（第 379 页），这是唐帝国无力经营河朔的体现和象征。同时在彼此的身份认同上，士大夫群体之间也出现了转变。

第四章"江淮：新旧交替的舞台"，可能是全书最精彩的一章，作者在本章运用了新出的墓志资料，结合传统史料，提出了富有原创性的见解。作者在本章主要论述了玄肃矛盾、帝国与新兴军镇的矛盾。玄肃矛盾集中体现在"永王李璘之乱"上。玄宗幸蜀的过程中，肃宗李亨分道灵武，迅速壮大了自己的势力，并在短短几个月后，改元称帝。但这一消息在向蜀地正式传达的过程中，存在一个时间差。这使玄宗得以利用这一短暂的时间，为挽回自己的权力做最后的一搏。玄宗于天宝十五载（756）七月十五日颁布了《命三王制》，要求太子李亨收复长安、洛阳，同时也在实质上将他的势力范围限制在关中、河南一带，并以诸王分压李亨的势力。其后，玄肃父子的争斗，以永王的东巡展开的。当然，这场争斗最后以永王被定为乱臣贼子、并身首异处而告终。玄宗也彻底失势。在这场争斗中，李白、皇甫侁等文人的选择，凸显了自身的无奈。永王之乱平定后，江淮地区的矛盾从中枢内部转到中枢与地方军镇之间，"刘展之乱"已经可以看到这样的趋势，而韩滉与镇海军的坐大则是这一矛盾最集中的体现。由于江淮是帝国的财源，所以德宗对韩滉采取了妥协的策略。韩滉身后，德宗随即削弱了江淮的藩镇势力。宪宗对"李锜之乱"的平定，则宣告了朝廷对该地区无可争议的权威。

作者通过这四章的叙述，得出了这样一个结论："帝国所遭遇到的最严重的危机就是由原边境藩镇带来的大军团危机，而化解这一危机的过程就是一个重构这些藩镇空间结构与权力结构的过程。至于'安史之乱'的意义，就在于它既是这一危机最明显的体现，也提供给帝国一个化解这一危机的契机。到了宪宗元和末年，随着唐廷对关中、江淮、河南藩镇旧有势力的清除，藩镇危机基本宣告结束。而危机结束的表现之一，就是藩镇空间版图在元和以后基本稳定了。"（第 536 页）

当然，笔者并不认为唐宪宗真的解决了藩镇危机。事实上，与其说"藩镇危机基本宣告结束"，不如说是唐帝国凭借其一系列军事胜利，和强藩达成了暂时性的妥协。但帝国与强藩之间的矛盾，一直延续到了唐朝的灭亡。不过，"元和中兴"确实稳定了帝国内部的局势，使大唐的权威，暂时震慑住了原本桀骜不驯的强藩。从代宗到德宗，朝廷对地方新兴军镇，一直在摸索一套应对的策略。德宗初期没有正确认清时势，酿成了"四镇之乱"和"奉天之难"这两场严重的叛乱。其后德宗对强藩采取守势，并积极发展自己的军队，整顿财政，为日后的"元和中兴"奠定基础。应该说，唐帝国在黄巢军队攻入长安之后，才真正进入了苟延残喘的时期。因为在此之后，帝国彻底丧失了自己的军队和财政收入，一个真正的乱世从此到来。这提示我们，对于唐代后半期的政治史，需要分成五个阶段进行讨论，第一个阶段就是安史之乱期间，也就是玄宗天宝十四载到肃宗时期，这是唐帝国危机爆发的阶段；第二阶段是代宗到宪宗时期，这是唐帝国摸索并暂时解决安史之乱带来的巨大危机的时期，也就是帝国重构的阶段；第三阶段是穆宗到懿宗的时期，这是"元和中兴"结束后，唐帝国另一个守成的阶段，在此期间酝酿了新的危机；第四阶段是僖宗时期，这是新的危机再次爆发的阶段，也就是庞勋起义、黄巢起义运动的时期，唐帝国再也没有能力化解这一危机；第五阶段就是昭宗、昭宣帝的时代，唐帝国真正走到了穷途末路，可以说是"主上蒙尘""礼乐征伐自诸侯出"的时期。

如果按照这样的分法，那么可以说，本书重点讨论了前面两个阶段，但本书要讨论的问题，是贯穿整个唐代后半段的。作者在讨论"危机与重构"之外，其实还试图解答另一个问题，那就是内藤湖南提出的所谓"唐宋变革论"。这可以看成本书的一个暗线，作者仅在本书的"代结语"部分点明。不过，在作为主干部分的四章之中，作者其实是有意地将她的看法嵌入其中的。笔者现将这些观点整理如下：

　　1. 河南地方职业军人集团在唐朝后半段强势崛起。由于交通上的优势，河南变成了北宋的政治中心，这一军人集团也成长为一个新的社会阶层。

　　2. 为保障关中地区的安全，唐帝国将关东藩镇军队改编为神策军。尽管神策军的建设存在诸多问题，不过将地方军收编为中央军的做法，是北宋禁军建设的一个历史来源。与此同时，神策军的覆灭也意味着关中作为中国政治中心历史的终结，这是唐宋之际政治地理的一次重大转变。

　　3. 河朔三镇长期割据，导致王朝与地方在身份认同上存在着长期的隔膜和偏差。这是五代时期，后晋愿意割让幽云十六州的一个心理

因素。到了北宋时期，原来的边州真正变成了化外之地，这使王朝的
北境随时面临契丹的威胁。

4. 唐代的后半段，江淮地区的土豪势力崛起，他们在当地的权力
结构中开始扮演主角。这就是日本学者所定义的"土豪层"。江淮的
土豪层兼具农、商、军、吏等多重身份。与此同时，阶层的流动性显
著增强，"只有到宋代，我们看到了士、农、兵、商的身份转换变得
如此容易，也看到了他们彼此间的依赖变得比之前任何一个时代都更
为紧密了"（第 546 页）。

5. 唐德宗和韩滉的矛盾，不仅是唐帝国和新兴地方军镇矛盾的体
现，"也是新兴的使职体系代替旧有的省部职能这一制度变革的体现"
（第 484 页）。

由于笔者未曾专门研究过北宋的历史，不知道北宋的史料是否可以支
撑这样的论点？另外，作者似乎也没有引用专门的史料来证明自己的论
点。所以，这可能要请宋史的研究者来评述了。不过，能有这样的认识，
对于本书而言，确实可以称得上点睛之笔。而且，就我们所知的宋史学界
的研究成果而言，似乎可以对此提供的一定的支持。

不过，作者认为"基于传统上的情感考量，士人对待河朔三镇彼此间
的态度也不同。幽云在五代时期割离中原，正有王朝与地方在身份认同上
存在着长期隔膜与偏差的原因在内"（第 379 页）。这一论点可能还需要更
多的材料作为支撑。作者提到，帝国的士人对于河朔三镇，逐渐形成两种
针锋相对的态度，一种是主动放弃；另一种是反对姑息。不过即使是后
者，也不得不承认帝国无力经略河朔的客观事实。但这仅是帝国士人对河
朔三镇的态度，河朔三镇的士人对帝国的态度又是怎样的呢？事实上，即
使到了五代，也不乏像冯道这样的河北士人投身于中原王朝的政治。另
外，辽承唐制，而幽云地区就是辽的文化重镇。如果幽云地区不认同自己
是大唐的一部分的话，那又怎么能够继承唐制呢？所以，作者可能还需要
寻找更准确的史料来论证自己的观点。

"土豪层"是另一个重要的问题。不过，"士、农、兵、商的身份转换
变得如此容易"，这可能也是需要更多的材料来进行论证的。比如北宋的
名将狄青，初为兵卒，后因战功，官居枢密使。但士大夫群体从来不认为
狄青是他们中的一分子。而实际上，狄青在任枢密使时，遇到了许多难

题。北宋的枢密使，从未由行伍出身者担任，狄青是一个例外，所以他受到了来自台谏的攻击。宋代有"不杀士大夫"的祖宗之法，但宋高宗却能够以"莫须有"的罪名处死岳飞，就因为岳飞不具有士大夫的身份。宋代继承了唐末五代兵卒墨面的陋习，大有兵士阶层固化的趋势（参见黄清连《唐末五代的黥卒》，黄克武主编：《第三届国际汉学会议论文集（历史组）——军事组织与战争》，中研院近代史研究所2002年版，第79—158页）。由此可见，说"身份转换变得如此容易"，可能需要商榷。

无论如何，作者能够在论述唐帝国于安史之乱后重构帝国版图过程的同时，把目光一直延伸到赵宋，这是很值得称赞的。不过有些遗憾的是，这本来可以成为本书另一个引人入胜的地方，但作者只是轻描淡写，点到为止。为什么会这样呢？可能与本书的篇章设计不无关系。

笔者在前文肯定了作者按地域划分章节的做法，而且作者确实能够恰如其分地阐明自己的观点。不过，本书的"代结语"部分似乎写得过于简短。实际上，这一部分本可以成为全书最精彩的地方。尽管"代结语"部分除了总结前面四章之外，也尝试回答了"中央本位政策""唐宋变革论"等问题，但论述得似乎有些匆忙。

为什么会论述得比较匆忙呢？实际上，这可能反映了另一个问题，那就是前面四章占用的篇幅还是有点多了。这样不仅增加了读者的阅读难度，而且可能也会分散作者写作的重心。比如，本书第三章"河北：'化外之地'的异同"，作者花了差不多一半的篇幅来叙述颜杲卿等人抗击安禄山叛军的过程，借以叙述武后、玄宗时代的河北军政结构。其实，这一部分似乎更适合放在本书的绪论部分，作为历史背景的介绍。作者将它放在第三章，花那么大的篇幅详细叙述，还是显得有些累赘。又比如，作者在本章详细论述了魏博三镇的性格和命运，小结时又再重复了上面的话，可惜还是少了一点升华。再比如，作者在第四章两次介绍了"土豪层"，在"代结语"部分又介绍了一次，但这三次介绍，似乎并不能让读者感觉到层次的递进。作者总希望能够在分述的过程中，就一次性地把问题讲清楚，所以把过多的精力花费到这上面。但其实，"小结"和"代结语"，可能是本章、本书最吸引人的地方，也是最可以升华的地方。当然，作者在每一章的结尾，都会提到某一现象到宋代的成型情况，这让读者很期待作者是否将在结语部分详细论述相关的问题。不过，比较可惜的是，作者还是没有做到这一点。

篇幅过长带来的另一个问题，就是某些应该详细论证的部分，反而显得过于仓促。这在作者论述永王出江陵东巡的"有名"问题上，表现得比较突出。作者在叙述李璘如何将东巡从"无名"变成"有名"时，使用了《张巡答令狐潮书》作为关键史料，因为里面出现"永王、申王部统已到申、息之南门"（第 405 页）这样的字句。作者想通过这句话来证明，永王打出了"收复河南"的口号，使得"东巡"变得"合情"。不过，作者也承认，出自《张中丞传》的《张巡答令狐潮书》的真伪是存在疑问的。不过本书却如此陈述，"不过我认为上引的这份《张巡答令狐潮书》应该还是张巡本人所作。以李翰当时撰写《张巡传》的背景及上呈肃宗之事来看，这份书信绝不会是李翰的伪作。而即便这封书信的内容确有'得于传闻'之处，它也应该是真实地反映了张巡这样处于战争一线的将士，他们在当时所能获知的有关唐廷动向的情报"（第 406 页）。应该讲，作者的陈述是有道理的。但对于如此关键的史料，作者是否应该更详细地叙述《张巡传》撰写以及上呈肃宗的经过，分析李翰为什么不会作伪？是李翰的品行，还是伪作将会带来的风险？但可能就是因为篇幅的限制，导致作者不能展开叙述。再举另一个例子，本书为了强调韩滉在财政领域方面发挥的作用，这样写道，"很难想象，一个能与财政专家刘晏共事九年，经历过代宗朝的财政改革，且担任全国财政中枢'判度支'一职的人物，会是一个泛泛之辈"（第 460 页）。但实际上，在有些时候，一山难容二虎，平庸者反而更容易与伟大者和平相处。所以本书这样的推论恐怕不够妥当。不过，韩滉应该算得上理财能手，作者已经引用《资治通鉴》的评价作为佐证。但作者可能还想找到年代更近的材料来证明自己的观点。于是作者使用了韩滉的行状。行状里确实大力肯定了韩滉的财政功绩，甚至还摆出了数据。但我们还需要考虑到行状的性质，而且当时刘晏被冤杀不久，要怎么排除行状的作者把刘晏的功绩算到韩滉身上的可能性呢？这应该也是需要证明的吧。笔者相信，凭借作者的功底，肯定可以对此加以合理的论证。但可能就是篇幅所限，导致不能展开叙述吧。

除了篇幅之外，本书其实还存在另一个现象。那就是，读者在文中经常可以找到作者富有感情色彩的描述，比如作者在评价张巡的事迹时写道，"庄严幽沉的睢阳祠也无法掩盖睢阳城曾经的累累白骨与败土颓垣"（第 35 页），"张巡没有显赫的官职，他的抗贼之举全然出于对王朝的忠义，但他和许远等人的努力自始至终都没有得到唐廷方面多大的支持"

（第33页）。这样的文字确实非常优美，但是否这样就可以达到"理解之同情"呢？张巡固然堪称忠义，但读者可能还关心：张巡为什么表现出如此忠义？这是唐王朝的制度设计造就的？还是张巡本身的心理素质？和他的经历有关系吗？过于感性的叙述可能会干扰作者与读者的理性思考。与此同时，作者也在尝试使用心理分析的方法来解释李白、季广琛等人为什么会选择加入永王阵营。作者认为这是因为他们渴望建功立业的"私心"（政治抱负）遮盖了正确的政治判断。这应该是很合乎情理的一种解释。但作者接下来写道，"至于如果有人认为，季广琛在背弃永王后还要以一番'如总江淮锐兵，长驱雍、洛，大功可成'云云的言论为自己辩解是一种伪善的表现；而李白即便是在自丹阳南奔道中的仓促环境下创作的诗歌，最后还不忘强调'过江誓流水，志在清中原'是一种做作的举动的话，那在我看来，这只可能是对季广琛与李白这种只有私心而无野心，本质上还是颇为单纯的士人的一种误解"（第434页）。笔者相信作者的判断是很有道理的。但用心理分析的方法研究历史，其实是富有风险的。作者难道真的有充足的把握说这是一种"误解"？或许更妥当的做法还是摆出实证。

　　尽管如此，笔者依然认为，本书是新近相关研究的一部力作。基于以上的陈述，我们也应该可以看出，本书的价值又体现在以下两大方面：

　　1. 新方法：本书站在陈寅恪、黄永年等伟大学者的肩膀上，采用"危机与重构"的思维模式，将安史之乱之后唐王朝应对藩镇问题的对策，作为帝国解决统治危机的一个问题。事实上，当前对于藩镇问题的实证性研究可以讲，已经接近饱和的状态。在没有多少新材料扩充的情况下，换一种思路，可能会获得新的认知，也可能会发现"新"的材料。

　　2. 新观点：本书在玄肃矛盾的发微上，在帝国中枢与新兴军镇的矛盾上，在河朔三镇性格的异同上，以及唐宋变革方面，都有自己独到的见解。这些构成了作者的新观点，也可以视为本书的成就所在。

　　那么，在本书基础之上，结合本书在相关研究领域的重要性，我们应该如何推进唐代藩镇问题的研究呢？笔者认为，我们或许可以考虑以下方面。

　　首先，本书讨论的时间范围是安史之乱到"元和中兴"。这符合作者"危机与重构"的思维模式，因为作者已经论证出，唐宪宗元和时期，安史之乱带来的危机，已经通过帝国权力重构的方式，基本得到解决。但笔者基于如是的思路，提出"元和中兴"这是暂时解除了帝国统治的危机，但其后，有一波比安史之乱冲击力更大的危机——庞勋起义、黄巢起义，这一波危机是唐帝国没有能够解决的。事实上，本书已经稍微提及了这一问题，那是在讨论神策军史时提到的。那么，我们可否顺着这样的思路，继续讨论下去呢？

　　其次，作者讨论的空间是河南、关中、河北、江淮。但唐帝国幅员辽阔，尚有西域、巴蜀、岭南等地域。事实上，作者在讨论关中的时候，就涉及四镇北庭军的问题，四镇北庭军正是因唐帝国退出西域而迁回关中。由此可见，西域的局势对关中有重大的影响。既然如此，是否可以再详细论述一下唐帝国退出西域的过程，以及这一过程对关中形势的影响？另外，笔者刚才提到了时间向下延伸的问题。在新的形势下，帝国与异族的矛盾、帝国中枢内部的矛盾、帝国中枢与地方新兴军镇的矛盾，这三组基本矛盾会表现到新的空间上。穆宗长庆之后，大唐、吐蕃、南诏三角关系波诡云谲，其空间正是在巴蜀一带。南诏在 9 世纪对唐朝构成巨大的威胁，所以岭南地区在边防上的重要性凸显。事实上，为唐帝国敲响第一声丧钟的庞勋起义，正是在桂林爆发的。所以我们是否可以把范围扩大到这些地区？

　　最后，在新的思路下，我们可能会发现"新"的材料。这些材料可能是墓志、厅壁记等，也可能来自传统的史籍。这就要靠我们的勤奋与运气了。

　　以上就是笔者对《危机与重构——唐帝国及其地方诸侯》的评介。囿于学识，笔者必定有不少言不及义之处。还请作者与读者见谅。

稿　　约

　　《理论与史学》由中国社会科学院历史研究所马克思主义史学理论与史学史研究室主办，以书代刊，一年一辑，现特向海内外史学界同仁约稿，恳请惠赐佳作。经相关专家匿名审读通过后，即予刊用。

　　稿件要求：

　　1. 系作者原创作品，字数5万字以内。

　　2. 请于每年6月30日前寄送稿件，请同时提供纸质文本和电子文本。

　　来稿一经采用，将及时通知作者，出版后赠送样书并略致薄酬。来稿一律不退，请作者自留底稿。如8月30日前仍未接到采用通知，请自行处理。

　　投稿信箱：lilunyushixue@ sina. com

　　　　　　　xuxinyi@ yeah. net